Rien n'est beau que le vrai.

LES
QUATRE POËTIQUES

LES QUATRE POËTIQUES:

D'ARISTOTE, D'HORACE,
DE VIDA, DE DESPRÉAUX,

Avec les Traductions & des Remarques

Par M. l'Abbé BATTEUX, *Professeur Royal, de l'Académie Françoise, & de celle des Inscriptions & Belles-Lettres.*

TOME PREMIER.

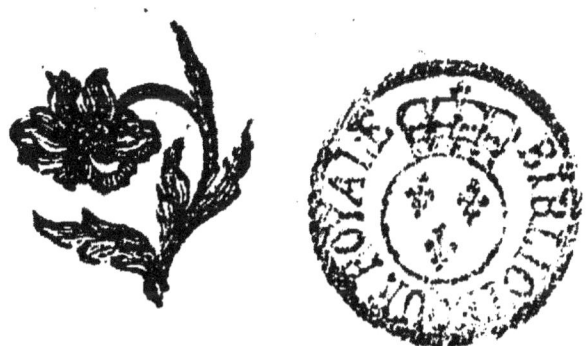

A PARIS,

Chez SAILLANT & NYON, Libraires, rue Saint-Jean-de-Beauvais.
DESAINT Libraire, rue du Foin.

M. DCC. LXXI.

A
MONSEIGNEUR
LE DAUPHIN.

MONSEIGNEUR,

Les quatre Poëtiques que j'ai l'honneur de vous presenter, ont réuni les suffrages des Peuples & des siecles les plus eclairés. Elles doivent leur reputation à un fond partout egal de raison & de solidité, qui de tout temps a eté le sceau des bons ouvrages. Vous connoissez dejà, MONSEIGNEUR, la Poëtique de Despréaux & celle d'Horace; & ce sens droit & juste, cet amour du vrai, qui est né avec Vous, & que votre education a fortifié, vous les a fait apprécier selon leur merite. Quel plus heureux augure pour les Lettres! Pourriez vous ne pas les aimer, quand vous aimez les leçons & le goût de ces Maîtres fameux? Elles seront toujours assurées de votre protec-

DEDICATOIRE.

tion, lorsqu'elles rempliront leur veritable objet, qui est de rendre la raison plus aimable, & les mœurs plus douces.

Je suis, avec le plus profond respect,

MONSEIGNEUR,

Votre très-humble &
très-obéissant serviteur,
BATTEUX.

Explication du Frontispice.

La Vérité (ou le Vrai) objet des Arts d'imitation, assise sur un nuage, est ornée de fleurs par les Genies de l'imagination. La Poësie, accompagnée de ses Genies, dispose les guirlandes. Du côté où sont les Genies de l'Epopée & de la Tragédie, sous la draperie de la Poësie, paroissent la Terreur & la Pitié. Quatre Philosophes ou Poëtes examinent ce spectacle & ecrivent leurs reflexions : derriere eux un Dessinateur & un Peintre cherchent à imiter le vrai. En bas, sont des spectateurs, diversement emus par la Terreur & par la Pitié.

AVANT-PROPOS.

AVANT-PROPOS.

Quatre siecles font époque dans l'Histoire des Lettres : quatre Poëtiques ont paru dans ces quatre siecles : celle d'Aristote, dans le siecle d'Alexandre ; celle d'Horace, dans celui d'Auguste ; celle de Vida, dans celui de Léon X ; celle de Despréaux, dans celui de Louis XIV. Ayant formé le dessein de les réunir, il est naturel de commencer par la plus ancienne, sur-tout si elle est le fondement & la base des trois autres.

Lorsqu'Aristote entreprit d'écrire une Poëtique, toutes les idées relatives à la Poësie étoient préparées : il y avoit des modeles dans tous les genres, en très-grand nombre, exécutés par les plus grands maîtres. Fabricius compte jusqu'à cent quatre-vingts Auteurs tragiques, la plûpart antérieurs à Aristote, & d'une fécondité qui a de quoi nous étonner. Eschyle avoit fait, selon quelques-uns, soixante-dix Tragédies, selon d'autres, près de cent. Sophocle en avoit plus de cent soixante-dix ; Euripide près de cent vingt. Nous ne citons que les Auteurs les plus célebres, les médiocres ne devoient pas être moins féconds. Dans une si grande multitude d'ouvrages, on pouvoit trouver toutes les variétés & toutes les beautés possibles du genre. On dira qu'on y trouvoit encore plus les défauts. Cela pouvoit être ; mais quand il est question de former un Art, c'est-à-dire, d'indiquer à des Artistes ce qu'ils doivent faire ou éviter pour avoir du succès, les défauts observés servent autant que les beautés. Ils servent plus, parce qu'ils font sortir plus fortement la regle. La Poësie étoit donc assez avancée du temps d'Aristote, pour qu'il fût en état d'en poser les vrais principes, & d'en développer les détails.

D'un autre côté, toute la Grece, passionnée pour les ouvrages de Poësie, de Peinture, de Sculpture, dont elle s'occupoit depuis plusieurs siecles, avoit un goût aussi exercé que délicat. Il ne s'agissoit presque, pour faire une Poëtique, que de recueillir ses jugemens, & de les rappeler aux principes sur lesquels ils étoient fondés.

Enfin la Philosophie, parvenue alors

à son plus haut degré de perfection chez les Grecs, étoit assez forte, surtout entre les mains d'Aristote, surnommé le Génie de la Nature, sur-tout dans une matiere dont tous les elémens etoient à la portée de l'esprit humain, pour analyser ces elémens, pour les combiner, & en faire un systême parfaitement lié. Les ouvrages des Poëtes, le goût du Public, les observations des Philosophes, le génie de l'Auteur, tout se réunissoit donc pour faire de la Poëtique d'Aristote un chef-d'œuvre.

Le Philosophe, en commençant, jette un coup-d'œil général sur les Beaux-Arts, & les voit tous ne faisans qu'une même famille ; ayant la même source, qui est le goût naturel que nous avons pour l'imitation; le même fonds, qui est la nature imitée ; la même fin, qui est de plaire & d'instruire par la voie la plus courte de toutes, par *l'image*. Il présente ce premier fil aux Artistes, & le suivant lui-même dans ses moindres divisions, sans le rompre, il fait voir que l'Art doit, comme la Nature, être simple & régulier dans ses plans, riche & varié dans ses détails, aisé & libre dans sa manière d'opérer ; & que, s'il se distingue de son modèle, ce ne peut être que par un certain choix de traits & de couleurs qui embellissent ses portraits, sans leur rien ôter de leur ressemblance.

La Poëtique d'Aristote est écrite comme elle est pensée, avec un soin, un scrupule qui ne permet pas au Lecteur la moindre distraction. Tous les mots y sont choisis, pesés, employés dans leur sens propre & précis ; souvent une particule a besoin d'y être remarquée, méditée, à cause de ses rapports essentiels au sens : tout y est nerf & substance.

Il est malheureux qu'un pareil Ouvrage ne nous soit point parvenu tout entier. Aristote nous annonce lui-même un plan plus étendu que ce qui nous reste. Il devoit traiter en détail de la Comédie, du Drame satyrique, des Mimes, du Nome, du Dithyrambe. Il devoit parler des différentes especes de vers, de chants, de rhythmes, & de leur emploi, selon les différens genres & les différentes parties de ces genres. Il devoit expliquer au long les effets de ces mêmes genres, & en particulier celui de la Tragédie, lequel, selon lui, étoit la purgation des passions. Rien de tout cela n'est dans la Poëtique que nous avons. Mais heureusement on y trouve les grands principes, & quelques détails qui peuvent nous mener à ce que nous n'avons pas. On y trouve la definition exacte de la Poësie prise en général & les différences de ses especes. On y trouve la nécessité de mettre dans un poëme une action, & une action qui soit unique, entiere, d'une certaine etendue ; qui ait un nœud, un dénouement ; qui soit vraisemblable, intéressante ; dont les acteurs aient un caractere, des mœurs, un langage convenable, accompagné de tous les agrémens que l'art peut y ajouter. Il n'y est traité directement que de la Tragédie, & par occasion de l'Epopée; mais ces deux genres sont si etendus, si analogues par leur fonds & par leurs formes avec les autres genres, ils sont traités avec tant d'adresse & tant d'art, que les rapports des idées & même leurs contrastes, deviennent des vues à-peu-près suffisantes pour juger des autres especes.

Trois siecles après Aristote, Horace répandit sur la Poëtique de nouveaux traits de lumiere. Il développa quelques points que le Philosophe Grec n'avoit fait qu'indiquer. Il découvre les sources, il donne des avis, il montre des ecueils. Mais ce n'eſt plus un philoſophe qui analyſe, ni qui inſtruit avec méthode : c'eſt un poëte bel eſprit, qui ſuit ſes idées autant que ſa matière, & qui ne veut paroître profond qu'à ceux qui prendront la peine de le méditer.

Jérôme Vida forma ſon plan de Poëtique ſur celui des Inſtitutions oratoires de Quintilien. Il prend l'eleve de la Poëſie au berceau, & le conduit par la main dans tous les boſquets du Pinde, au bord de toutes les fontaines connues des Muſes. Son ouvrage eſt d'un bout à l'autre un tiſſu de fleurs. Mais ſentant qu'Ariſtote & Horace ſuffiſoient pour gouverner le génie, autant qu'il peut l'être, il s'eſt borné à eveiller le goût poëtique des jeunes gens & à le former ſur les grands modeles.

Après ces trois grands maîtres, Despréaux ne pouvoit guère que retracer les mêmes préceptes ; mais il le fait en homme inspiré par les Muses. Chez lui tous les principes brillent de la plus vive lumiere, chacun à leur place ; & le génie de chaque genre le saisissant au moment qu'il en traite, du précepte même il trouve souvent le moyen d'en faire l'exemple.

Si ces quatre légiflateurs des Poëtes sont d'accord entr'eux, si, malgré la différence des temps, des mœurs, des langues, ils n'ont tous quatre tracé qu'une seule & même voie ; il s'ensuit qu'il n'y en a pas deux pour la Poësie, & que la marche des Poëtes est réglée par des principes invariables. Comment ne le seroit-elle pas ? puisque celle de la nature l'eſt, & que la Poëſie n'eſt, & ne peut être que l'imitation de la nature.

On peut donc dire aux eleves de la Poëſie, & même aux Poëtes les plus célebres, en leur préſentant ces quatre ouvrages, voila vos maîtres : voila vos regles, d'après leſquelles vous pouvez & vous juger vous-mêmes, & prévoir ou apprécier le jugement du public.

En traduiſant Ariſtote, je me ſuis attaché à la lettre ; parce que j'ai éprouvé par moi-même, & reconnu par les autres, que la moindre liberté pouvoit devenir un contreſens. Je n'ai point cru devoir employer la traduction de M. Dacier, qui eſt toujours diffuſe, ſouvent embarraſſée, quelquefois peu exacte ; mais j'ai profité de ſes recherches, comme il a profité de celles de ses prédécesseurs, & je dois dire que son travail a abrégé le mien.

Il eût été aisé de faire un volume entier de Remarques. Il suffisoit d'extraire les Commentaires, qui sont en assez grand nombre, & quelques-uns assez étendus, tels que ceux de Victorius, de Castelvetro & de M. Dacier que nous venons de nommer. Qu'eût-ce été, si j'eusse entrepris de discuter les opinions sur les passages difficiles, de les réfuter, de les concilier, de justifier mon avis, lorsque je me suis cru permis d'en avoir un? Le Lecteur demande la doctrine d'Aristote : je me suis borné à la lui présenter, aussi exactement & avec le moins de commentaire qu'il m'a été possible, lui laissant le soin de la juger & de la commenter à son gré & selon ses lumieres.

Je n'ai point suivi la distribution de Daniel Heinsius, malgré la confiance avec laquelle il l'annonce : *Si quis tamen glandes post aristas malit, iis fruatur :* c'est ainsi qu'il parle de sa decouverte. Il ne seroit pas difficile de prouver que c'est lui-même qui a mis les glands à la place des epis. Mais, quand tout seroit egal d'ailleurs, la préférence seroit encore dûe à tous les manuscrits qui existent, & à toutes les editions qui ne sont pas d'Heinsius.

ΑΡΙΣΤΟΤΕΛΟΥΣ
ΠΕΡΙ ΠΟΙΗΤΙΚΗΣ.

ΚΕΦΑΛΑΙΟΝ ά.

Τῶν τεχνῶν διαφοραὶ ἐν οἷς ποιοῦνται τὴν μίμησιν.

1. ΠΕΡΙ Ποιητικῆς αὐτῆς τε κỳ τῶν εἰδῶν αὐτῆς, ἥντινα δύναμιν ἕκαςον ἔχει, κỳ πῶς δεῖ συνίςαθαι τοὺς μύθους, εἰ μέλλοι καλῶς ἕξειν ἡ ποίησις· ἔτι τε ἐκ πόσων κỳ ποίων ἐςὶ μορίων· ὁμοίως δὲ κỳ περὶ τῶν ἄλλων, ὅσα τῆς αὐτῆς ἐςὶ μεθόδου,

POËTIQUE
D'ARISTOTE.

CHAPITRE I.

De la nature de la Poësie & de ses différences.
Premiere Différence.

1. JE vais traiter de la Poësie en général, de ses especes, de l'effet que doit produire chaque espece, & de la maniere dont les fables doivent être composées pour avoir la meilleure forme : j'examinerai quelle est la nature des parties & leur nombre ; enfin je parlerai de tout ce qui a rapport à cet

λέγωμεν, ἀρξάμενοι, κατὰ φύσιν, πρῶτον ἀπὸ τῶν πρώτων.

2. Ἐποποιία δὴ, κỳ ἡ τ̃ Τραγῳδίας ποίησις, ἔτι δὲ Κωμῳδία, κỳ ἡ Διθυραμβοποιητικὴ[1], κỳ τ̃ Αὐλητικῆς ἡ πλείςη, κỳ Κιθαριςικῆς[2], πᾶσαι τυγχάνυσιν ὖσαι μιμήσεις τὸ σύνολον. Διαφέρυσι δὲ ἀλλήλων τρισίν· ἢ γὸ τῷ γένει ἑτέροις μιμεῖσϑ, ἢ τῷ ἕτερα, ἢ τῷ ἑτέρως κỳ μὴ τὸν αὐτὸν τρόπον.

3. Ὥσπερ[3] γὸ ὲ χρώμασι κỳ χήμασι πολλὰ μιμῦνται τινες ἀπεικάζοντες, οἱ μ̃ διὰ τέχνης, οἱ ϑ̃ διὰ συνηθείας, ἕτεροι ϑ̃ δι᾽ ἀμφοῖν[4]· ὕτω καὶ ἐν ταῖς εἰρημέναις τέχναις, ἅπασαι μὲν ποιῦνται τὴν μίμησιν ἐν ῥυθμῷ ὲ λόγῳ ὲ ἁρμονίᾳ· τύτοις δὲ ἢ χωρὶς, ἢ μεμιγμένοις. Οἷον, ἁρμονίᾳ

---

[1] Le Dithyrambe est imitation, parce que le Poëte, en le composant, exprime d'après le vraisemblable les sentimens, les transports l'ivresse, qui doivent regner dans le Dithyrambe. Il en est de même de l'Auletique, de la Citharistique, & de l'Orchestique. Tous ces arts sont imitateurs.

'Art, en commençant, selon l'ordre naturel, par les principes.

2. L'Épopée, la Tragédie, la Comédie, le Dithyrambe, la plûpart des airs de Flûte & de Cithare, toutes ces especes en général sont des imitations. Mais dans ces imitations, il y a trois différences : les Moyens avec lesquels on imite, l'Objet qu'on imite, & la Maniere dont on imite.

3. Car comme ceux qui imitent avec les couleurs & le trait, exécutent les uns par certaines pratiques de l'art, les autres par l'habitude seule, quelques-uns par l'un & l'autre ensemble ; de même dans les especes dont nous venons de parler, & qui imitent avec le rhythme, la parole, & le chant, l'imitation se fait ou par un seul

---

[2] On auroit pu ajouter au texte, ϰ τῆς Ὀρχησίϰης, pour préparer ce qui est dit ci-après p. 18 & p. 22. Platon définit la Danse ou l'Orchestique, Μίμησις τῶν λεγομένων ϕήμασι γενομένη. Leg. VII.

[3] Aristote reprend d'abord le premier membre de sa division.

[4] Les Manuscrits de la Bibliotheque du Roi portent διὰ τῆς ϕωνῆς ; mais le sens exige δἰ ἀμϕοῖν, comme ont lu Dan. Heinsius & Dacier. Voyez les Remarques.

μὲν κỳ ῥυθμῷ χρώμεναι μόνον, ἥτε Αὐλητικὴ κỳ ἡ Κιθαριστικὴ, κἂν εἴ τινες ἕτεραι τυγχάνωσιν οὖσαι τοιαῦται τὴν δύναμιν, οἷον ἡ τῶν συρίγγων. Αὐτῷ δὲ τῷ ῥυθμῷ μιμοῦνται χωρὶς ἁρμονίας, οἱ τῶν Ὀρχηστῶν· ὲ γὸ οὗτοι διὰ τῶν χηματιζομένων ῥυθμῶν⁵ μιμοῦνται ὲ ἤθη ὲ πάθη ὲ πράξεις. Ἡ δὲ Ἐποποιΐα μόνον τοῖς λόγοις ψιλοῖς, ἢ τοῖς μέτροις, ὲ τούτοις εἴτε μιγνῦσα μετ' ἀλλήλων, εἴθ' ἑνί τινι γένει χρωμένη τῶν μέτρων τυγχάνουσα μέχρι οὗ νῦν. Οὐδὲν γὸ ἂν ἔχοιμεν ὀνομάσαι κοινὸν πρὸς τοὺς Σώφρονος ὲ Ξενάρχου μίμους, ὲ τοὺς Σωκρατικοὺς λόγους⁶, οὐδὲ εἴ τις διὰ τριμέτρων, ἢ ἐλεγείων, ἢ τῶν ἄλλων τινῶν τῶν τοιούτων ποιοῖτο τὴν μίμησιν. Πλὴν οἱ ἄνθρωποί γε συνάπτοντες τῷ μέτρῳ τὸ ποιεῖν, τοὺς μ̄ ἐλεγοποιοὺς, τοὺς δὲ ἐποποιοὺς ὀνομάζουσιν, οὐχ ὡς τοὺς κατὰ μίμησιν ποιητὰς, ἀλλὰ κοινῇ,

⁵ Les *Rhythmes figurés*, par les pas & par les mouvemens du danseur.

⁶ C'est-à-dire, philosophiques, l'espece pour le genre.

de ces moyens, ou par plusieurs ensemble. Par exemple, dans les airs de Flûte, ou de Cithare, ou autres genres pareils, comme le Chalumeau, il y a le chant & le rhythme. Dans la Danse, il y a le rhythme & point de chant : car c'est par les rhythmes figurés que les Danseurs expriment les mœurs, les passions, les actions. Dans l'Epopée, il n'y a que la parole, soit en prose, soit en vers ; en vers de plusieurs especes, ou d'une seule, comme on a fait jusqu'ici. Car nous n'avons point d'autre nom générique pour désigner les Mimes de Sophron, ou de Xenarque, les Dialogues Socratiques, ou les autres imitations, qui seroient écrites en vers trimêtres, ou elégiaques, ou autres. Il est bien vrai que communément on applique au vers seul l'idée qu'on a de la poësie, & qu'on appelle les poëtes, les uns *elégiaques*, les autres *héroïques*, comme si c'étoit par le vers, & non par l'imitation, qu'ils fussent poëtes : que l'ouvrage soit sur la Médecine, ou sur la Physique, on lui donne le même nom (a). Mais Homere & Empedocle n'ont rien de com-

(a) Aristote va répondre à cette objection. Voyez les Remarques.

κατὰ τὸ μέτρον, προσαγορεύοντες· καὶ
γὰ ἂν ἰατρικὸν, ἢ φυσικόν τι διὰ τῶν μέτρων ἐκφέρωσιν, ὕτω καλεῖν εἰώθασιν.
Οὐδὲν ᾖ κοινόν ἐστιν Ομήρῳ & Εμπεδο-
κλεῖ, πλὴν τὸ μέτρον· δι' ὃ τ̀ μὲν ποιητὴν
δίκαιον καλεῖν, τὸν ᾖ φυσιολόγον μᾶλλον
ἢ ποιητὴν. Ὁμοίως δὲ κἂν εἴ τις ἅπαντα
τὰ μέτρα μιγνύων ποιοῖτο τὴν μίμησιν,
καθάπερ Χαιρήμων ἐποίησεν Ἱπποκέν-
ταυρον, μικτὴν ῥαψῳδίαν ἐξ ἁπάντων τῶν
μέτρων, ὐχ ἧτον ποιητὴν προσαγορευ-
τέον; περὶ μὲν ὖν τύτων διορίσθω τῦτον
τὸν τρόπον. Εἰσὶ δέ τινες αἳ πᾶσι χρῶνται τοῖς εἰρημένοις, λέγω δὲ οἷον ῥυθμῷ
& μέλει & μέτρῳ, ὥσπερ ἥτε τῶν Διθυ-
ραμβικῶν ποίησις, κὴ ἡ τῶν Νόμων, κὴ ἡ
τε Τραγῳδία, κὴ ἡ Κωμῳδία· διαφέρυσι δὲ, ὅτι αἱ μὲν ἅμα πᾶσιν, αἱ δὲ κỳ
μέρος. Ταύτας μὲν ὖν λέγω τὰς διαφορὰς
τῶν τεχνῶν, ἐν οἷς ποιῦνται τὴν μίμησιν.

mun que le vers. Aussi le premier est-il vraiment un poëte, & l'autre est un physicien plutôt qu'un poëte. Et si quelqu'un s'avisoit, comme Chérémon dans son Hippocentaure, de mêler dans un poëme, des vers de toutes les especes, mériteroit-il moins le nom de poëte ? C'en est assez sur ce sujet. Enfin il y a des poësies qui emploient les trois moyens, c'est-à-dire, le rhythme, le chant, le vers : comme les Dithyrambes, les Nomes, la Tragédie, la Comédie ; avec cette différence seulement, que les Dithyrambes & les Nomes les emploient tous trois ensemble, dans toutes leurs parties, & que la Tragédie & la Comédie les emploient séparément dans leurs différentes parties. Telles sont les différences des Arts quant aux moyens avec lesquels ils imitent.

ΚΕΦΑΛΑΙΟΝ β'.

Ποίυς ἀνάγκη μιμεῖϑαι.

1. ΕΠΕΙ δὲ μιμῦνται οἱ μιμύμενοι πράττοντας, ἀνάγκη δὲ τύτυς, ἢ σπυδαίυς, ἢ φαύλυς εἶναι, (τὰ γὰρ ἤθη σχεδὸν ἀεὶ τύτοις ἀκολυθεῖ μόνοις· κακίᾳ γὰρ καὶ ἀρετῇ τὰ ἤθη διαφέρυσι πάντες) ἤτοι βελτίονας ἢ καθ' ἡμᾶς, ἢ χείρονας, ἢ τοιούτους [1] ἀνάγκη μιμεῖϑαι, ὥσπερ οἱ γραφεῖς. Πολύγνωτος μὲν κρείττυς, Παύσων δὲ χείρυς, Διονύσιος ὁμοίυς εἴκαζε.

2. Δῆλον δὲ, ὅτι καὶ τῶν λεχθεισῶν ἑκάςῃ μιμήσεων ἕξει ταύτας τὰς διαφοράς· καὶ ἔςιν [2] ἑτέρα, τῷ ἕτερα μιμήσαϑαι τοῦτον τὸν τρόπον. Καὶ γὰρ ἐν Ὀρ-

---

[1] Nous avons ajouté τοιούτους d'après le Mſſ. 2117.

[2] Le Mſſ. 2040 porte ἔςαι au lieu d'ἐςίν.

CHAPITRE II.

Deuxieme Différence: Par l'objet qu'on imite.

1. L'Imitation poëtique ayant pour objet de représenter des hommes qui agissent, il est nécessaire que ces hommes soient ou bons ou méchans : car c'est en cela que les mœurs consistent : c'est par la bonté & par la méchanceté que les hommes different entre eux, quant aux mœurs. Il faut donc que les Poëtes peignent les hommes ou meilleurs qu'ils ne sont ordinairement, ou pires qu'ils ne sont, ou tels qu'ils sont : comme font les Peintres. Polygnote les peignoit meilleurs, Pauson plus mauvais, Denys comme ils étoient.

2. Or il est clair que les imitations dont nous parlons, ont encore ces différences entre elles, & qu'elles different en imitant des objets, qui different de cette maniere. Ces différences peuvent se trouver dans la Danse, dans les Airs de Flûte

χησζ, ᾧ Αὐλήσει ᾐ Κιθαρίσζ ἐςὶ γενέϑαι ταύτας τὰς ἀνομοιότητας· ᾐ περὶ τῶ λόγως δὲ, ᾧ τὴν ψιλομετρίαν· οἷον Ομηρος μ̃ βελτίως, Κλεοφῶν ϑ̓ ὁμοίως, Ἡγήμων ϑ̓ ὁ Θάσι⊙, ὁ τὰς παρῳδίας ποιήσας πρῶτος, ᾧ Νικόχαρις, ὁ τὴν Δειλιάδα ³, χείρως. Ὁμοίως δὲ καὶ περὶ τῶ Διθυράμβως καὶ τῶ Νόμως, ὡς Πέρσας ᾧ Κύκλωπας Τιμόθεος ᾧ Φιλόξενος, μιμήσαιτο ἄν τις ⁴. Εν αὐτῇ δὲ τῇ διαφορᾷ, ᾐ ἡ Τραγῳδία πρὸς τὴν Κωμῳδίαν διέςηκεν· ἡ μὲν γὸ χείρως, ἡ δὲ βελτίως μιμεῖϑαι βύλεται τῆς νῦν.

3 Poëme sur la Poltronerie, parodie du sujet & du nom de l'Iliade. *Castelv.*

4 Le même Mss. ajoute τις après ἄν.

& de Cithare, dans les Discours, soit en vers, soit en prose. Homere a fait les hommes meilleurs qu'ils ne sont ; Cléophon les a faits comme ils sont ; Hegémon inventeur de la Parodie, & Nicocharis auteur de la Diliade, pires qu'ils ne sont. Il en est de même des Dithyrambes & des Nomes : on peut faire comme Timothée & Philoxène, qui ont imité, l'un les Perses, l'autre les Cyclopes. Enfin la même différence se trouve dans la Tragédie & dans la Comédie : celle-ci fait les hommes plus mauvais qu'ils ne sont aujourd'hui, & la Tragédie les fait meilleurs.

ΚΕΦΑΛΑΙΟΝ γ'.

Πῶς ἐςι μιμεῖθαι.

1. ΕΤΙ δὲ τύτων τρίτη διαφορὰ, τὸ, ὡς ἕκαςα τύτων μιμήσαιτο ἄν τις. Καὶ γὸ ἐν τοῖς αὐτοῖς, καὶ τὰ αὐτὰ μιμεῖθαί ἐςιν, ὁτὲ μὲν ἀπαγγέλλοντα, ἢ ἕτερόν τι γιγνόμενον, ὥσπερ Ομηρος ποιεῖ· ἢ ὡς τὸν αὐτὸν, καὶ μὴ μεταβάλλοντα· ἢ πάντας ὡς πράτ]οντας, & ἐνεργῦντας τοὺς μιμυμένυς.

2. Ἐν τρισὶ δὴ ταύταις διαφοραῖς ἡ μίμησίς ἐςιν, ὡς εἴπομεν κατ' ἀρχάς· ἐν οἷς τε, & ἃ, & ὡς. Ὥςε, τῇ μὲν ὁ αὐτὸς ἂν εἴη μιμητὴς Ὁμήρῳ Σοφοκλῆς, μιμῦνται γὰρ ἄμφω σπυδαίυς· τῇ δὲ Ἀριςοφάνει, πράτ]οντας γὰρ μιμῦνται καὶ δρῶντας ἄμφω. Ὅθεν καὶ δράματα καλεῖθαί τινες αὐτά φασιν, ὅτι μιμῦνται δρῶντες.

CHAPITRE III.

Troisieme Différence: Par la maniere d'imiter.

1. Il reste une troisieme différence, qui est la maniere dont on imite. Car en imitant les mêmes objets & avec les mêmes moyens, le poëte peut imiter, tantôt en racontant simplement & tantôt en se revêtant de quelque personnage, comme fait Homere; ou en restant toujours le même, sans changer de personnage; ou enfin de manière que tous les personnages soient agissans, & représentent l'action de ceux qu'ils imitent.

2. Voilà donc trois différences génériques: les Moyens, les Objets, la Maniere. Sophocle imite les mêmes objets qu'Homere, parce qu'il peint en beau comme lui; & de la même maniere qu'Aristophane, parce qu'il peint par l'action ou le Drame. Car c'est de-là qu'est venu le nom de *Drame*, de l'imitation qui se fait par l'action.

3. Διὸ καὶ ἀντιποιῦνται τῆ τε Τραγῳδίας καὶ τῆ Κωμῳδίας οἱ Δωριεῖς· τῆς μὲν Κωμῳδίας, οἱ Μεγαρεῖς [1], οἵ τε ἐνταῦθα, ὡς ἐπὶ τῆ παρ' αὐτοῖς δημοκρατίας γενομένης· & οἱ ἐκ Σικελίας, ἐκεῖθεν γὰ ἦν Ἐπίχαρμος ὁ ποιητὴς, πολλῷ πρότερος ὢν Χιωνίδυ & Μάγνητος· καὶ τῆ Τραγῳδίας [2], ἔνιοι τῶ ἐν Πελοποννήσῳ, ποιύμενοι τὰ ὀνόματα σημεῖον· ὗτοι μὲν γὰρ κώμας τὰς περιοικίδας καλεῖν, φασὶν, Ἀθηναῖοι δὲ δήμυς· ὡς κωμῳδὺς ὑκ ἀπὸ ᾧ κωμάζειν λεχθέντας, ἀλλὰ τῇ κὴ κώμας πλάνῃ, ἀτιμαζομένυς ἐκ ᾧ ἄςεως· καὶ τὸ ποιεῖν αὐτοὶ μὲν δρᾶν, Ἀθηναίυς δὲ πράτ]ειν προσαγορεύειν. Περὶ μ̅ ὖν τῶ διαφορῶν, κὴ πόσαι, κὴ τίνες, τῆ μιμήσεως, εἰρήσθω ταῦτα.

[1] Il y avoit en Sicile une autre Mégare, qui étoit une colonie de la premiere.

[2] Selon Athénée, la Tragédie même portoit le nom de *Comédie*. On disoit δρᾶν également pour l'une & pour l'autre ; or δρᾶν est un mot Dorien. Il est vrai que Κωμάζω est un mot Attique, mais le mot *Comédie* n'en vient point : il vient de κώμα, qui signifie *bourgade* chez les Do-

3. C'est même à ce titre que les Doriens s'attribuent l'invention de la Tragédie & de la Comédie. De la Comédie : ceux de Megare, nos voisins, disent qu'elle est née chez eux, parce que leur gouvernement étoit populaire : ceux de Sicile disent la même chose, parce qu'Epicharme, Sicilien, est de beaucoup antérieur à Chionide & à Magnès. De la Tragédie : pour le prouver, quelques-uns de ceux du Péloponnèse font valoir l'étymologie des noms. Chez eux, disent-ils, les bourgades s'appellent *Comai*, & chez les Athéniens *Dêmoi* : or ce mot *Comoidoi* vient, selon eux, non de *Comazein*, *faire festin*, mais de ce que les farceurs, ayant été chassés de la ville, erroient dans les bourgades. Les Athéniens d'ailleurs disent *Prattein*, *agir*, & les Doriens *Drân*. Telles sont les différences qu'on observe dans les imitations que fait la Poësie.

riens, & qui répond à celui de Δῆμοι chez les Athéniens ; donc toutes les especes de drames, & la Tragédie même, sont dues à l'invention des Doriens, & non à celle des Atheniens.

ΚΕΦΑΛΑΙΟΝ δ'.

Τὰ τὴν ποιητικὴν γεννήσαντα, καὶ πῶς διέσπασαμ εἰς διάφορα ἔιδη.

1. ΕΟΙΚΑΣΙ δὲ γεννῆσαμ μὲν ὅλως τὴν Ποιητικὴν αἰτίαμ δύο τινὲς, ὲ αὗταμ φυσικαί· τό τε γὸ μιμεῖθαμ σύμφυτον τοῖς ἀνθρώποις ἐκ παίδων ἐςὶ, κỳ τύτῳ διαφέρεσι τῷ ἄλλων ζώων, ὅτι μιμητικώτατόν ἐςι· κỳ τὰς μαθήσεις ποιεῖταμ διὰ μιμήσεως τὰς πρώτας· ὲ τὸ χαίρειν τοῖς μιμήμασι πάντας· σημεῖον δὲ τύτυ τὸ συμβαῖνον ἐπὶ τῶν ἔργων. Ἃ γὰρ αὐτὰ λυπηρῶς ὁρῶμεν, τύτων τὰς εἰκόνας τὰς μάλιςα ἠκριβωμένας, χαίρομεν θεωρῦντες, οἷον θηρίων τε μορφὰς τῷ ἀτιμωτάτων [1], καὶ νεκρῶν. Αἴτιον ỳ καὶ τύτυ, ὅτι μανθάνειν ἐ μόνον

---

[1] Nous lisons ἀτιμωτάτων, comme *Victorius*, & par les mêmes raisons que lui : *ἄτιμα ζῶα, bestia viles, abjecta.* Arist. 2. de Morib. & 1°. de An.

CHAPITRE IV.

Origine de la Poësie, & des différences de ses especes.

1. La Poësie semble devoir sa naissance à deux choses, que la Nature a mises en nous. Nous avons tous pour l'imitation un penchant, qui se manifeste dès notre enfance. L'homme est le plus imitatif des animaux, c'est même une des propriétés qui nous distingue d'eux : c'est par l'imitation que nous prenons nos premieres leçons : enfin tout ce qui est imité, nous plaît. On peut en juger par les Arts. Des objets que nous ne verrions qu'avec peine, s'ils étoient réels, des bêtes hideuses, des cadavres, nous les voyons avec plaisir dans un tableau, lors même qu'ils sont rendus avec la plus grande vérité. La raison est que non seulement les sages, mais tous les hommes en général, ont du plaisir à apprendre, & que pour apprendre, il n'est point de voie plus courte que l'image. Car

τοῖς φιλοσόφοις ἥδιςον, ἀλλὰ καὶ τοῖς ἄλλοις ὁμοίως. Ἀλλ' ἐπὶ βραχὺ κοινωνῦσιν αὐτῦ· διὰ γὸ τῦτο χαίρυσι τὰς εἰκόνας ὁρῶντες, ὅτι συμβαίνει θεωρῦντας μανθάνειν καὶ συλλογίζεϑαι τί ἕκαςον, οἷον, ὅτι ὗτος ἐκεῖνος· ἐπεὶ ἐὰν μὴ τύχῃ προεωρακὼς, ὐχὶ διὰ μίμημα ποιήσει τὴν ἡδονὴν, ἀλλὰ διὰ τὴν ἀπεργασίαν, ἢ τὴν χροιὰν, ἢ διὰ τοιαύτην τινὰ ἄλλην αἰτίαν.

2. Κατὰ φύσιν δὲ ὄντος ἡμῖν τῦ μιμεῖϑαι, καὶ τῆς Ἁρμονίας καὶ τῦ Ῥυθμῦ, (τὰ γὸ μέτρα, ὅτι μόρια τῶν ῥυθμῶν ἐςι, φανερὸν) ἐξ ἀρχῆς, οἱ πεφυκότες πρὸς αὐτὰ μάλιςα, κỳ μικρὸν προάγοντες, ἐγέννησαν τὴν ποίησιν, ἐκ τῶν αὐτοχεδιασμάτων. Διεσπάϑη δὲ κỳ τὰ οἰκεῖα ἤθη ἡ ποίησις· οἱ μὲν γὸ σεμνότεροι, τὰς καλὰς ἐμιμῦντο πράξεις, καὶ τὰς τῶν τοιύτων τύχας· οἱ δὲ εὐτελέςεροι, τὰς τῶν φαύλων, πρῶτον ψόγυς ποιῦντες, ὥσπερ ἕτεροι ὕμνυς καὶ ἐγκώμια.

c'est par cette raison que les imitations font tant de plaisir ; parce que dans l'instant même qu'on les voit, on sait par un raisonnement aussi prompt que le coup-d'œil, ce que c'est que chaque objet, par exemple, que c'est un tel. Si on n'a point vû l'original, alors ce n'est plus de l'imitation que vient le plaisir, mais du travail de l'art, ou du coloris, ou de quelque autre cause.

2. Le Goût du Chant & du Rhythme ne nous étant pas moins naturel que celui de l'imitation (car il est évident que le vers fait partie du genre rhythmique); ceux qui dans l'origine se trouverent nés avec des dispositions particulieres, firent des essais de génie, lesquels se développant peu-à-peu donnerent naissance à la Poësie. Or celle-ci, en naissant, suivit le caractere de ses auteurs, & se partagea en deux genres. Ceux qui se sentoient portés aux genres nobles, peignirent les actions & les aventures des héros. Ceux qui se sentoient portés vers les genres bas, peignirent les hommes méchans & vicieux, & firent des satyres, comme les premiers, des hymnes & des éloges.

Partie I.   C

3. Τῶν μ ὖν πρὸ Ὁμήρε ἐδενὸς ἔχομεν εἰπεῖν τοιῦτον ποίημα· εἰκὸς ἢ ἐῇ πολλὺς· ἀπὸ ἢ Ὁμήρε ἀρξαμένοις, ἐςίν· οἷον, ἐκείνε ὁ Μαργείτης [2], κỳ τὰ τοιαῦτα, ἐν οἷς ὅ τὸ ἁρμόττον ἰαμβεῖον ἦλθε μέτρον. Διὸ καὶ ἰαμβεῖον καλεῖται νῦν· ὅτι ἐν τῷ μέτρῳ τύτῳ ἰάμβιζον ἀλλήλυς· καὶ ἐγένοντο τῶ παλαιῶν, οἱ μὲν ἡρωϊκῶν, οἱ δὲ ἰάμβων [3] ποιηταί.

4. Ὥσπερ ἢ καὶ τὰ σπεδαῖα μάλιςα ποιητὴς Ὁμηρος ἦν (μόνος γδ, ἐχ ὅτι ἔυ, ἀλλ' ὅτι καὶ μιμήσεις δραματικῶς ἐποίησεν) ὕτω καὶ τὰ τῆς Κωμῳδίας χήματα πρῶτος ὑπέδειξεν, ἐ ψόγον, ἀλλὰ τὸ γελοῖον δραματοποιήσας. Ὁ γὰρ Μαργείτης ἀνάλογον ἔχει, ὥσπερ Ἰλιὰς καὶ Ὀδύσσεια πρὸς τὰς Τραγῳδίας, ὕτω ὅ ὅπ̃ πρὸς τὰς Κωμῳδίας.

5. Παραφανείσης δὲ τῆς Τραγῳδίας

[2] C'est le titre d'un Poëme, où Homere s'étoit diverti à peindre en ridicule un Fainéant.

[3] Sous le nom de Satyrique, nous comprenons les Poësies mordantes ἴαμβοι, les obscènes, φαλλικὰ, & les drames satyriques Σάτυροι.

3. Nous n'avons rien dans ce second genre qui soit plus ancien qu'Homere; quoique, selon toute apparence, il y ait eu de ces ouvrages avant lui. Mais à partir d'Homere, nous en avons, tels que son Margitès, & d'autres, dans lesquels on a employé l'ïambe, qui est le vers propre à la satyre, à laquelle même il a donné son nom, qu'elle porte encore aujourd'hui; parce que c'étoit en vers ïambiques que les Poëtes *s'escrimoient* les uns contre les autres. Ainsi dans l'origine, deux sortes de Poëtes : les uns Héroïques & les autres Satyriques.

4. Comme Homere a donné le modele des Poësies héroïques (je le cite seul, non seulement parce qu'il excelle, mais parce que ses imitations sont dramatiques), il a aussi donné la premiere idée de la Comédie, en peignant dramatiquement le vice, non en odieux, mais en ridicule. Car son Margitès est à la Comédie ce que l'Iliade & l'Odyssée sont à la Tragédie.

5. La Tragédie & la Comédie s'étant une fois montrées, tous ceux que leur gé-

κὴ Κωμῳδίας, οἱ ἐφ' ἑκατέραν τὴν ποίησιν ὁρμῶντες κὴ τὴν οἰκείαν φύσιν, οἱ μὲν ἀντὶ τῶ ἰάμβων, Κωμῳδοποιοὶ ἐγένοντο· οἱ δὲ ἀντὶ τῶ ἐπῶν, Τραγῳδιδάσκαλοι· διὰ τὸ μείζω & ἐντιμότερα τὰ χήματα εἶναι ταῦτα, ἐκείνων. Τὸ μὲν ἓν ἐπισκοπεῖν, εἰ ἄρα ἔχει ἤδη ἡ Τραγῳδία τοῖς εἴδεσιν ἱκανῶς, ἢ ὔ, αὐτό τε καθ' αὑτὸ κρινόμϟον, & πρὸς τὰ θέατρα, ἄλλ⊚ λόγος.

6. Γενομένη 4 ἓν ἀπ' ἀρχῆς αὐτοχεδιαστικὴ, (καὶ αὐτὴ, καὶ, ἡ Κωμῳδία, καὶ ἡ μὲν ἀπὸ τῶν ἐξαρχόντων τὸν διθύραμβον, ἡ δὲ ἀπὸ τῶν τὰ φαλλικὰ, ἃ ἔτι καὶ νῦν ἐν πολλαῖς τῶν πόλεων διαμένει νομιζόμενα), κὴ μικρὸν ηὐξήθη, προαγόντων, ὅσον ἐγένετο φανερὸν αὐτῆς. Καὶ πολλὰς μεταβολὰς μεταλαβοῦσα ἡ Τραγῳδία ἐπαύσατο, ἐπεὶ ἔχε τὴν ἑαυτῆς φύσιν. Καὶ τό τε τ̄ ὑποκριτῶν πλῆθος, ἐξ ἑνὸς εἰς δύο πρῶτος Αἰσχύλος ἤγαγε, καὶ

---

4 Nous lisons Γενομένη, d'après le MSS. 2117, & de même αὐτοχεδιαστικὴ, κὴ αὐτὴ κὴ ἡ κωμῳδία.

nie portoit à l'un ou à l'autre de ces deux genres, préférerent les uns de faire des Comédies au lieu de satyres ; les autres, des Tragédies au lieu de poëmes heroïques ; parce que ces nouvelles formes avoient plus d'éclat, & donnoient aux poëtes plus de célébrité. D'examiner si la Tragédie a maintenant atteint ou non toute sa perfection, soit considérée en elle-même, soit relativement au théatre, c'est une autre question.

6. La Tragédie étant donc née, comme d'elle-même, ainsi que la Comédie, l'une du dithyrambe, l'autre des farces satyriques, qui sont encore en usage dans quelques-unes de nos villes ; la premiere se perfectionna peu-à-peu, à mesure qu'on appercevoit ce qui pouvoit lui convenir ; & après divers changemens, elle se fixa à la forme qu'elle a maintenant, & qui est sa veritable forme. Elle n'avoit d'abord qu'un acteur, Eschyle lui en donna un second ; il abrégea le chœur, & introduisit l'usage d'un prologue. Sophocle ajouta un troisieme acteur & décora la scène. On

τὰ τῦ Χορῦ ἠλάτ]ωσε, καὶ τὸν λόγον πρωταγωνιςὴν παρεσκεύασε· τρεῖς δὲ, ἠ σκηνογραφίαν Σοφοκλῆς. Ἔτι ὃ τὸ μέγεθος ἐκ μικρῶν μύθων ᾗ λέξεως γελοίας, διὰ τὸ ἐκ σατυρικῦ μεταϐαλεῖν, ὀψὲ ἀπεσεμνώθη. Τό τε μέτρον ἐκ τετραμέτρυ ἰαμϐεῖον ἐγένετο [5]· τὸ μὲν γὰ πρῶτον, τετραμέτρῳ ἐχρῶντο, διὰ τὸ σατυρικὴν ᾗ ὀρχηςικωτέραν εἶναι τὴν ποίησιν. λέξεως δὲ γνομένης [6], αὐτὴ ἡ φύσις τὸ οἰκεῖον μέτρον εὗρε· μάλιςα γὰρ λεκτικὸν τῶν μέτρων τὸ ἰαμϐεῖόν ἐςι. σημεῖον ὃ τύτυ, πλεῖςα γὰ ἰαμϐεῖα λέγομεν ἐν τῇ διαλέκτῳ τῇ πρὸς ἀλλήλυς· ἑξάμετρα δὲ ὀλιγάκις, ᾗ ἐκϐαίνοντες τῆ λεκτικῆς ἁρμονίας. Ἔτι ὃ ἐπεισοδίων πλήθη [7], ᾗ τὰ ἄλλα, ὡς ἕκαςα, κοσμηθῆναι λέγεται. Περὶ μὲ ἂν τύτων τοσαῦτα ἔςω ἡμῖν εἰρημένα· πολὺ γὰ ἂν ἴσως ἔργον εἴη διεξιέναι καθ' ἕκαςον.

[5] Le Trochée, dit Aristote, est plus dansant que tous les autres pieds, κορδακικώτερος ; comme on le voit dans le Tetramêtre, qui est le plus dansant de tous les vers. Rhet. III. c. viij.

donna aux fables plus de grandeur, & au style plus d'elevation. Ce qui toutefois se fit assez tard; car l'un & l'autre se ressentirent assez long-temps des farces satyriques, dont la Tragédie tiroit une partie de son origine. Le vers, de tetramêtre *trochaïque* qu'il etoit, devint *trimêtre* ïambique. Le tetramêtre *trochaïque* avoit été employé dans le commencement, parce que la premiere Poësie etoit satyrique & toute dansante. Dès que le langage fut formé, le genre du vers qui lui convenoit fut indiqué par la Nature même. De tous les vers, l'ïambique est le plus propre au langage. Cela est si vrai, qu'il nous en echappe souvent dans la conversation, & que nous ne faisons guere d'hexamêtres, que quand nous sortons du style simple. Enfin on multiplia les Episodes, & on perfectionna toutes les parties les unes après les autres. C'en est assez sur cet objet; car il seroit long de marquer tous les degrés.

⁶ Ce passage doit s'expliquer tout simplement, & l'accessoire qu'y a joint M. Dacier n'est fait que pour induire en erreur.

⁷ C'est-à-dire les *Actes* de la Tragédie; voyez les Remarques.

*C iv

ΚΕΦΑΛΑΙΟΝ έ.

Περὶ Κωμῳδίας, καὶ Ἐποποιίας, καὶ Τραγῳδίας διαφορά.

1. ΗΔΕ` Κωμῳδία ἐςὶν, ὥσπερ εἴπομεν, Μίμησις φαυλοτέρων μὲν, ᾗ μέντοι κỳ πᾶσαν κακίαν, ἀλλὰ ᾗ αἰχρῦ [1] ἐςὶ τὸ γελοῖον μόριον. Τὸ γδ γελοῖον ἐςὶν ἁμάρτημά τι ℅ αἶχος ἀνώδυνον, κỳ ᾗ φθαρτικόν [2]. οἷον εὐθὺς, τὸ γελοῖον πρόσωπον αἰχρόν τι κỳ διεςραμμένον ἄνευ ὀδύνης.

2. Αἱ μὲν ᾖν ᾗ Τραγῳδίας μεταβάσεις, κỳ δἰ ὧν ἐγένοντο, ᾗ λελήθασιν. ἡ ᾗ Κωμῳδία, διὰ τὸ μὴ σπυδάζεᾳ ἐξ ἀρχῆς, ἔλαθεν. Καὶ γδ χορὸν Κωμῳδῶν ὀψέ ποτε ὁ Ἄρχων [3] ἔδωκεν, ἀλλ' ἐθελονταὶ ἦσαν. Ἤδη ᾗ χήματά τινα

---

[1] Mot à mot; mais le *Ridicule* est une partie du *Honteux*.

[2] Par opposition à la Tragédie qui cause l'un ou l'autre, ὀδυνηρὰ κỳ φθαρτικὴ. C. xj. n°. dernier.

[3] Il y avoit à Athènes un Magistrat qui regloit tout ce qui avoit rapport aux spectacles.

CHAPITRE V.

Objet de la Comédie. Différence de la Tragédie & de l'Epopée.

1. La Comédie est, comme nous l'avons dit, l'Imitation du mauvais, non du mauvais pris dans toute son etendue, puisque le Ridicule n'en est qu'une partie. Car le Ridicule est une difformité, une faute, qui n'est ni douloureuse, ni destrucrive : un visage contourné & grimaçant est ridicule, & ne cause point de douleur.

2. On sait par quels degrés & par quels auteurs la Tragédie s'est perfectionnée. Il n'en est pas de même de la Comédie; parce que celle-ci n'attira pas dans ses commencemens la même attention. Ce ne fut même qu'assez tard que l'Archonte en donna le divertissement au peuple. C'etoient des acteurs volontaires, qui n'etoient ni aux gages, ni aux ordres du Gouvernement.

αὐτῆς ἐχύσης, οἱ λεγόμβμοι αὐτῆς ποιηταὶ μνημονεύονται 4. Τίς δὲ πρόσωπα ἀπέδωκεν, ἢ προλόγες, ἢ πλήθη ὑποκριτῶν, κỳ ὅσα τοιαῦτα, ἠγνόηται. Τὸ δὲ μύθες ποιεῖν Ἐπίχαρμος κỳ Φόρμις ἦρξαν· τὸ μὲν ἦν ἐξ ἀρχῆς ἐκ Σικελίας ἦλθε. Τῶν δὲ Ἀθήνῃσι Κράτης πρῶτος ἦρξεν, ἀφέμψμος τ̂ ἰαμβικῆς ἰδέας, καθόλε ποιεῖν λόγες, ἢ μύθες.

3. Ἡ μὲν ἦν Ἐποποιΐα τῇ Τραγῳδίᾳ, μέχρι μόνε μέτρε, μετὰ λόγε μίμησις ἐ̂ σπεδαίων, ἠκολέθησεν· τῷ δὲ τὸ μέτρον ἀπλῦν ἔχειν, καὶ ἀπαγγελίαν εἶναι, ταύτῃ διαφέρεσιν. ἔτι δὲ τῷ μήκει· ἡ μὲν, ὅτι μάλιςα πειρᾶται ὑπὸ μίαν περίοδον ἡλίε εἶναι, ἢ μικρὸν ἐξαλλάτ]ειν· ἡ δὲ Ἐποποιΐα, ἀόριςος τῷ χρόνῳ, καὶ τέτῳ διαφέρει· καίτοι τὸ πρῶτον ὁμοίως ἐν ταῖς Τραγῳδίαις τῦτο ἐποίεν, κỳ ἐν τοῖς Ἔπε-

---

4 Fabric. en donne la liste dans sa Bibl. grec. II. 22.

Mais quand une fois elle a eu pris une certaine forme, elle a eu aussi ses auteurs, qui sont renommés. On ne sait cependant ni qui est l'inventeur des masques & des prologues, ni qui a augmenté le nombre des acteurs, ni quelques autres détails. Mais on sait que ce fut Épicharme & Phormis, qui commencerent à y mettre une action : (c'est donc à la Sicile qu'on doit cette partie); & que chez les Athéniens Cratès fut le premier qui abandonna les actions personnelles, & qui traita les choses dans le général.

3. L'Epopée a suivi les traces de la Tragédie, jusqu'au vers exclusivement, étant, comme elle, une imitation du beau par le discours. Mais elle en differe par sa forme, qui est le récit ; & par le vers, qui est toujours le même ; & encore par l'étendue : la Tragédie tâche de se renfermer dans un tour de soleil, ou s'étend peu audela, & l'Epopée n'a point de durée déterminée ; quoique dans les commencemens il en fût de même pour les Tragé-

σι. Μέρη δέ ἐςι τὰ μὲν ταυτὰ, τὰ δὲ ἴδια τῆς Τραγῳδίας· διόπερ ὅςις περὶ Τραγῳδίας οἶδε σπȣδαίας κỳ φαύλης, οἶδε κỳ περὶ Ἐπῶν· ἃ μ̀ γδ Ἐποποιΐα ἔχι, ὑπάρχι τῇ Τραγῳδίᾳ· ἃ δὲ αὐτὴ, ȣ πάντα ἐν τῇ Ἐποποιΐᾳ ⁵.

⁵ Voyez les chap. xxiij. xxiv. & xxvij.

ΚΕΦΑΛΑΙΟΝ ϛ´.

Περὶ Τραγῳδίας, κỳ τ̃ αὐτῆς μερῶν.

1. ΠΕΡΙ᾽ μὲν ȣν τῆς ἐν ἐξαμέτροις Μιμητικῆς, κỳ περὶ Κωμῳδίας ὕσερον ἐρȣ̃μεν· περὶ δὲ Τραγῳδίας λέγωμῳ, ἀπολαβόντες αὐτῆς ἐκ τ̃ εἰρημένων τ̃ γινόμῳον ὅρον τῆς ȣσίας.

2. Ἐςιν ȣν Τραγῳδία Μίμησις πράξεως σπȣδαίας κỳ τελείας, μέγεθος ἐχȣ́σης, ἡδυσμένῳ λόγῳ, χωρὶς ἑκάςȣ τ̃ εἰδῶν ἐν τοῖς μορίοις δρώντων, κỳ ȣ δι᾽ ἐπαγ-

dies. Quant à leurs parties, elles sont les mêmes, à quelques accessoires près, que l'Epopée n'a point. Par conséquent qui saura ce que c'est qu'une bonne & une mauvaise Tragédie, saura de même ce que c'est qu'une Epopée. Tout ce qui est dans l'Epopée, est dans la Tragédie ; mais tout ce qui est dans la Tragédie n'est pas dans l'Epopée.

CHAPITRE VI.

De la Tragédie & de ses Parties.

1. Nous parlerons ci-après de l'Epopée & de la Comédie. Ici il ne sera question que de la Tragédie ; & pour en donner une définition exacte, nous rassemblerons tout ce que nous en avons dit.

2. La Tragédie est l'Imitation d'une action grave, entiere, étendue jusqu'à un certain point ; par un discours revêtu de divers agrémens, qui chacuns dans les diverses parties où ils s'emploient, concourent à l'effet du poëme ; pour opérer non

γελίας, ἀλλὰ δι' ἐλέε κὴ φόβε περαίνεσα τὴν τῶν τοιέτων παθημάτων κάθαρσιν [1].

3. Λέγω δὲ ἡδυσμένον μὲν λόγον, τὸν ἔχοντα ῥυθμὸν καὶ ἁρμονίαν καὶ μέτρον. Τὸ δὲ χωρὶς τῶν εἰδῶν, τῷ διὰ μέτρων ἔνια μόνον περαίνεϑς, κὴ πάλιν ἕτερα διὰ μέλες.

4. Ἐπεὶ δὲ πράτ]οντες ποιῦνται τὴν μίμησιν, πρῶτον μὲν ἐξ ἀνάγκης ἂν εἴη τι μόριον Τραγῳδίας ὁ τῆς ὄψεως Κόσμος, εἶτα Μελοποιία καὶ Λέξις· ἐν τέτοις γδ ποιῦνται τὴν μίμησιν. Λέγω δὲ Λέξιν μὲν αὐτὴν τῶν μέτρων σύνθεσιν· Μελοποιίαν δὲ, ὃ τὴν δύναμιν φανερὰν ἔχι πᾶσιν [2].

5. Ἐπεὶ δὲ Πράξεώς ἐςι μίμησις, πράτ]εται δὲ ὑπό τινων πρατ]όντων, ὃς ἀνάγκη ποιές τινας ἐ͂ϳ), κατά τε τὸ Ἦθ⊕ κὴ τὴν Διάνοιαν (διὰ γδ τέτων κὴ τὰς πράξεις ἐ͂ϳ) φαμὺ ποιάς τινας) πέφυκεν

[1] Voyez les Remarques.

par le récit, mais par la terreur & par la pitié, la purgation de ces mêmes passions.

3. Je dis, *Un discours revêtu de divers agrémens* : ces agrémens sont le Rhythme, le Chant & le Vers. Je dis, *Dans ses diverses parties* ; parce qu'il y a des parties où il n'y a que le vers, & d'autres où il y a le vers & le chant musical.

4. Puisque c'est en agissant que la Tragédie imite, il est nécessaire, premierement, que le Spectacle, la Mélopée, les Paroles soient des parties de la Tragédie. Car c'est par ces trois moyens que la Tragédie exécute son imitation. J'appelle *Paroles* la composition des vers, & *Mélopée* ce dont tout le monde sait l'effet.

5. En second lieu, puisque c'est une Action que la Tragédie imite, & qui s'exécute par des personnages agissans, qui sont nécessairement caracterisés par leurs mœurs & par leur pensée actuelle, (car nous avons

---

[2] Mélopée, *composition du chant* : il se prend aussi pour *le chant même.*

αἴτια δύο τῶν πράξεων ἐἶ) διάνοια κὴ
ἦθ۞, κὴ κὴ ταύτας κὴ τυγχάνυσι κὴ
ἀποτυγχάνυσι πάντες 3. Ἔςι δὲ τῆς μὲν
πράξεως ὁ Μῦθ۞ μίμησις. Λέγω γὸ Μῦθον τῦτον, τὴν σύνθεσιν τ̃ πραγμάτων 4.
τὰ ἢ Ἤθη, καθ' ἃ ποιύς τινας εἶναι φαμὲν
τῶ̃ πράτ]οντας· Διάνοιαν δὲ, ἐν ὅσοις
λέγοντες ἀποδεικνύυσί τι, ἢ κὴ ἀποφαίνονται γνώμην.

6. Ἀνάγκη ἒν πάσης Τραγῳδίας μέρη
ἐἶ) ἓξ, καθ' ἃ ποιά τις ἐςὶν ἡ Τραγῳδία.
Ταῦτα δ' ἐςὶν, Μῦθ۞, κὴ Ἤθη, κὴ
Λέξις, κὴ Διάνοια, κὴ Ὄψις, κὴ Με-
λοποιΐα· οἷς μὲν γὰρ μιμῦνται, δύο
μέρη ἐςίν· ὡς δὲ μιμῦνται, ἕν· ἃ δὲ μιμῦνται, τρία· κὴ παρὰ ταῦτα ὐδέν. Τύτοις μὲν ἒν ὐκ ὀλίγοι αὐτῶν, ὡς εἰπεῖν,
κέχρηνται τοῖς εἴδεσι· κὴ γὰρ ὄψιν ἔχει
πᾶν, κὴ ἦθ۞, κὴ μῦθον, κὴ λέξιν, κὴ
μέλ۞, κὴ διάνοιαν ὡσαύτως.

3. Voyez ci-après au num. 7.

4. M. Dacier traduit, *la composition des choses.*

dit

dit que c'est par ces deux choses que les actions humaines sont caractérisées), il s'ensuit que les actions, qui font le bonheur ou le malheur de tous tant que nous sommes, ont deux causes, les Mœurs & la Pensée. Or l'imitation de l'action est la Fable; car j'appelle *Fable* l'arrangement des parties dont est composée une action poëtique. J'appelle *Mœurs*, ce qui caractérise celui qui agit; & *Pensée*, l'idée ou le jugement qui se manifeste par la parole.

6. Il y a donc nécessairement dans toute Tragédie six choses: la Fable, les Mœurs, les Paroles, les Pensées, le Spectacle, le Chant: dont deux sont les Moyens avec lesquels on imite; une est la Maniere dont on imite; trois sont l'Objet qu'on imite. Il n'y a rien au-delà. Il n'y a point de Tragique qui n'emploie ces six parties, & qui n'ait Spectacle ou Représentation, Fable, Mœurs, Pensées, Paroles, Chant.

Πρᾶγμα ne signifie pas *choses* simplement, mais *chose faite*, ou *à faire*, ou *qui se fait*, de πράττω, *ago* : il s'agit de la composition d'une *action*.

Partie I.

7. Μέγιςον δὲ τύτων ἐςὶν ἡ τ̃ πραγμάτων σύςασις· ἡ γὰρ Τραγῳδία μίμησίς ἐςιν ὐκ ἀνθρώπων, ἀλλὰ πράξεως,
κỳ βίυ⁵, κỳ εὐδαιμονίας, κỳ κακοδαιμο-
νίας· κỳ γὰρ ἡ εὐδαιμονία ἐν πράξει ἐςὶ·
κỳ τὸ τέλος πρᾶξίς τίς ἐςιν, ὐ ποιότης⁶·
εἰσὶ δὲ καὶὰ μὲν τὰ ἤθη ποιοί τινες· καὶὰ
δὲ τὰς πράξεις, εὐδαίμονες, ἢ τὐναντίον.
Ο᾽υκ ὖν ὅπως τὰ ἤθη μιμήσων), πράτ-
τυσιν, ἀλλὰ τὰ ἤθη συμπϕιλαμβάνυσιν
διὰ τὰς πράξεις· ὥςε τὰ πράγματα, κỳ
ὁ μῦθ☉, τέλ☉ τῆς Τραγῳδίας. Τὸ δὲ
τέλ☉ μέγιςον ἀπάντων ἐςίν. Ανευ μ̃
γὰρ πράξεως, ὐκ ἂν γένοιτο Τραγῳδία·
ἄνευ δὲ ἠθῶν, γένοιτ᾽ ἄν· αἱ γὰρ τῶν
νέων τῶν πλείςων, ἀήθεις Τραγῳδίαι
εἰσὶ, κỳ ὅλως ποιηταὶ πολλοὶ τοιῦτοι·
ὀιον κỳ τῶν γραϕέων, Ζεῦξις πρὸς Πολύ-
γνωτον πέπονθεν. Ὁ μὲν γὰρ Πολύγνωτος ἀγαθὸς ἠθογράϕος, ἡ δὲ Ζεύξιδος
γραϕὴ ὐδὲν ἔχει ἦθος. Ετι ἐάν τις ἐϕεξῆς

---

⁵ Il entend la vie morale, la conduite; ce qui se fait dans la vie.
⁶ Voyez la Remarque.

7. Mais de ces parties, la plus importante est la composition de l'action. Car la Tragédie est l'imitation non des hommes, mais de leurs actions, de leur vie, de ce qui fait leur bonheur ou leur malheur. Car le bonheur de l'homme est dans l'action. La fin même est *action*, & n'est pas *qualité*. La qualité fait que nous sommes tels ou tels ; mais ce sont les actions qui font que nous sommes heureux, ou que nous ne le sommes pas. Les Poëtes tragiques ne composent donc point leur action pour imiter le caractere & les mœurs : ils imitent les mœurs pour produire l'action ; l'action est donc la fin de la Tragédie. Or en toutes choses la fin est ce qu'il y a de plus important. Sans action, il n'y a point de Tragédie : il peut y en avoir sans mœurs. La plupart de nos pieces modernes n'en ont point. C'est même le défaut assez ordinaire des Poëtes, comme des Peintres. Zeuxis étoit fort inférieur à Polygnote en cette partie. Celui-ci excelloit dans la peinture des mœurs : on n'en voit point dans les tableaux de Zeuxis. Il en est de même des Paroles & des Pensées ;

ῥήσεις ἠθικὰς, κỳ λέξεις κỳ διανοίας
εὖ πεποιημένας, ὐ ποιήσει ὃ ἦν τῆς Τραγῳδίας ἔργον, ἀλλὰ πολὺ μᾶλλον ἡ
καταδεεστέροις τύτοις κεχρημένη Τραγῳδία, ἔχυσα δὲ μῦθον, κỳ σύστασιν
πραγμάτων. Πρὸς δὲ τύτοις τὰ μέγιστα
οἷς ψυχαγωγεῖ ἡ Τραγῳδία, τῦ μύθυ
μέρη ἐστὶν, αἵτε περιπέτειαι κỳ ἀναγνωρίσεις. Ἔτι σημεῖον, ὅτι κỳ οἱ ἐγχειρῦντες
ποιεῖν, πρότερον δύναντ' τῇ λέξει κỳ τοῖς
ἤθεσιν ἀκριβῦν, ἢ τὰ πράγματα συνίστα-
θαι· οἷον κỳ οἱ πρῶτοι ποιηταὶ σχεδὸν
ἅπαντες. Ἀρχὴ μὲν ὖν, κỳ οἷον ψυχὴ,
ὁ μῦθος, τ͂ Τραγῳδίας· δεύτερον δ' τὰ
ἤθη. Παραπλήσιον γάρ ἐστι κỳ ἐπὶ τῆς
γραφικῆς. Εἰ γάρ τις ἐναλείψειε τοῖς καλ-
λίστοις φαρμάκοις χύδην, ὐκ ἂν ὁμοίως
εὐφράνειεν, κỳ λευκογραφήσας εἰκόνα. Ἔστι
τε μίμησις πράξεως, κỳ διὰ ταύτην μάλιστα τῶν πραττόντων.

8. Τρίτον δὲ ἡ Διάνοια. Τῦτο δὲ
ἐστι τὸ λέγειν δύναϑ τὰ ἐνόντα κỳ τὰ

on peut coudre ensemble de belles maximes, des pensées morales, des expressions brillantes, sans produire l'effet de la Tragédie; & on le produira si, sans avoir rien de tout cela, on a une fable bien dressée & bien composée. Enfin ce qu'il y a de plus touchant dans la Tragédie, les reconnoissances, les péripeties, sont des parties de l'action. Aussi ceux qui commencent, réussissent-ils bien mieux dans la diction, & même dans les mœurs, que dans la composition de l'action. On peut en juger par les premieres Tragédies. L'action est donc la base, l'ame de la Tragédie; & les mœurs n'ont que le second rang. Elles sont à l'action, ce que les couleurs sont au dessein: les couleurs les plus vives répandues sur une table feroient moins d'effet qu'un simple crayon, qui donne la figure. En un mot, la Tragédie imite des gens qui agissent: elle est donc l'imitation d'une action.

8. La Pensée a le troisieme rang. Elle consiste à faire dire ce qui est dans le sujet, ou ce qui convient au sujet. Cette partie se

ἁρμότ]οντα· ὅπερ ἐπὶ τῶν λόγων τῆς πολιτικῆς κ) ῥητορικῆς ἔργον ἐστίν. Οἱ μὲν γὰρ ἀρχαῖοι πολιτικῶς ἐποίουν λέγοντας· οἱ δὲ νῦν ῥητορικῶς. Ἔστι δὲ ἦθ۞ μὲν τὸ τοιοῦτον, ὃ δηλοῖ τὴν προαίρεσιν ὁποῖά τις ἐστίν· διόπερ οὐκ ἔχουσιν ἦθος ἔνιοι τῶν λόγων [7], ἐν οἷς οὐκ ἔστι δῆλον, ὅ τι προαιρεῖται, ἢ φεύγει ὁ λέγων. Διάνοια δὲ, ἐν οἷς ἀποδεικνύουσί τι ὡς ἔστιν, ἢ ὡς οὐκ ἔστιν, ἢ καθόλου τι ἀποφαίνονται.

9. Τέταρτον δὲ, τῶν μὲν λόγων ἡ Λέξις. Λέγω δὲ, ὥσπερ πρότερον εἴρηται, λέξιν, εἶ) τὴν διὰ τῆς ὀνομασίας ἑρμηνείαν, ὃ κ) ἐπὶ τῶν ἐμμέτρων, κ) ἐπὶ τῶν λόγων ἔχει τὴν αὐτὴν δύναμιν.

10. Τῶν) λοιπῶν τὸ πέμπτον, ἡ Μελοποιία, μέγιστον τῶν ἡδυσμάτων.

11. Ἡ δὲ ὄψις, ψυχαγωγικὸν μὲν, ἀτεχνότατον δὲ, κ) ἥκιστα οἰκεῖον τῆς ποιητικῆς. Ἡ γὰρ τῆς Τραγῳδίας δύ-

---

[7] J'ai suivi le Ms. du Roi, n°. 2117.

traite ou dans le genre simple & familier, ou dans le genre oratoire ; autrefois c'étoit le familier, aujourd'hui c'est l'oratoire. Les Mœurs sont ce qui fait sentir quel est le dessein de celui qui agit ; ainsi il n'y a point de mœurs dans les pieces où on ne pressent point ce que veut ou ne veut pas celui qui parle. La Pensée est ce qui indique ce qu'une chose est ou n'est point, ou plus généralement, ce qui indique quelque chose.

9. La Diction suit les pensées. J'entends par *Diction*, comme on l'a déja dit ci-devant, l'interprétation des pensées par les mots. Elle a le même effet, soit en vers, soit en prose.

10. La cinquieme partie est la Mélopée. C'est des agrémens de la Tragédie celui qui fait le plus de plaisir.

11. Quant au Spectacle dont l'effet sur l'ame est si grand, ce n'est point l'affaire du poëte. La Tragédie subsiste toute entiere sans la représentation, & sans le jeu des acteurs. Ces deux choses sont plus spé-

ναμις, καὶ ἄνευ ἀγῶνος καὶ ὑποκριτῶν ἐστιν· ἔτι δὲ κυριωτέρα περὶ τὴν ἀπεργασίαν τῶν ὄψεων ἡ τοῦ σκευοποιοῦ τέχνη τῆς τῶν ποιητῶν ἐστι.

7 On peut observer ici qu'ἀγὼν signifie nécessairement *la représentation*, le jeu de la piè-

---

ΚΕΦΑΛΑΙΟΝ ζ'.

Ποίαν τινὰ δεῖ τὴν σύστασιν εἶναι τῶν πραγμάτων.

1. ΔΙΩΡΙΣΜΕΝΩΝ δὲ τούτων, λέγωμεν μετὰ ταῦτα ποίαν τινὰ δεῖ τὴν σύστασιν εἶναι τῶν πραγμάτων, ἐπειδὴ τοῦτο καὶ πρῶτον καὶ μέγιστον τῆς Τραγῳδίας ἐστί.

2. Κεῖται δ' ἡμῖν τὴν Τραγῳδίαν τελείας καὶ ὅλης πράξεως εἶναι μίμησιν ἐχούσης τι μέγεθος· ἔστι γὰρ ὅλον καὶ μηδὲν ἔχον μέγεθος. Ὅλον δέ ἐστι τὸ ἔχον ἀρχὴν καὶ μέσον καὶ τελευτήν.

3. Ἀρχὴ δέ ἐστιν, ὃ αὐτὸ μὲν ἐξ

cialement du ressort des Ordonnateurs du théatre que de celui des Poëtes.

ce. Ἀγῶνας, appellat studia certaminaque illa lustrionum, cùm toto animo, & corpore, in personâ aliquâ agendâ gestibusque ipsius exprimendis, occupati sunt. Ipsi quoque actores lustrionesque Ἀγωνιςαὶ vocati sunt. Vict. 85.

CHAPITRE VII.

Composition de l'Action tragique.

1. Après avoir défini les différentes parties de la Tragédie, & prouvé que l'Action est la principale de ces parties, voyons comment doit être composée cette Action.

2. Nous avons établi que la Tragédie est l'imitation d'une Action *entiere* & parfaite, & nous avons ajouté *d'une certaine etendue*, car il y a des choses qui sont entieres & qui n'ont point d'etendue.

3. J'appelle *Entier*, ce qui a un commencement, un milieu & une fin. Le com-

ἀνάγκης μὴ μετ' ἄλλο ἐστὶ, μετ' ἐκεῖνο δ' ἕτερον πέφυκεν ἐῖ) ἢ γίνεσθαι. Τελευτὴ δὲ τοὐναντίον, ὃ αὐτὸ μετ' ἄλλο πέφυκεν εἶναι, ἢ ἐξ ἀνάγκης, ἢ ὡς ἐπιτοπολὺ, μετ' ὃ τοῦτο ἄλλο οὐδέν. Μέσον δὲ, ᾗ αὐτὸ μετ' ἄλλο, ᾗ μετ' ἐκεῖνο ἕτερον. Δεῖ ἄρα τοὺς συνεστῶτας εὖ μύθους, μήθ' ὁπόθεν ἔτυχεν ἄρχεσθαι, μήθ' ὅπου ἔτυχε τελευτᾶν, ἀλλὰ κεχρῆσθαι ταῖς εἰρημέναις ἰδέαις.

4. Ἔτι δ' ἐπεὶ τὸ καλὸν, ᾗ ζῶον, ᾗ ἅπαν πρᾶγμα, ὃ συνέστηκεν ἐκ τινων, οὐ μόνον ταῦτα τεταγμένα δεῖ ἔχειν, ἀλλὰ ᾗ μέγεθος ὑπάρχειν μὴ τὸ τυχόν· τὸ γὰρ καλὸν, ἐν μεγέθει ᾗ τάξει ἐστί· διὸ οὔτε πάμμικρον ἄν τι γένοιτο καλὸν ζῶον· συγχεῖται γὰρ ἡ θεωρία ἐγγὺς τοῦ ἀναισθήτου χρόνου γινομένη· οὔτε παμμέγεθες· οὐ γὰρ ἅμα ἡ θεωρία γίνεται, ἀλλ' οἴχεται τοῖς θεωροῦσι τὸ ἓν ᾗ τὸ ὅλον ἐκ τῆς θεωρίας, οἷον, εἰ μυρίων σταδίων εἴη ζῶον. Ὥστε δεῖ, καθάπερ ἐπὶ τῶν σω-

mencement est ce qui ne suppose rien avant soi, mais qui veut quelque chose après. La fin au contraire est ce qui ne demande rien après soi, mais qui suppose nécessairement, ou le plus souvent, quelque chose avant soi. Le milieu est ce qui suppose quelque chose avant soi, & qui demande quelque chose après. Ceux qui composent une fable ne doivent donc point la commencer, ni la finir au hasard, mais se regler sur ces idées. *Venons à l'etendue.*

4. Tout composé, appellé *Beau*, soit animal, soit d'un autre genre, doit non seulement être ordonné dans ses parties, mais encore avoir une certaine etendue. Car qui dit *beauté*, dit *grandeur & ordre*. Un animal très-petit ne peut être beau, parce qu'il faut le voir de près, & que les parties trop réunies se confondent. D'un autre côté un objet trop vaste, un animal qui seroit de mille stades, ne pourroit être vu que par parties, & alors on en perdroit l'ensemble. De même donc que, dans les animaux & dans les autres corps naturels, on veut une certaine grandeur, qui toute

μάτων, κỳ ἐπὶ τ̃ ζώων, ἔχειν μ̃ μέγεθος, τ̃το δ̓ εὐσύνοπτον εἶναι· ὕτω κỳ ἐπὶ τῶν μύθων ἔχειν μὲν μῆκος, τ̃το δ᾽ εὐμνημόνευτον εἶναι.

ς. Τ̃ δὲ μήκυς ὅρος, πρὸς μὲν ὧν ἀγῶνας [1] κỳ τὴν αἴσθησιν, ὐ τῆς τέχνης ἐστίν. Εἰ γὰρ ἔδει ἑκατὸν Τραγῳδίας ἀγωνίζεσθαι, πρὸς κλεψύδραν ἂν ἠγωνίζοντο, ὥσπερ ποτὲ κỳ ἄλλοτε φασίν [2]. Ὁ δὲ καθ᾽ αὐτὴν τὴν φύσιν τ̃ πράγματος ὅρ⊙, ἀεὶ μὲν ὁ μείζων, μέχρι τ̃ σύνδηλος εἶναι, καλλίων ἐστὶ κỳ τὸ μέγεθος. Ὡς δὲ ἁπλῶς διορίσαντας εἰπεῖν, ἐν ὅσῳ μεγέθει κỳ τὸ εἰκὸς, ἢ τὸ ἀναγκαῖον ἐφεξῆς γιγνομένων, συμβαίνει εἰς εὐτυχίαν ἐκ δυστυχίας, ἢ ἐξ εὐτυχίας εἰς δυστυχίαν μεταβάλλειν, ἱκανὸς ὅρος ἐστὶ τ̃ μεγέθυς.

[1] Ἀγῶνας a évidemment le même sens qu'ἀγωνίζεσθαι, & ἠγωνίζοντο dans la même phrase. Αἴσθησις est rendu par le mot *spectateur*, qui renferme *la vue* & *l'ouie*, les deux sens occupés dans le dramatique.

[2] Cela ne s'est jamais fait pour la Tragédie. Aussi est-ce une opinion vague, à laquelle Aris-

fois puisse être saisie d'un même coup-d'œil; de même, dans l'action d'un poëme, on veut une certaine etendue, mais qui puisse aussi être embrassée toute à-la-fois, & faire un seul tableau dans l'esprit.

5. Quelle sera la mesure de cette etendue? Si on la considere relativement aux acteurs & aux spectateurs, il est évident que l'art ne peut la déterminer. Par exemple, s'il falloit jouer cent pieces en un jour, il faudroit bien alors prendre pour mesure la clepsydre, dont on dit qu'on s'est servi autrefois, je ne sais en quel temps. Mais, si l'on considere la nature même de la chose, plus une piece aura d'etendue, plus elle sera belle, pourvu qu'on puisse en saisir l'ensemble. En un mot, elle aura l'etendue qui lui sera nécessaire, pour que les incidens, naissans les uns des autres, nécessairement ou vraisemblablement, amenent la revolution du bonheur au malheur, ou du malheur au bonheur.

tote n'ajoute point foi. *Quis non videt hanc exu-* *berantiam orationis esse,* dit Victorius.

ΚΕΦΑΛΑΙΟΝ η'.

Περὶ μύθε.

1. ΜΥΘΟΣ δ' ἐστὶν εἷς, ἐχ ὥσπερ τινὲς οἴον), ἐὰν περὶ ἕνα ᾖ. Πολλὰ γδ κ̀ ἄπειρα τῷγε ἑνὶ συμβαίνει, ἐξ ὧν ἐνίων ἐδέν ἐστιν ἕν· οὕτω δὲ κ̀ πράξεις ἑνὸς πολλαί εἰσιν, ἐξ ὧν μία ἐδεμία γίνεται πρᾶξις. Δι' ὃ πάντες ἐοίκασιν ἁμαρτάνειν, ὅσοι τῶν ποιητῶν Ἡρακληΐδα, κ̀ Θησηΐδα, κ̀ τὰ τοιαῦτα ποιήματα πεποιήκασιν· οἴονται γὰρ ἐπεὶ εἷς ἦν ὁ Ἡρακλῆς, ἕνα κ̀ τὸν μῦθον εἶναι προσήκειν.

2. Ὁ δ' Ὅμηρος, ὥσπερ κ̀ τὰ ἄλλα διαφέρει, κ̀ τῦτ' ἔοικε καλῶς ἰδεῖν, ἤτοι διὰ τέχνην, ἢ διὰ φύσιν. Ὀδύσσειαν γὰρ ποιῶν, ἐκ ἐποίησεν ἅπαντα ὅσα αὐτῷ συνέβη· οἷον πληγῆναι μὲν ἐν τῷ Παρνάσῳ, μανῆναι δὲ προσποιήσασθαι ἐν τῷ ἀγερμῷ·

CHAPITRE VIII.

La Fable sera une, & comment.

1. LA Fable sera une, non par l'unité de héros, comme quelques-uns l'ont cru. Car de même que, de plusieurs choses qui arrivent à un seul homme, on ne peut faire un seul évenement; de même aussi, de plusieurs actions que fait un seul homme, on ne peut en faire une seule action. Ceux qui ont fait des Héracleïdes, des Théseïdes, ou d'autres poëmes semblables, étoient donc dans l'erreur. Ils ont cru, parce qu'Hercule étoit un, que leur poëme l'étoit aussi.

2. Homere si supérieur en tout aux autres poëtes, l'a encore été dans cette partie, où il a jugé mieux qu'eux, soit par la science de l'art, soit par son bon sens naturel. Il s'est bien gardé d'employer dans son Odyssée toutes les aventures d'Ulysse, comme sa folie simulée, sa blessure au mont Parnasse, dont l'une n'est liée à l'autre ni né-

ὧν ὐδὲν θατέρȣ γινομένȣ, ἀναγκαῖον ἦν, ἢ εἰκὸς θάτερον γινέϭαι· ἀλλ' ἃ περὶ μίαν πρᾶξιν, ὅιαν λέγομεν τὴν Ὀδύσσειαν, συνέστησεν· ὁμοίως δὲ καὶ τὴν Ἰλιάδα.

3. Χρὴ ȣ̓̀ν, καθάπερ ἐν ταῖς ἄλλαις μιμητικαῖς ἡ μία μίμησις ἑνός ἐςιν· ὕτω κỳ τ̃ μῦθον, ἐπεὶ πράξεως μίμησίς ἐστιν, μιᾶς τε εἶναι, κỳ ταύτης ὅλης, κỳ τὰ μέρη συνεςάναι τ̃ πραγμάτων ὕτως, ὥϛε μετατιθεμένȣ τινὸς μέρȣς, ἢ ἀφαιρȣμένȣ, διαφέρεϭαι κỳ κινεῖϭαι τὸ ὅλον· ὃ γὰρ προσὸν ἢ μὴ προσὸν, μηδὲν ποιεῖ ἐπίδηλον, ȣ̓δὲ μόριον τȣ̃τό ἐϛι.

cessairement,

cessairement, ni vraisemblablement. Mais il a rapproché tout ce qui tenoit à une seule & même action, & il en a composé son poëme. Il a suivi la même méthode dans son Iliade.

3. De même donc que, dans les autres arts imitateurs, l'imitation est une quand elle est d'un seul objet, il faut, dans un poëme, que la fable soit l'imitation d'une seule action; que cette action soit entiere; & que les parties en soient tellement liées entre elles, qu'une seule transposée ou retranchée, ce ne soit plus un tout, ou le même tout. Car tout ce qui peut être dans un tout, ou n'y être pas, sans qu'il y paroisse, n'est point partie de ce tout.

ΚΕΦΑΛΑΙΟΝ θ'.

Τί τῦ ποιητῦ ἔργον, καὶ τί διαφέρει ὁ ποιητὴς ἱςορικῦ.

1. ΦΑΝΕΡΟ'Ν δὲ ἐκ τῶν εἰρημένων, καὶ ὅτι ὰ τὸ τὰ γινόμενα λέγειν, τῦτο ποιητῦ ἔργον ἐςὶν, ἀλλ' οἷα ἂν γένοιτο· καὶ τὰ δυνατὰ, κỳ τὸ εἰκὸς, ἢ τὸ ἀναγκαῖον. Ὁ γὰρ ἱςορικὸς καὶ ὁ ποιητὴς, ὰ τῷ ἢ ἔμμετρα λέγειν, ἢ ἄμετρα διαφέρεσιν· εἴη γὰρ ἂν τὰ Ἡροδότυ εἰς μέτρα τιθέναι, καὶ ὐδὲν ἧττον ἂν εἴη ἱςορία τις μỳ μέτρυ, ἢ ἄνευ μέτρων· ἀλλὰ τύτῳ διαφέρει, τῷ τ' μὲν τὰ γινόμενα λέγειν, τ' δὲ οἷα ἂν γένοιτο. Διὸ κỳ φιλοσοφώτερον κỳ σπυδαιότερον ποίησις ἱςορίας ἐςίν. Ἡ μὲν γὰρ ποίησις μᾶλλον τὸ καθόλυ, ἡ δ' ἱςορία τὰ καθ' ἕκαςον λέγει. Ἔςι δὲ καθόλυ μὲν, τῷ ποίῳ τὰ ποῖ' ἄττα συμβαίνει λέγειν, ἢ πράττειν, κỳ τὸ εἰκὸς, ἢ τὸ

CHAPITRE IX.

Il suffit que l'action d'un Poëme soit vraisemblable.

1. Par tout ce que nous venons de dire, il est evident que l'objet du poëte est, non de traiter le Vrai comme il est arrivé, mais comme il a dû arriver ; & de traiter le Possible, selon le vraisemblable ou le nécessaire. Car la différence du Poëte & de l'Historien n'est point en ce que l'un parle en vers, l'autre en prose : les ecrits d'Hérodote mis en vers ne seroient toujours qu'une histoire. Ils different en ce que l'un dit ce qui a été fait, & l'autre ce qui a pu, ou dû, être fait : & c'est pour cela que la Poësie est beaucoup plus philosophique & plus instructive que l'Histoire. Celle-ci peint les choses dans le particulier : la Poësie les peint dans le général. J'appelle *général* ce qu'un homme quelconque, d'un caractere donné, peut, ou doit, dire ou faire, selon le vraisemblable ou le nécessaire, que la Poësie a en vue

ἀναγκαῖον, ὃ ϛοχάζεται ἡ ποίησις ὀνόματα ἐπιτιθεμένη· τὰ δὲ καθ᾽ ἕκαϛον, τί
Ἀλκιβιάδης ἔπραξεν, ἢ τί ἔπαθεν.

2. Ἐπὶ μὲν οὖν τῆς Κωμῳδίας ἤδη τοῦτο
δῆλον γέγονεν. Συϛήσαντες γὰρ τὸν μῦθον
διὰ τῶν εἰκότων, οὕτω τὰ τυχόντα ὀνόματα ἐπιτιθέασι, καὶ οὐχ ὥσπερ οἱ ἰαμ-
βοποιοὶ περὶ τῶν καθ᾽ ἕκαϛον ποιοῦσιν.

3. Ἐπὶ δὲ τῆς Τραγῳδίας τῶν γνωρίμων
ὀνομάτων ἀντέχονται. Αἴτιον δ᾽ ὅτι πει-
θανόν ἐϛι τὸ δυνατόν· τὰ μὲν οὖν μὴ γινόμενα, οὔπω πιϛεύομεν εἶναι δυνατά· τὰ δὲ
γινόμενα, φανερὸν ὅτι δυνατά· οὐ γὰρ
ἂν ἐγένετο εἰ ἦν ἀδύνατα. Οὐ μὴν ἀλλὰ
καὶ ἐν ταῖς τραγῳδίαις, ἐνίαις μὲν ἓν ἢ
δύω τῶν γνωρίμων ἐϛὶν ὀνομάτων, τὰ
δὲ ἄλλα πεποιημένα· ἐν ἐνίαις δὲ οὐθέν·
οἷον ἐν τῷ Ἀγάθωνος Ἄνθει. ὁμοίως γὰρ
ἐν τούτῳ τά τε πράγματα καὶ τὰ ὀνόματα
πεποίηται, καὶ οὐδὲν ἧττον εὐφραίνει·
ὡς οὐ πάντως εἶναι ζητητέον τῶν παραδε-
δομένων μύθων, περὶ οὓς αἱ τραγῳδίαι

lorsqu'elle impose les noms de l'histoire. Le *particulier* est ce qu'a fait Alcibiade, ou ce qu'on lui a fait.

2. Ce procédé est sensible, sur-tout dans la Comédie, où les Poëtes composent d'abord leur sujet selon le vraisemblable ; pour y mettre après les noms dont ils s'avisent. Dans les satyres, c'est le contraire : on prend d'abord les noms des personnes, ensuite on arrange sur elles l'action.

3. Mais, dans la Tragédie, on emploie les noms de l'histoire. La raison est que nous croyons aisément ce qui nous paroît possible ; & que ce qui n'est pas encore arrivé ne nous paroît pas aussi possible que ce qui est arrivé ; car, s'il n'eût pas été possible, il ne seroit pas arrivé. Cependant il y a des Tragédies où l'on s'écarte de cette regle, & où l'on ne trouve qu'un ou deux noms qui soient vrais. Il y en a même où tous les noms sont feints, comme dans l'Anthos d'Agathon : car noms & sujet, tout y est de pure fiction ; & la piece n'en fait pas moins de plaisir. Ce n'est donc pas

εἰσὶν, ἀντέχεσθαι. καὶ γὰ γελοῖον τῦτα ζητεῖν, ἐπεὶ καὶ τὰ γνώριμα ὀλίγοις γνώριμά ἐσιν, ἀλλ' ὅμως εὐφραίνει πάντας.

4. Δῆλον ἦν ἐκ τύτων ὅτι τὸν ποιητὴν μᾶλλον τῶν μύθων ἐῇ δεῖ ποιητὴν, ἢ τῶν μέτρων, ὅσῳ ποιητὴς κ͞ τὴν μίμησίν ἐςι· μιμεῖται δὲ τὰς πράξεις. κἂν ἄρα συμβῇ γινόμενα ποιεῖν, ὐθὲν ἧττον ποιητής ἐςι. Τῶν γὰ γινομένων ἔνια ὐδὲν κωλύει τοιαῦτα εἶναι, οἷα ἂν εἰκὸς γενέσθαι, καὶ δυνατὰ γενέσθαι· καθ' ὃ ἐκεῖνος αὐτῶν ποιητής ἐςι.

5. Τῶν δὲ ἁπλῶν μύθων καὶ πράξεων, αἱ ἐπεισοδιώδεις εἰσὶ χείρισαι. Λέγω δ' Ἐπεισοδιώδη μῦθον, ἐν ᾧ τὰ ἐπεισόδια μετ' ἄλληλα ὔτ' εἰκὸς, ὔτ' ἀνάγκη εἶναι. Τοιαῦται δὲ ποιῦνται, ὑπὸ μὲν τῶν φαύλων ποιητῶν, δι' αὐτὰς· ὑπὸ δὲ τῶν ἀγαθῶν, διὰ τὼς ὑποκριτάς. Ἀγωνίσματα γὰ ποιῦντες, καὶ παρὰ

une nécessité que les sujets soient tirés des histoires connues. Il seroit même ridicule de l'exiger ; par la raison évidente, que les histoires connues ne le sont que du petit nombre, & que les pieces font le même plaisir à tous.

4. Il suit de-là qu'un poëte est poëte, plus par la composition de l'action, que par celle des vers ; puisqu'il n'est poëte que parce qu'il imite, & que ce sont des actions qu'il imite. Il ne le seroit toutefois pas moins quand l'action seroit vraie ; parce que rien n'empêche que le vrai ne ressemble au vraisemblable, qui seul fait & constitue le poëte.

5. Parmi les fables, ou actions simples, les épisodiques sont les moins bonnes. J'entends par fables épisodiques celles dont les parties ne sont liées entre elles, ni nécessairement, ni vraisemblablement : ce qui arrive aux poëtes médiocres, par leur faute ; & aux bons, par celle des comédiens. Pour faire à ceux-ci des rôles qui leur plaisent, on etend une fable au-delà de sa portée,

E iv

τὴν δύναμιν παρατείναντες μῦθον, πολλάκις διαστρέφειν ἀναγκάζονται τὸ ἐφεξῆς.

6. Ἐπεὶ δὲ ἐ μόνον τελείας ἐςὶ πράξεως ἡ μίμησις, ἀλλὰ καὶ φοβερῶν καὶ ἐλεηνῶν· ταῦτα δὲ γίνεται μάλιςα τοιαῦτα, καὶ μᾶλλον, ὅταν γένηται παρὰ τὴν δόξαν δι᾽ ἄλληλα¹· τὸ γὰρ θαυμαςὸν ὅτως ἕξει μᾶλλον, ἢ εἰ ἀπὸ τῦ αὐτομάτυ καὶ τῆς τύχης· ἐπεὶ καὶ τῶν ἀπὸ τύχης ταῦτα θαυμασιώτατα δοκεῖ, ὅσα ὥσπερ ἐπίτηδες φαίνεται γεγονέναι· οἷον, ὁ ἀνδριὰς ὁ τῦ Μίτυος ἐν Ἄργει ἀπέκτεινε τὸν αἴτιον τῦ θανάτυ τῷ Μίτυϊ, θεωρῦντι ἐμπεσών. ἔοικε γὰρ τὰ τοιαῦτα ἐκ εἰκῆ γίνεσθαι. ὥςε ἀνάγκη τοὺς τοιύτυς ἐἶ καλλίυς μύθυς.

¹ Je traduis comme s'il y avoit, ταῦτα δὲ γίνεται τοιαῦτα, ὅταν γίνηται δι᾽ ἄλληλα, κὴ μᾶλλον ὅταν γένηται παρὰ τὴν δόξαν. C'est évidemment le sens d'Aristote.

les liaisons se rompent, & la continuité n'y est plus.

6. La Tragédie etant non seulement l'imitation d'une action, mais d'une action qui excite la terreur & la pitié; cet effet se produit quand les evénemens naissent les uns des autres & sur-tout sans être attendus. Ils causent alors bien plus de surprise que s'ils arrivoient comme d'eux-mêmes & par hasard. Cela est si vrai, que ceux que le hasard produit sont plus piquans quand ils semblent être l'effet d'un dessein. Quand à Argos la statue de Mitys tomba sur celui qui avoit tué ce même Mitys, & l'écrasa au moment qu'il la considéroit; cela fut intéressant, parce que cela sembloit renfermer un dessein. J'en conclus qu'on doit donner ce mérite aux fables de la Poësie.

ΚΕΦΑΛΑΙΟΝ ί.

Μύθων διαφορά.

1. ΕΙΣΙ δὲ τῶν μύθων οἱ μὲν ἁπλοῖ, οἱ ἢ πεπλεγμένοι· καὶ γὰρ αἱ πράξεις ὧν μιμήσεις οἱ μῦθοί εἰσιν, ὑπάρχυσιν εὐθὺς ὖσαι τοιαῦται.

2. Λέγω δὲ ἁπλῆν μὲν πρᾶξιν, ἧς γενομένης, ὥσπερ ὥρισαι, συνεχῦς καὶ μιᾶς, ἄνευ περιπετείας ἢ ἀναγνωρισμῦ ἡ μετάβασις γίνεται· πεπλεγμένην δὲ, ἐξ ἧς μετὰ ἀναγνωρισμῦ, ἢ περιπετείας, ἢ ἀμφοῖν, ἡ μετάβασίς ἐςι. Ταῦτα δὲ δεῖ γενέθαι ἐξ αὐτῆς τῆς συςάσεως τῦ μύθϘ, ὥςε ἐκ τῶν προγεγενημένων συμβαίνειν, ἢ ἐξ ἀνάγκης, ἢ κατὰ τὸ εἰκὸς, γίγνεθαι ταῦτα· διαφέρει γὰρ πολὺ γίνεθαι τάδε διὰ τάδε, ἢ μετὰ τάδε.

3. Ἐςι δὲ περιπέτεια μὲν ἡ εἰς τὸ ἐναντίον τῶν πρατἸομένων μεταβολὴ, κα-

CHAPITRE X.

Différences des fables.

1. Les fables sont ou Simples ou Implexes : car les actions dont les fables sont les imitations sont evidemment l'un ou l'autre.

2. J'appelle action Simple, celle qui, étant une & continue, comme on l'a dit, s'acheve sans reconnoissance, ni péripétie; & Implexe, celle qui s'acheve avec reconnoissance ou peripétie, ou avec l'une & l'autre. Ce qui doit naître de la constitution même de la fable comme effet, ou nécessaire, ou vraisemblable de ce qui précede. Car autre chose est de naître de telle chose, ou après telle chose (*a*).

3. Or la Peripétie est une révolution subite, produite nécessairement, ou vraisem-

---

(*a*) J'ai réuni les Chapitres X. & XI. parce qu'il m'a semblé que la liaison des idées exigeoit que ces deux Chapitres n'en fissent qu'un.

θάπερ εἴρηται· κ̄ τῦτο δὲ, ὥσπερ λέγομεν, κατὰ τὸ εἰκὸς, ἢ ἀναγκαῖον. ὥσπερ ἐν τῷ Οἰδίποδι, ἐλθὼν ὡς εὐφρανῶν τὸν Οἰδίπυν, καὶ ἀπαλλάξων τῦ πρὸς τὴν μητέρα φόβυ, δηλώσας ὅςις ἦν, τὐναντίον ἐποίησε. καὶ ἐν τῷ Λυγκεῖ, ὁ μὲν ἀγόμῃνος ὡς ἀποθανύμῃν@, ὁ δὲ Δαναὸς ἀκολυθῶν ὡς ἀποκτενῶν, τὸν μὲν συνέβη ἐκ τῶν πεπραγμένων ἀποθανεῖν, τὸν δὲ σωθῆναι.

4. Ἀναγνώρισις δ᾽ ἐςὶν, ὥσπερ καὶ τὐνομα σημαίνᾳ, ἐξ ἀγνοίας εἰς γνῶσιν μεταβολὴ, ἢ εἰς φιλίαν, ἢ ἔχθραν τῶν πρὸς ἐυτυχίαν ἢ δυςυχίαν ὡρισμένων. Καλλίςη δὲ ἀναγνώρισις, ὅταν ἅμα περιπέτειαι γίνωνται, οἷον ἔχει ἐν τῷ Οἰδίποδι.

5. Εἰσὶ μὲν ὖν κ̄ ἄλλαι ἀναγνωρίσεις. κ̄ γὰρ πρὸς ἄψυχα κ̄ τὰ τυχόντα ἐςὶν ὅτε, ὥσπερ εἴρηται, συμβαίνει. κ̄ εἰ πέπραγέ τις, ἢ μὴ πέπραγεν, ἐςὶν ἀναγνωρίσαι· ἀλλ᾽ ἡ μάλιςα τῦ μύθυ, κ̄ ἡ

blablement par ce qui a précédé, comme dans l'Œdipe de Sophocle. On croyoit apprendre à ce Roi une heureuse nouvelle, & le délivrer de ses frayeurs par rapport à sa mere, en lui faisant connoître qui il étoit, & on fait tout le contraire. De même dans Lyncée : ce jeune époux alloit à la mort, Danaüs le suivoit pour l'immoler ; & il se trouve, par une suite naturelle de ce qui a précédé, que c'est Danaüs qui meurt, & Lyncée qui est conservé.

4. La Reconnoissance est, comme le mot l'indique, un passage de l'ignorance à la connoissance, qui produit l'amitié ou la haine entre les personnages destinés au bonheur ou au malheur. Les plus belles reconnoissances sont celles qui se font en même temps que la peripétie, comme dans Œdipe.

5. Il y a encore d'autres Reconnoissances. Il y a celle des choses inanimées, ou d'autres objets qui se rencontrent par hasard, comme on l'a dit, ou celle des faits, lorsqu'il s'agit de savoir si c'est tel ou tel qui en est

μάλιςα τῆς πράξεως, ἡ εἰρημένη ἐςίν. ἡ γὰρ τοιαύτη ἀναγνώρισις καὶ περιπέτεια, ἢ ἔλεον ἕξει, ἢ φόβον· οἵων πράξεων ἡ Τραγῳδία μίμησις ὑπόκειται, ἔτι δὲ καὶ τὸ ἀτυχεῖν καὶ τὸ εὐτυχεῖν ἐπὶ τῶν τοιούτων συμβήσεται.

6. Ἐπειδὴ ἡ ἀναγνώρισις τινῶν ἐςιν ἀναγνώρισις· ἀναγνωρίσεις, αἱ μέν εἰσι θατέρου πρὸς τὸν ἕτερον μόνον, ὅταν ᾖ δῆλος ἕτερος τίς ἐςιν· ὅτε δ᾽ ἀμφοτέρους δεῖ ἀναγνωρίσαι· οἷον, ἡ μὲν Ἰφιγένεια τῷ Ὀρέςῃ ἀνεγνωρίσθη ἐκ τῆς πέμψεως τῆς ἐπιςολῆς· ἐκείνῳ δὲ πρὸς τὴν Ἰφιγένειαν ἄλλης ἔδει ἀναγνωρίσεως [1]. Δύο μὲν ὂν τῷ μύθῳ μέρη περὶ ταῦτ᾽ ἐςὶ, περιπέτεια κὴ ἀναγνώρισις.

7. Τρίτον δὲ, πάθος. τούτων δὲ περιπέτεια μὲν καὶ ἀναγνώρισις εἴρηται· πάθος δέ ἐςι πρᾶξις φθαρτικὴ ἢ ὀδυνηρὰ, οἷον οἵ τε ἐν τῷ φανερῷ θάνατοι, κὴ

[1] Voyez le Chap. XVI. 2. & les Remarq.

l'auteur ; mais celle de toutes qui convient le plus à une fable, est celle des personnes. Car c'est celle-là qui, jointe à la peripétie, produit la terreur ou la pitié, c'est-à-dire, l'effet propre de la Tragédie; c'est de celle-là encore que naît le bonheur ou le malheur des personnages.

6. Puisque la Reconnoissance tragique est celle des personnes, il s'ensuit qu'il y a la reconnoissance simple, quand l'un des personnages reconnoît l'autre dont il étoit connu, & la reconnoissance double, lorsque deux personnages inconnus l'un à l'autre, se reconnoissent mutuellement, comme dans Iphigénie ; Oreste reconnoît sa sœur par la lettre qu'elle envoie, & il est reconnu d'elle par un autre moyen. Voilà donc deux especes de fables marquées par la Peripétie & par la Reconnoissance.

7. On y en joint une troisième, marquée par ce qu'on appelle *Passion*. On a défini la Peripétie & la Reconnoissance. La Passion est une action douloureuse ou destructive : comme des meurtres exécutés aux yeux des

αἱ περιωδυνίαι καὶ τρώσεις, καὶ ὅσα τοιαῦτα.

ΚΕΦΑΛΑΙΟΝ ιά.

Μέρη Τραγῳδίας κατὰ τὸ ποσὸν, ᾐ εἰς ἃ διαιρεῖται κεχωρισμένα.

1. ΜΕΡΗ δὲ Τραγῳδίας οἷς μὲν ὡς εἴδεσι δεῖ χρῆσθαι, πρότερον εἴπομεν. Κατὰ δὲ τὸ ποσὸν, ᾐ εἰς ἃ διαιρεῖται κεχωρισμένα, τάδε ἐςί· Πρόλογος, Ἐπεισόδιον, Ἔξοδος, Χορικόν· ᾐ τύτυ, τὸ μὲν Πάροδος, τὸ δὲ Στάσιμον. κοινὰ μὲν ὖν ἁπάντων ταῦτα· ἴδια δὲ, τὰ ἀπὸ τῆς σκηνῆς [1], καὶ Κόμμοι.

2. Ἐςὶ δὲ Πρόλογος μὲν, μέρος ὅλον Τραγῳδίας τὸ πρὸ χορῦ Παρόδυ. Ἐπεισόδιον δὲ μέρος ὅλον Τραγῳδίας, τὸ μεταξὺ ὅλων χορικῶν μελῶν. Ἔξοδος δὲ,

[1] C'est-à-dire avec les personnages qui représentoient l'action. Cet endroit doit s'expliquer par la définition qui suit, n°. 3.

spectateurs

spectateurs, des tourmens cruels, des blessures, en un mot *du sang répandu*.

CHAPITRE XI.

Des parties de la Tragédie quant à leur nombre.

1. On a vu ci-devant quelles sont les parties de la Tragédie, qui la constituent dans ses especes : celles qui constituent son étendue & dans lesquelles on la divise, sont le Prologue, l'Episode, l'Exode & le Chœur; & dans le Chœur, l'Entrée, le Chœur en place (ce qui est de toute Tragédie), & la Complainte qui n'appartient qu'à quelques-unes, & que le Chœur partage avec la Scéne [2].

2. Le Prologue est tout ce qui précede l'Entrée du Chœur. L'Episode est tout ce qui est entre les chants du Chœur.

[2] Celles-ci sont les Parties *de quantité*, & les autres, les Parties *de qualité*.

Partie I. F

μέρος ὅλον Τραγῳδίας, μεθ' ὃ ἐκ ἔςι χοροῦ μέλος.

3. Χορικοῦ δὲ, Πάροδος μὲν, ἡ πρώτη λέξις ὅλου χοροῦ. Στάσιμον δὲ, μέλος χοροῦ, τὸ ἄνευ ἀναπαίςου καὶ τροχαίου [3]. Κόμμος δὲ, θρῆνος κοινὸς χοροῦ καὶ ἀπὸ σκηνῆς. Μέρη μὲν οὖν Τραγῳδίας, οἷς μὲν δεῖ χρῆσθαι, πρότερον εἴρηται. Κατὰ δὲ τὸ ποσὸν, καὶ εἰς ἃ διαιρεῖται κεχωρισμένα, ταῦτ' ἐςίν.

[3] L'anapeste & le trochée sont deux pieds, dont le mouvement est très-vif & très-marqué, *instabiles*. C'est le contraire des spondées, *stabiles*.

L'Exode est toute la partie qui est après la sortie du Chœur.

3. Dans le Chœur, il y a le Chœur entrant, lorsque tout le Chœur commence à parler & à s'unir à l'action ; le Chœur restant en place, lorsque le chant du chœur est sans anapestes & sans trochées ; la Complainte lorsque le Chœur gémit & se lamente avec les acteurs. Voilà les parties de la Tragédie quant à leur nombre. On a parlé ci-devant de celles qui la constituent dans son espece.

ΚΕΦΑΛΑΙΟΝ ιβ´.

Ὧν δεῖ ϛοχάζεσθαι, καὶ ἃ δεῖ εὐλαβεῖσθαι συνιϛάντας τοὺς μύθους· καὶ πόθεν ἔϛαι τὸ τῆς Τραγῳδίας ἔργον.

1. ὮΝ δὲ δεῖ ϛοχάζεσθαι, καὶ ἃ δεῖ εὐλαβεῖσθαι συνιϛάντας τοὺς μύθους, καὶ πόθεν ἔϛαι τὸ τῆς Τραγῳδίας ἔργον, ἐφεξῆς ἂν εἴη λεκτέον τοῖς νῦν εἰρημένοις.

Ἐπειδὴ οὖν δεῖ τὴν σύνθεσιν εἶναι τῆς καλλίϛης Τραγῳδίας, μὴ ἁπλῆν, ἀλλὰ πεπλεγμένην, καὶ ταύτην φοβερῶν καὶ ἐλεεινῶν εἶναι μιμητικήν· (τοῦτο γὰρ ἴδιον τῆς τοιαύτης μιμήσεώς ἐϛι) πρῶτον μὲν δῆλον, ὅτι οὔτε τοὺς ἐπιεικεῖς δεῖ μεταβάλλοντας φαίνεσθαι ἐξ εὐτυχίας εἰς δυϛυχίαν· οὐ γὰρ φοβερὸν, οὐδὲ ἐλεεινὸν τοῦτο, ἀλλὰ μιαρόν ἐϛιν. Οὔτε τοὺς μοχθηροὺς ἐξ ἀτυχίας εἰς εὐτυχίαν· ἀτραγῳδότατον γὰρ τοῦτό ἐϛι πάντων· οὐδὲν γὰρ ἔχει ὧν δεῖ· οὔτε γὰρ φιλάνθρωπον, οὔτε ἐλεεινὸν,

CHAPITRE XII.

Point de-vue du Poëte quand il compose sa fable.

1. Voyons maintenant, après les définitions que nous venons de donner, à quoi le Poëte doit tendre, & ce qu'il doit éviter en composant sa fable, & comment il produira l'effet de la Tragédie.

Puisqu'une Tragédie, pour avoir toute sa perfection possible, doit être implexe, & non simple, & être l'imitation du terrible & du pitoyable (car c'est le propre de ce genre d'imitation); il s'ensuit d'abord qu'elle ne doit point présenter des personnages vertueux, qui d'heureux deviendroient malheureux; car cela ne seroit ni pitoyable, ni terrible, mais odieux : ni des personnages méchans, qui de malheureux deviendroient heureux; car c'est ce qu'il y a de moins tragique; cela n'a même rien de ce qui doit être dans une Tragédie; il

ὔτε φοβερόν ἐςιν. Οὐδ᾽ αὖ τὸν σφόδρα πονηρὸν, ἐξ εὐτυχίας εἰς δυςυχίαν μεταπίπ]ειν· τὸ μὲν γὰρ φιλάνθρωπον ἔχοι ἂν ἡ τοιαύτη σύςασις, ἀλλ᾽ ὔτε ἔλεον, ὔτε φόβον· ὁ μὲν γὰρ περὶ τὸν ἀνάξιόν ἐςι δυςυχῦντα, ὁ δὲ περὶ τὸν ὅμοιον· ἔλεος μὲν, περὶ τ᾽ ἀνάξιον· φόβος δὲ, περὶ τὸν ὅμοιον· ὥςε ὔτε ἐλεεινὸν, ὔτε φοβερὸν ἔςαι τὸ συμβαῖνον.

2. Ὁ μεταξὺ ἄρα τύτων λοιπός· ἔςι δὲ τοιῦτος, ὁ μήτε ἀρετῇ διαφέρων, κ͵ δικαιοσύνῃ, μήτε διὰ κακίαν κ͵ μοχθηρίαν μεταβάλλων εἰς τὴν δυςυχίαν, ἀλλὰ δι᾽ ἁμαρτίαν τινὰ, τῶν ἐν μεγάλῃ δόξῃ ὄντων & εὐτυχίᾳ, οἷον Οἰδίπους & Θυέςης, κ͵ οἱ ἐκ τῶν τοιύτων γενῶν ἐπιφανεῖς ἄνδρες.

3. Ἀνάγκη ἄρα τὸν καλῶς ἔχοντα μῦθον ἁπλῦν εἶναι μᾶλλον ἢ διπλῦν [1],

---

[1] *Simple* ici est l'opposé de *double*, & non d'*implexe*. Il entend double dans sa catastrophe, c'est-à-dire *heureuse pour les bons, malheureuse pour les méchans.* Voyez ci-après n°. 5.

n'y a ni pitié, ni terreur, ni exemple pour l'humanité : ce ne sera pas non plus un homme très-méchant, qui d'heureux deviendroit malheureux : il pourroit y avoir un exemple, mais il n'y auroit ni pitié, ni terreur : l'une a pour objet l'innocent, l'autre notre semblable qui souffre : car la pitié naît du malheur non-mérité, & la terreur du malheur trop voisin de nous. Le malheur du méchant n'a donc rien de pitoyable, ni de terrible pour nous.

2. Il reste le milieu à prendre : c'est que le personnage ne soit ni trop vertueux, ni trop juste ; & qu'il tombe dans le malheur, non par un crime atroce, ou une méchanceté noire ; mais par quelque faute ou erreur humaine, qui le précipite du faîte des grandeurs & de la prospérité, comme Œdipe, Thyeste, & les autres personnages célebres de familles semblables.

3. Une fable bien composée sera donc simple plûtôt que double, quoi qu'en disent quelques-uns : la catastrophe y sera du bon-

ὥσπερ τινές φασι· κỳ μεταβάλλειν ἐκ εἰς εὐτυχίαν ἐκ δυςυχίας, ἀλλὰ τοὐναντίον, ἐξ εὐτυχίας εἰς δυςυχίαν· μὴ διὰ μοχθηρίαν, ἀλλὰ δι' ἁμαρτίαν μεγάλην, ἢ οἴκ εἴρηΊαι, ἢ βελτίονος μᾶλλον ἢ χείρονος. Σημεῖον δὲ ⓒ τὸ γιγνόμενον. πρὸ τοῦ μὲν γὰρ οἱ ποιηταὶ τοὺς τυχόντας μύθους ἀπηρίθμην. νῦν δὲ, περὶ ὀλίγας οἰκίας αἱ κάλλιςαι τραγῳδίαι συντίθενται· οἷον περὶ Ἀλκμαίωνα, κỳ Οἰδίπων, κỳ Ὀρέςην, κỳ Μελέαγρον, κỳ Θυέςην κỳ Τήλεφον, κỳ ὅσοις ἄλλοις συμβέβηκεν ἢ παθεῖν δεινὰ, ἢ ποιῆσαι· ἡ μὲν ἐν κỳ τὴν τέχνην καλλίςη Τραγῳδία, ἐκ ταύτης τῆς συςάσεώς ἐςι.

4. Διὸ κỳ οἱ Εὐριπίδη ἐγκαλοῦντες τὸ αὐτὸ, ἁμαρτάνουσιν, ὅτι τοῦτο δρᾷ ἐν ταῖς Τραγῳδίαις, κỳ πολλαὶ αὐτοῦ εἰς δυςυχίαν τελευτῶσι· τοῦτο γάρ ἐςιν, ὥσπερ εἴρηται, ὀρθόν. σημεῖον δὲ μέγιςον· ἐπὶ γὰρ τῶν σκηνῶν κỳ τῶν ἀγώνων τραγικώταται αἱ τοιαῦται φαίνονται,

heur au malheur, & non du malheur au bonheur : ce ne sera point par un crime, mais par quelque grande faute ou foiblesse, d'un personnage tel que nous avons dit, ou même bon encore plus que mauvais. L'expérience donne la preuve de cette doctrine. Les premiers poëtes mettoient sur la scène tous les sujets, tels qu'ils se présentoient. Aujourd'hui les belles Tragédies sont prises dans un petit nombre de familles, comme celles d'Alcméon, d'Œdipe, d'Oreste, de Meléagre, de Thyeste, de Télephe, dans lesquelles il s'est passé, ou fait, des choses terribles. Telle doit être la composition de la fable d'une Tragédie selon les regles de l'art.

4. C'est donc à tort qu'on blâme Euripide de ce que la plupart de ses pieces se terminent au malheur. Il est dans les principes. La preuve est que sur la scène & dans la représentation, celles qui se terminent au malheur, paroissent toujours, toutes choses égales d'ailleurs, plus tragiques que les autres. Aussi Euripide, quoiqu'il ne soit pas tou-

ἂν κατορθῶσι. καὶ ὁ Εὐριπίδης, εἰ ⁊ τὰ ἄλλα μὴ εὖ οἰκονομεῖ, ἀλλὰ τραγικώτατός γε τῶν ποιητῶν φαίνεται.

5. Δευτέρα δὲ, ἡ πρώτη λεγομένη ὑπό τινων ἐςὶ σύςασις, ἡ διπλῆν τε τὴν σύςασιν ἔχουσα, καθάπερ ἡ Ὀδύσσεια, ⁊ τελευτῶσα ἐξ ἐναντίας τοῖς βελτίοσι ⁊ χείροσι. δοκεῖ δὲ εἶναι πρώτη διὰ τὴν τῶν θεάτρων ἀσθένειαν· ἀκολυθοῦσι γὰρ οἱ ποιηταὶ κατ' εὐχὴν ποιοῦντες τοῖς θεαταῖς. ἔςι δὲ οὐχ αὕτη ἀπὸ Τραγῳδίας ἡδονὴ, ἀλλὰ μᾶλλον τῆς Κωμῳδίας οἰκεία. ἐκεῖ γὰρ ἂν οἱ ἔχθιστοι ὦσιν ἐν τῷ μύθῳ, οἷον Ὀρέστης ⁊ Αἴγιςθος, φίλοι γινόμενοι ἐπὶ τελευτῆς ἐξέρχονται, ⁊ ἀποθνήσκει οὐδεὶς ὑπ' οὐδενός.

jours heureux dans la conduite de ses pieces, est-il regardé comme le plus tragique des poëtes.

5. Je mets au second rang, quoique quelques-uns leur donnent le premier, les pieces qui ont une catastrophe double, comme dans l'Odyssée, où les bons & les méchans éprouvent un changement de fortune. Ceux qui leur donnent le premier rang, n'ont égard qu'à la foiblesse des spectateurs, à laquelle les poëtes ont la complaisance de se prêter quelquefois. La joie que cette espece de dénouement produit appartient au Comique & non au Tragique. Car dans le Comique, les plus grands ennemis, fussent-ce Oreste & Egisthe, deviennent amis au dénouement ; & personne n'y donne la mort, ni ne la reçoit.

ΚΕΦΑΛΑΙΟΝ ιγ'.

Τὸ φοβερὸν & ἐλεεινὸν πῶς παρασκευάζε].

1. ΕΣΤΙ μὲν ἒν τὸ φοβερὸν κỳ ἐλεεινὸν ἐκ τῆς ὄψεως γίνεϑαι, ἔστι δὲ καὶ ἐξ αὐτῆς τῆς συςάσεως τῶν πραγμάτων· ὅπερ ἐςὶ πρότερον & ποιητῦ ἀμείνονος. δεῖ γὰρ, & ἄνευ ϗ̃ ὁρᾶν, ὕτω συνεςάναι τὸν μῦϑον, ὥςε τὸν ἀκύοντα τὰ πράγματα γινόμϟυα, & φρίτ]ειν & ἐλεεῖν ἐκ τῶν συμβαινόντων· ἅπερ ἂν πάϑοι τις ἀκύων τὸν ϗ̃ Οἰδίποδος μῦϑον. τὸ δὲ διὰ τῆς ὄψεως, τῦτο παρασκευάζειν ἀτεχνότερον, καὶ χορηγίας δεόμϟυόν ἐςιν. Οἱ δὲ μὴ τὸ φοβερὸν διὰ τῆς ὄψεως, ἀλλὰ τὸ τερατῶδες μόνον παρασκευάζοντες, ὐδὲν Τραγῳδίᾳ κοινωνῦσιν. ὐ γὰρ πᾶσαν δεῖ ζητεῖν ἡδονὴν ἀπὸ Τραγῳδίας, ἀλλὰ τὴν οἰκείαν.

2. Επεὶ δὲ τὴν ἀπὸ ἐλέε. κỳ φόβε

CHAPITRE XIII.

Moyens d'exciter la terreur & la pitié.

1. ON PEUT produire le terrible & le pitoyable par le spectacle, ou le tirer du fonds même de l'action. Cette seconde manière est préférable à la premiere, & marque plus de génie dans le poëte. Car il faut que la fable soit tellement composée, qu'en fermant les yeux, & à en juger seulement par l'oreille, on frissonne, on soit attendri sur ce qui se fait : c'est ce qu'on éprouve dans l'Œdipe. Quand c'est l'effet du spectacle, l'honneur en appartient à l'Ordonnateur du théatre plutôt qu'à l'art du Poëte. Mais ceux qui, par le spectacle, produisent l'effrayant au lieu du terrible, ne sont plus dans le genre ; car la Tragédie ne doit point donner toutes sortes d'émotions, mais celles-là seulement qui lui sont propres.

2. Puisque c'est par la pitié & par la ter-

διὰ μιμήσεως δεῖ ἡδονὴν παρασκευάζειν τὸν ποιητὴν, φανερὸν ὡς τοῦτο ἐν τοῖς πράγμασιν ἐμποιητέον. ποῖα οὖν δεινὰ, ἢ ποῖα οἰκτρὰ φαίνεται τῶν συμπιπτόντων, λάβωμεν.

Ἀνάγκη δὲ, ἢ φίλων εἶναι πρὸς ἀλλήλους τὰς τοιαύτας πράξεις, ἢ ἐχθρῶν, ἢ μηδετέρων. ἂν μὲν οὖν ἐχθρὸς ἐχθρὸν ἀποκτείνῃ, οὐδὲν ἐλεεινὸν, οὔτε ποιῶν, οὔτε μέλλων, δείκνυσι, πλὴν κατ' αὐτὸ τὸ πάθος[1]. οὐδ' ἂν μηδετέρως ἔχοντες. ὅταν δ' ἐν ταῖς φιλίαις ἐγγένηται τὰ πάθη, οἷον εἰ ἀδελφὸς ἀδελφὸν, ἢ υἱὸς πατέρα, ἢ μήτηρ υἱὸν, ἢ υἱὸς μητέρα ἀποκτείνῃ, ἢ μέλλῃ, ἢ τοιοῦτόν τι ἄλλο δρᾷ, ταῦτα ζητητέον. Τοὺς μὲν οὖν παρειλημμένους μύθους λύειν οὐκ ἔστι· λέγω δὲ οἷον τὴν Κλυταιμνήστραν ἀποθανοῦσαν ὑπὸ τοῦ Ὀρέστου, ᾗ τὴν Ἐριφύλην ὑπὸ τοῦ Ἀλκμαίωνος. αὐτὸν δὲ εὑρίσκειν δεῖ, ᾧ τοῖς πα-

---

[1] Πάθος, à la lettre *passion*, a ici le sens de *pâtir*, *souffrir*, de patient qui reçoit la mort. V. Chap. X. 7.

reur que le poëte tragique doit produire le plaisir, il s'ensuit que ces émotions doivent sortir de l'action même. Voyons donc quelles sont les actions les plus capables de produire la terreur & la pitié.

Il est nécessaire que ces actions se fassent par des personnes amies entre elles, ou ennemies, ou indifférentes. Qu'un ennemi tue son ennemi, il n'y a rien qui excite la pitié, ni lorsque la chose se fait, ni lorsqu'elle est prête à se faire : il n'y a que le moment de l'action. Il en est de même des personnes indifférentes. Mais, si le malheur arrive à des personnes qui s'aiment; si c'est un frere qui tue, ou qui est au moment de tuer son frere, un fils son pere, une mere son fils, un fils sa mere, ou quelque chose de semblable, c'est alors qu'on est ému : & c'est à quoi doivent tendre les efforts du Poëte. Il faut donc bien se garder de changer les fables reçues; je veux dire qu'il faut que Clytemnestre périsse de la main d'Oreste, comme Eriphyle de celle d'Alcméon. C'est au poëte à chercher des combinaisons heureuses, pour mettre ces fables en œu-

ραδεδομένοις χρῆϗϐαι καλῶς· τὸ δὲ καλῶς
τί λέγομεν, εἴπωμεν σαφέϛερον.

3. Εϛι μὲν γὰρ ὕτω γίνεϗϐαι τὴν πρᾶξιν, ὥσπερ οἱ παλαιοὶ ἐποίων, εἰδότας
ϗ γινώσκοντας· καθάπερ ϗ Εὐριπίδης
ἐποίησεν ἀποκτείνωσαν τὼς παῖδας τὴν
Μήδειαν.

4. Εϛι δὲ πρᾶξαι μὲν, ἀγνοῦντας
δὲ πρᾶξαι τὸ δεινὸν, εἶϑ᾽ ὕϛερον ἀναγνωρίσαι τὴν φιλίαν, ὥσπερ ὁ Σοφοκλέως
Οἰδίπως· τῶτο μὲν ἂν ἔξω ϗ δράματος.
ἐν δ᾽ αὐτῇ τῇ Τραγῳδίᾳ, οἷον ὁ Ἀλκ-
μαίων ὁ Ἀϛυδάμαντος, ἢ ὁ Τηλέγονος ὁ
ἐν τραυματίᾳ Ὀδυσσεῖ.

5. Ἔτι δὲ τρίτον παρὰ ταῦτα, τὸ
μέλλοντα ποιεῖν τι τῶν ἀνηκέϛων δι᾽ ἄγνοιαν, ἀναγνωρίσαι πρὶν ποιῆσαι. Καὶ
παρὰ ταῦτα ὐκ ἔϛιν ἄλλως. ἢ γὰρ πρᾶξαι ἀνάγκη, ἢ μὴ, ϗ εἰδότας, ἢ μὴ εἰδότας.

6. Τύτων δὲ τὸ μὲν γινώσκοντα μελ-
λῆσαι, ϗ μὴ πρᾶξαι, χείριϛον· τό, τε

vre. Or voici quelles peuvent être ces combinaisons.

3. Premierement, l'action peut se faire comme chez les Anciens, par des personnes qui sachent & qui connoissent; comme Euripide lui-même l'a fait dans sa Médée, qui égorge ses enfans, qu'elle connoît.

4. Secondement, on peut achever, mais sans connoître; & reconnoître, après avoir achevé, comme dans l'Œdipe de Sophocle; mais ici, l'ignorance est hors du drame. Dans l'Alcméon d'Astydamas, & dans l'Ulysse blessé par Télégone, elle est dans l'action même.

5. Il y a encore une troisieme maniere, qui est d'aller jusqu'au moment d'achever, parce qu'on ne connoît pas, & de reconnoître avant que d'achever. Il n'y en a point d'autres; car il faut achever, ou ne pas achever, avec connoissance, ou sans connoître.

6. Etre au moment d'achever avec connoissance & ne pas achever, est la plus mauvaise de toutes ces manieres. La chose est odieuse, sans être tragique; car il n'y a

Partie I. G

γὰρ μιαρὸν ἔχει, ᾧ ἂ τραγικὸν [2], ἀπαθὲς γάρ. διόπερ ἐδεὶς ποιεῖ ὁμοίως, εἰ μὴ ὀλιγάκις· οἷον, ἐν Ἀντιγόνῃ τ̓ Κρέοντα ὁ Αἵμων.

7. Τὸ δὲ πρᾶξαι, δεύτερον. βέλτιον δὲ τὸ ἀγνοῦντα μὲν πρᾶξαι, πράξαντα δὲ ἀναγνωρίσαι· τό τε γὰ μιαρὸν ἐ πρόσεστι, καὶ ἡ ἀναγνώρισις ἐκπληκτικόν.

8. Κράτιστον δὲ τὸ τελευταῖον· λέγω δὲ οἷον ἐν τῷ Κρεσφόντῃ, ἡ Μερόπη μέλλει τ̓ υἱὸν ἀποκτείνειν· ἀποκτείνει δὲ ἂ, ἀλλ᾽ ἀνεγνώρισε· καὶ ἐν τῇ Ἰφιγενείᾳ, ἡ ἀδελφὴ τ̓ ἀδελφόν· καὶ ἐν τῇ Ἕλλῃ, ὁ υἱὸς τὴν μητέρα ἐκδιδόναι μέλλων, ἀνεγνώρισεν. Διὰ τῦτο, ὅπερ πάλαι εἴρηται, ἐ περὶ πολλὰ γένη αἱ τραγῳδίαι εἰσί. ζητῦντες γὰρ, ἐκ ἀπὸ τέχνης, ἀλλ᾽ ἀπὸ τύχης εὗρον τὸ τοιῦτον παρασ-

---

[2] Il y a, dans cette espece, une mauvaise volonté, une méchanceté gratuite & inutile.

nul evénement malheureux. Aussi a-t-elle été rarement employée. Il n'y en a qu'un exemple dans l'Antigone de Sophocle, où Hémon entreprend contre Cléon & n'acheve point.

7. La seconde maniere est d'achever : Et dans cette espece, il est mieux d'achever sans connoître, & de reconnoître après avoir achevé ; l'ignorance ôte l'odieux, & la reconnoissance est infiniment touchante.

8. Enfin la derniere de ces manieres est la meilleure : comme dans le Cresphonte, où Merope est au moment de frapper son fils, qu'elle ne frappe pas, parce qu'elle le reconnoît : & dans Iphigénie, la sœur étoit au moment d'immoler son frere : & dans Hellé, Phryxus alloit livrer sa mere : il la reconnoît. C'est par cette raison, comme on l'a dit il y a long-temps, que les Tragédies sont renfermées dans un petit nombre de familles. Car ce ne fut point par l'étude de l'art, mais par le hasard, que les premiers poëtes trouverent que leurs fables devoient avoir pour sujets des malheurs. C'est pour cela qu'ils se sont attachés aux famil-

κευάζειν ἐν τοῖς μύθοις. ἀναγκάζονται
ἓν ἐπὶ ταύτας τὰς οἰκίας ἀπαντᾶν,
ὅσαις τὰ τοιαῦτα συμβέβηκε πάθη.

Περὶ μὲν ἓν τῆς τῶν πραγμάτων
συστάσεως, καὶ ποίας τίνας εἶναι δεῖ
τοὺς μύθους, εἴρηται ἱκανῶς.

ΚΕΦΑΛΑΙΟΝ ιδ´.

Ὧν στοχάζεσθαι δεῖ περὶ τὰ ἤθη.

1. ΠΕΡΙ δὲ τὰ ἤθη τέτταρά ἐστιν ὧν
δεῖ στοχάζεσθαι· ἓν μὲν καὶ πρῶτον,
ὅπως χρηστὰ ᾖ. ἕξει δὲ ἦθος μὲν, ἐὰν
ὥσπερ ἐλέχθη, [1] ποιῇ φανερὰν ὁ λόγος, ἢ
ἡ πρᾶξις, προαίρεσίν τινα, φαῦλον μὲν,
ἐὰν φαύλην, χρηστὸν δὲ, ἐὰν χρηστήν. ἔστι δὲ
ἐν ἑκάστῳ γένει· καὶ γὰρ γυνή ἐστι χρηστὴ
καὶ δοῦλος· καίτοι γε ἴσως τούτων, τὸ
μὲν χεῖρον, τὸ δὲ ὅλως φαῦλόν ἐστι.

[1] Chap. VI. 8.

les, où sont arrivés les malheurs qui conviennent à leur genre.

C'en est assez sur la maniere de composer les actions tragiques, & sur les qualités qu'elles doivent avoir.

CHAPITRE XIV.
Des Mœurs.

1. Quant à ce qui concerne les Mœurs, il y a quatre points à observer. Il faut 1°. qu'elles soient bonnes. Nous avons dit qu'il y a des Mœurs dans un Poëme, lorsque le discours ou la maniere d'agir d'un personnage font connoître quelle est sa pensée, son dessein. Les Mœurs sont bonnes, quand le dessein est bon; elles sont mauvaises, quand le dessein est mauvais. Cette bonté de Mœurs peut être dans tout sexe, & dans toute condition : une femme peut être bonne, même un esclave; quoique d'ordinaire les femmes qu'on met sur les théatres, soient plus mauvaises que bonnes, & que les esclaves soient toujours mauvais.

2. Δεύτερον δὲ, τὰ ἁρμόττοντα. ἔστι γὰ ἀνδρεῖον μὲν τὸ ἦθος, ἀλλ᾽ ὐχ᾽ ἁρμόττον γυναικὶ, τὸ ἀνδρεῖαν ἢ δεινὴν εἶναι.

3. Τρίτον δὲ, τὸ ὅμοιον· τῦτο γὰ ἕτερον ἦ χρηστὸν τὸ ἦθος καὶ ἁρμόττον ποιῆσαι, ὥσπερ εἴρηται.

4. Τέταρτον δὲ, τὸ ὁμαλόν· κἂν γὰ ἀνώμαλός τις ἦ, ὁ τὴν μίμησιν παρέχων καὶ τοιῦτον ἦθος ὑποτιθεὶς, ὅμως ὁμαλῶς ἀνώμαλον δεῖ εἶναι.

5. Εστι δὲ παράδειγμα πονηρίας μ᾽ ἤθυς μὴ ἀναγκαῖον, οἷον, ὁ Μενέλαος ἐν τῷ Ορέστῃ³· ἦ δὲ ἀπρεπῦς καὶ μὴ ἁρμόττοντος, ὅ τε θρῆνος Ὀδυσέως ἐν τῇ Σκύλλῃ, καὶ ἡ τῆς Μεναλίππης ῥῆσις· ἦ δὲ ἀνωμάλυ, ἡ ἐν Αὐλίδι Ιφιγένεια², ὐδὲν γὰ ἔοικεν ἡ ἱκετεύυσα τῇ ὑστέρᾳ.

6. Χρὴ δὲ καὶ ἐν τοῖς ἤθεσιν, ὥσπερ καὶ ἐν τῇ τῶ πραγμάτων συστάσει, ἀεὶ

---

² Tragédie d'Euripide.

2. Il faut en second lieu que les Mœurs soient convenables. La bravoure est un caractere de mœurs ; mais elle ne convient point à une femme, qui ne doit être ni brave, ni hardie.

3. Troisiemement, elles seront ressemblantes : car c'est autre chose que d'être bonnes ou convenables ; on l'a dit.

4. Enfin elles seront égales ; &, si le personnage imité a pour caractere l'inégalité, en traitant ce caractere, on le fera également inégal.

5. On a un exemple de Mœurs mauvaises gratuitement, dans le Ménélas de l'Oreste; de Mœurs non convenables, dans les lamentations d'Ulysse, dans la Scylla, & dans les discours trop savans de Ménalippe ; & de Mœurs inégales dans l'Iphigénie en Aulide: Iphigénie est foible & suppliante au commencement, & à la fin elle est pleine de force & de courage.

6. Le Poëte, dans la peinture des mœurs, doit avoir toujours devant les yeux, ainsi

ζητεῖν, ἢ τὸ ἀναγκαῖον, ἢ τὸ εἰκός· ὥστε
τὸν τοιοῦτον τὰ τοιαῦτα λέγειν, ἢ πράττειν ἢ ἀναγκαῖον ἢ εἰκός· καὶ τοῦτο μετ᾽
τοῦτο γίνεσθαι, ἢ ἀναγκαῖον, ἢ εἰκός.

7. Φανερὸν οὖν ὅτι καὶ τὰς λύσεις τῶν
μύθων ἐξ αὐτοῦ δεῖ τοῦ μύθου συμβαίνειν,
καὶ μὴ, ὥσπερ ἐν τῇ Μηδείᾳ, ἀπὸ μη-
χανῆς, & ἐν τῇ Ἰλιάδι τὰ περὶ τὸν ἀπό-
πλουν. ἀλλὰ μηχανῇ χρηστέον ἐπὶ τὰ
ἔξω τοῦ δράματος, ἢ ὅσα πρὸ τοῦ γέγονεν,
ἃ οὐχ οἷόντε ἄνθρωπον εἰδέναι, ἢ ὅσα
ὕστερον, ἃ δεῖται προαγορεύσεως καὶ
ἀγγελίας· ἅπαντα γὰρ ἀποδίδομεν τοῖς
θεοῖς ὁρᾶν. ἄλογον δὲ μηδὲν εἶναι ἐν τοῖς
πράγμασιν. εἰ δὲ μὴ, ἔξω τῆς Τραγῳ-
δίας· οἷον τὰ ἐν τῷ Οἰδίποδι τοῦ Σοφοκλέους.

8. Ἐπεὶ δὲ μίμησίς ἐστιν ἡ Τραγῳδία βελτιόνων, ἡμᾶς δεῖ μιμεῖσθαι τοὺς
ἀγαθοὺς εἰκονογράφους· καὶ γὰρ ἐκεῖνοι ἀπο-
διδόντες τὴν οἰκείαν μορφὴν, ὁμοίους

que dans la composition de la fable, le nécessaire & le vraisemblable, & se dire à tout moment à lui-même : Est-il nécessaire, est-il vraisemblable que tel personnage parle ainsi, ou agisse ainsi; est-il nécessaire ou vraisemblable que telle chose arrive après telle autre ?

7. Il suit de-là evidemment que les Dénouemens doivent sortir du fonds même du sujet, & non se faire par machine, comme dans Médée, ou dans le Retour des Grecs de la petite Iliade. On peut faire usage de la machine pour ce qui est hors du drame, qui est arrivé avant l'action, & que nul homme ne peut savoir ; ou pour ce qui doit arriver après, & qui a besoin d'être annoncé ou prédit : car la croyance des hommes est que les Dieux voient tout. En un mot, dans les fables tragiques, il ne doit y avoir rien d'invraisemblable : sinon il sera hors de la Tragédie, comme dans l'Œdipe de Sophocle.

8. La Tragédie etant l'imitation du meilleur, les Poëtes doivent suivre la pratique

ποιῦντες, καλλίυς γράφυσιν. ὕτω καὶ τὸν ποιητὴν μιμύμϟυον καὶ ὀργίλυς, καὶ ῥαθύμυς, καὶ τἄλλα τὰ τοιαῦτα ἔχοντας ἐπὶ τῶ ἠθῶν, ἐπιεικείας ποιεῖν παράδειγμα, [3] ἢ σκληρότητος δεῖ, οἷον τὸν Ἀχιλλέα Ἀγάθων, καὶ Ὅμηρος.

9. Ταῦτα δὴ δεῖ διατηρεῖν, καὶ πρὸς τύτοις τὰ παρὰ τὰς ἐξ ἀνάγκης ἀκολυθύσας αἰσθήσεις τῇ ποιητικῇ· καὶ ᵹ κατ᾽ αὐτάς ἐστιν ἁμαρτάνειν πολλάκις. εἴρηται δὲ περὶ αὐτῶν ἐν τοῖς ἐκδεδομένοις λόγοις ἱκανῶς.

[3] On sousentend μᾶλλον.

des bons Peintres, qui font les portraits ressemblans, & toutefois plus beaux que les modeles. Lors donc qu'un poëte aura à peindre des hommes ou trop ardens, ou trop timides, ou d'autres mœurs pareilles; loin de charger encore le défaut, il le rapprochera de la vertu comme Homere & Agathon ont fait leur Achille.

9. Ces regles doivent s'observer ici, & outre cela dans les parties du spectacle qui dépendent necessairement de la Poësie. Car souvent on y fait des fautes. Il en a été suffisamment parlé dans les Ouvrages qu'on a publiés sur cette matiere.

ΚΕΦΑΛΑΙΟΝ ιε'.

Ἀναγνωρίσεως εἴδη.

1. ΑΝΑΓΝΩΡΙΣΙΣ δὲ τί μέν ἐςιν, εἴρηται πρότερον.[1] εἴδη ἢ ἀναγνωρίσεως· πρώτη μὲν ἡ ἀτεχνοτάτη, καὶ ᾗ πλεῖςοι χρῶνται δι' ἀπορίαν, ἡ διὰ σημείων. τύτων ἢ τὰ μ᾽ σύμφυτα, οἷον λόγχην ἣν φορῦσι Γηγενεῖς, ἢ ἀστέρας, οἵυς ἐν τῷ Θυέστῃ Καρκῖνος· τὰ ἢ ἐπίκτητα· καὶ τύτων, τὰ μὲν ἐν τῷ σώματι, οἷον ὐλαὶ, τὰ ἢ ἐκτὸς, τὰ περιδέραια, καὶ οἷον ἐν τῇ Τυροῖ, διὰ τῆς σκάφης. Ἐστι ἢ καὶ τύτοις χρῆαθαι ἢ βέλτιον, ἢ χεῖρον· οἷον, Ὀδυσσεὺς διὰ τῆς ὐλῆς, ἄλλως ἀνεγνωρίσθη ὑπὸ τῆς τροφῦ, καὶ ἄλλως ὑπὸ τῶν συβωτῶν. εἰσὶ γὰ αἱ μὲν πίστεως ἕνεκα ἀτεχνότεραι, καὶ αἱ τοιαῦται πᾶ-

---

[1] Le Philosophe a défini la Reconnoissance, ci-dessus Chap. X. n°. 4.

CHAPITRE XV.

Des différentes especes de Reconnoissances.

1. On a dit ci-dessus ce que c'est que Reconnoissance : ici nous en marquerons les especes.

La premiere, qui ne demande point d'art, & que la plûpart des poëtes emploient, faute de mieux, est celle qui se fait par les signes. Les signes sont ou naturels, comme la lance empreinte sur le corps des Thébains nés de la Terre, & l'etoile sur celui de Thyeste dans la piece de Carcinus ; ou accidentels, soit inhérens au corps, comme les cicatrices ; soit détachés du corps, comme les colliers, les bracelets, le petit berceau dans Tyro. Mais, dans cette espece, il y a deux manieres dont l'une est meilleure que l'autre. Par exemple, Ulysse est reconnu par sa cicatrice, autrement par sa nourrice, & autrement par ses pâtres. Cette derniere maniere, & les autres, où le signe est donné en preuve, demandent

σαι· αἱ δ᾽ ἐκ περιπετείας, ὥσπερ ἡ ἐν τοῖς Νίπτροις, βελτίους.

2. Δεύτεραι δὲ, αἱ πεποιημέναι ὑπὸ τοῦ ποιητοῦ, διὸ ἄτεχνοι². οἷον, Ὀρέστης ἐν τῇ Ἰφιγενείᾳ ἀνεγνώρισε τὴν ἀδελφὴν, ἀναγνωρισθεὶς ὑπ᾽ ἐκείνης. ἐκείνη μὲν γὰρ διὰ τῆς ἐπιστολῆς, ἐκεῖνος δὲ διὰ σημείων³. ταῦτα οὖν αὐτὸς λέγει ἃ βούλεται ὁ ποιητὴς, ἀλλ᾽ οὐχ ὁ μῦθος· δι᾽ ὃ ἐγγὺς τῆς εἰρημένης ἁμαρτίας ἐστίν· ἐξῆν γὰρ ἂν ἔνια καὶ ἐνεγκεῖν⁴· καὶ ἐν τῷ Σοφοκλέους Τηρεῖ ἡ τῆς κερκίδος φωνή.

3. Τρίτη δὲ, ἡ διὰ μνήμης, τὸ αἰσθέσθαι τι ἰδόντα, ὥσπερ ἡ ἐν Κυπρίοις τοῖς Δικαιογένους· ἰδὼν γὰρ τὴν γραφὴν, ἔκλαυσε. καὶ ἡ ἐν Ἀλκινόου ἀπο-

---

² Plusieurs interpretes, appuyés des MSS. lisent ἄτεχνοι, sans la négation. Voyez la Remarq.

³ Victorius laisse ici une lacune, & supprime διὰ σημείων, ταῦτα οὖν. Les MSS. de la Bib. du Roi les suppriment aussi, mais sans lacune, & celui qui a pour n°. 2040, supprime même αὐτός.

⁴ N'y eût-il que l'exclamation qu'a employée Polydès. Voyez ci-après n°. 4. Voy. aussi la Rem.

moins d'art. Le moyen de rendre ces reconnoissances piquantes, est de leur donner un effet subit & éclatant, comme dans celle d'Ulysse par Euryclée.

2. La seconde espece est de celles qui sont imaginées par le poëte, & qui par conséquent ne sont point sans art. Ainsi, dans Euripide, Oreste reconnoît sa sœur par le moyen d'une lettre ; & est reconnu d'elle par des renseignemens, en disant ce qu'il plaît au poëte de lui faire dire : car ce qu'il dit ne sort point du fond de la fable. Aussi cette seconde reconnoissance a-t-elle quelque chose du défaut des premieres ; car le poëte eût pu tirer de son sujet. Il en est de même du Terée de Sophocle, où la reconnoissance se fait par une navette qui rend un son.

3. La troisieme espece est par le souvenir ; lorsqu'à la vue d'un objet on eprouve quelque affection marquée : comme dans les Cypriaques de Dicéogène, où le heros voyant un tableau, laisse echapper des larmes ; &, dans l'Apologue d'Alcinoüs,

λόγῳ· ἀκούων γὰ τ͂ κιθαριστ͂, καὶ μνκ-
θεὶς, ἐδάκρυσεν· ὅθεν ἀνεγνωρίσθη.

4. Τετάρτη δὲ, ἐκ συλλογισμῦ· οἷον
ἐν Χοηφόροις, ὅτι ὅμοιός τις ἐλήλυθεν·
ὅμοιος δὲ ὐθεὶς, ἀλλ᾽ ἢ Ὀρέστης· οὗτ͂
ἄρα ἐλήλυθεν[5]. καὶ ἡ Πολυίδλυ τ͂ σο-
φιστ͂ περὶ τῆς Ἰφιγενείας ἦν· εἰκὸς γὰ
τὸν Ὀρέστην συλλογίσασθαι, ὅτι ἥτ᾽
ἀδελφὴ ἐτύθη, καὶ αὐτῷ συμβαίνει θύεσθαι. καὶ ἡ ἐν τῷ τ͂ Θεοδέκτυ Τυδεῖ,
ὅτι ἐλθὼν ὡς εὑρήσων υἱὸν, αὐτὸς ἀπόλ-
λυται· καὶ ἡ ἐν ταῖς Φινίδαις. ἰδ͂σαι γὰ
τὸν τόπον, συνελογίσαντο τὴν εἱμαρμέ-
νην, ὅτι ἐν τύτῳ εἵμαρτο ἀποθανεῖν αὐ-
ταῖς· καὶ γὰ ἐξετέθησαν ἐνταῦθα[6].

5. Ἔστι δέ τις καὶ σύνθετος ἐκ πα-
ραλογισμῦ τ͂ θεάτρυ· οἷον ἐν τῷ Ὀδυσεῖ

[5] Le MSS. 2040 supprime la mineure & la conclusion, qui effectivement ne se ressentent point du laconisme qui regne dans tout l'ouvrage.

[6] Apparemment que l'Oracle leur avoit prédit qu'elles mourroient au lieu où elles avoient été exposées. On ne connoît point le sujet de cette Piece. Ulysse

Ulysse entend le joueur de cithare : il se souvient, & pleure ; ce qui le fait reconnoître.

4. La quatrieme espece est par le raisonnement, comme dans les Coëphores : *Il est venu un homme qui me ressemble ; personne ne me ressemble qu'Oreste ; c'est donc Oreste qui est venu.* Et dans l'Iphigénie de Polyidès, il est naturel qu'Oreste fasse cette reflexion : *Ma sœur a été immolée, je vais donc l'être comme elle.* Et dans le Tydée de Théodecte : Un Roi alloit pour chercher son fils, & lui-même il périt. Et encore dans les Phinidiennes : Ces filles, en voyant le lieu où on les menoit, raisonnerent sur le sens de l'oracle qui leur avoit été rendu ; & jugerent que c'étoit là qu'elles devoient mourir ; parce que c'étoit là même qu'elles avoient été exposées.

5. Il y a une autre reconnoissance qui se fait par un faux raisonnement du spectateur, comme dans l'Ulysse soi-disant mort. Le personnage dit qu'il reconnoîtra l'arc d'Ulysse, qu'il n'a jamais vu. Le spectateur

τῷ ψευδαγγέλῳ. ὁ μὲν γὰρ τὸ τόξον ἔφη γνώσεθαι, ὃ ὐχ ἐωράκει· ὁ δὲ, ὡς δι᾽ ἐκείνυ ἀναγνωριοῦντ@, διὰ τῦτο ἐποίησε παραλογισμόν.

6. Πασῶν δὲ βελτίστη ἀναγνώρισις, ἡ ἐξ αὐτῶν πραγμάτων, τῆς ἐκπλήξεως γιγνομένης δι᾽ εἰκότων· οἷον ἡ ἐν τῷ Σοφοκλέυς Οἰδίποδι, & τῇ Ἰφιγενείᾳ. εἰκὸς γὰρ βύλεσθαι ἐπιθεῖναι γράμματα. αἱ γὰρ τοιαῦται μόναι ἄνευ τῶ πεποιημένων σημείων καὶ περιδεραίων· δεύτεραι δὲ, αἱ ἐκ συλλογισμῦ.

croyant qu'il l'a effectivement reconnu, en tire une fausse conséquence.

6. De ces reconnoissances, la meilleure est celle qui naît de l'action même, & qui frappe par sa vraisemblance, comme dans l'Œdipe de Sophocle, & dans l'Iphigénie d'Euripide; car il est naturel qu'Iphigénie, dans le cas où elle est, veuille donner des lettres pour Oreste. Ce sont les seules qui se fassent sans colliers ou indices; après celles-là, les meilleures sont celles de raisonnement.

ΚΕΦΑΛΑΙΟΝ ιϛ'.

Ὅτι δεῖ πρὸ ὀμμάτων τίθεσθαι.

1. ΔΕΙ δὲ τοὺς μύθους συνιστάναι, καὶ τῇ λέξει συναπεργάζεσθαι, ὅτι μάλιϛα πρὸ ὀμμάτων τιθέμενον. οὕτω γὰρ ἂν ἐναργέϛαλα ὁρῶν, ὥσπερ παρ' αὐτοῖς γιγνόμενος τοῖς πραττομένοις, εὑρίσκοι τὸ πρέπον, κὴ ἥκιστα ἂν λανθάνοιτο τὰ ὑπεναντία. Σημεῖον δὲ τούτου ὃ ἐπιτιμᾶται τῷ Καρκίνῳ. ὁ γὰρ Ἀμφιάραος ἐξ ἱερῦ ἀνῄει· ὃ μὴ ὁρῶντα τὸν θεατὴν ἐλάνθανεν. ἐπὶ δὲ τῆς σκηνῆς ἐξέπεσε, δυσχερανόντων τοῦτο τῶν θεατῶν.

2. Ὅσα ἢ δυνατὸν, καὶ τοῖς σχήμασι συναπεργαζόμνον ποιεῖν. πιθανώταλοι γὰ ἀπὸ τῆς αὐτῆς φύσεως οἱ ἐν τοῖς πάθεσίν εἰσι· δι' ὃ κὴ χειμαίνει ὁ χειμαζόμνος, καὶ χαλεπαίνει ὁ ὀργιζόμνος,

CHAPITRE XVI.

Conseils aux poëtes tragiques lorsqu'ils composent.

1. Lorsque le poëte compose sa fable, ou qu'il écrit, il doit se mettre à la place du spectateur. Voyant alors son ouvrage dans le plus grand jour, & comme s'il étoit témoin de ce qui se fait, il sentira mieux ce qui convient, ou ce qui ne convient pas. Ce fut faute de cette précaution que Carcinus echoua. Son Amphiaraüs sortoit du temple ; & le spectateur, qui ne l'avoit point vu sortir, l'ignoroit. On fut blessé de cette inattention du poëte, & sa piece tomba.

2. Il faut encore que le poëte, autant qu'il est possible, soit acteur en composant. L'expression de celui qui est dans l'action, est toujours plus persuasive : on s'agite avec celui qui est agité ; on souffre, on s'irrite avec celui qui souffre, qui est irrité. C'est

ἀληθινώτατα· δι' ὃ εὐφυῦς ἡ ποιητικὴ ἐστιν, ἢ μανικῦ· τύτων γὰρ οἱ μὲν εὔπλαστοι, οἱ δὲ ἐξεταστικοί εἰσιν¹.

3. Τύς τε λόγυς τοὺς πεποιημένυς δεῖ καὶ αὐτὸν ποιῦντα ἐκτίθεσθαι καθόλυ, εἶθ' ὕτως ἐπεισοδιῦν, καὶ παρατείνειν. Λέγω δὲ ὕτως ἂν θεωρεῖσθαι τὸ καθόλυ, οἷον τῆς Ἰφιγενείας· Τυθείσης, τινὸς κόρης, ἢ ἀφανισθείσης ἀδήλως· τοῖς θύσασιν, ἱδρυνθείσης δὲ εἰς ἄλλην χώραν, ἐν ᾗ νόμος ἦν τοὺς ξένυς θύειν τῇ θεῷ, ταύτην ἔχε τὴν ἱερωσύνην. χρόνῳ δ' ὕστερον τῷ ἀδελφῷ συνέβη ἐλθεῖν τῆς ἱερείας· τὸ δὲ ², ὅτι ἀνεῖλεν ὁ θεός, διά τινα αἰτίαν ἔξω τῦ καθόλυ ³, ἐλθεῖν ἐκεῖ· διὰ τί δὲ, ἔξω τῦ μύθυ ⁴. ἐλθὼν δὲ, καὶ

¹ Εὐφυὴς, qui est né avec le talent, *cui sit ingenium*, dit Horace. Μανικὸς, *cui mens divinior*, qui éprouve une fureur divine Et Cicéron : *Poëtam naturâ ipsâ valere, & mentis viribus excitari.* Pro Arch. poët.

² Pour διὰ τί, Ms. 2040.

³ C'est-à-dire, qui rentre dans le fait particulier. Cette entreprise étoit d'enlever la statue de Diane, & de la transporter à Athènes.

⁴ Oreste s'etoit chargé

pour cela que la Poësie demande une imagination vive, ou une ame susceptible de fureur : l'une peint fortement, l'autre sent de même.

3. Quel que soit le sujet qu'on traite, il faut commencer par le crayonner dans le général : par exemple, s'il s'agit d'iphigénie, vous direz : « Une jeune princesse » étoit au moment d'être sacrifiée ; tout-à-» coup elle est enlevée sous le couteau » des prêtres, & se trouve transportée dans » une contrée lointaine, où elle devient » elle-même prêtresse. Dans ce pays, c'é-» toit l'usage de sacrifier tous les étrangers » qui y arrivoient par mer. Son frere y ar-» rive : & cela, parce qu'un Dieu le lui » avoit ordonné, pour exécuter une cer-» taine entreprise, qui est hors du général. » Pourquoi cette entreprise ? Cela est hors » de la fable. Il y vient, il est arrêté, & au » moment où il alloit être égorgé par sa

de cette entreprise pour obtenir l'expiation de son parricide, & la délivrance des tourmens que lui faisoient éprouver les Furies : ce qui n'est plus du sujet de l'Iphigénie en Tauride.

ληφθεὶς, θύεσθαι μέλλων ἀνεγνώρισεν,
εἴθ' ὡς Εὐριπίδης, εἴθ' ὡς Πολυΐδης
ἐποίησε, κατὰ τὸ εἰκὸς εἰπὼν, ὅτι ἐκ
ἄρα μόνον τὴν ἀδελφὴν, ἀλλὰ καὶ αὐτὸν
ἔδει τυθῆναι· καὶ ἐντεῦθεν ἡ σωτηρία· μετὰ
δὲ ταῦτα, ἤδη ὑποθέντα τὰ ὀνόματα,
ἐπεισοδιῶν. ὅπως δὲ ἔσται οἰκεῖα τὰ
ἐπεισόδια σκοπεῖν· οἷον, ἐν τῷ Ὀρέςη
ἡ μανία δι' ἧς ἐλήφθη, καὶ ἡ σωτηρία διὰ
τῆς καθάρσεως.

4. Ἐν μὲν ἦν τοῖς δράμασι τὰ ἐπεισόδια σύντομα, ἡ δ' ἐποποιΐα τύτοις
μηκύνεται. τῆς γὰρ Ὀδυσσείας μικρὸς ὁ
λόγος ἐςίν· Ἀποδημῶντός τινος ἔτη πολλὰ, καὶ παραφυλαττομένυ ὑπὸ τῶ Ποσειδῶνος, καὶ μόνυ ὄντος· ἔτι δὲ τῶν οἴκοι
ὕτως ἐχόντων, ὥςε τὰ χρήματα ὑπὸ
μνηςήρων ἀναλίσκεσθαι, καὶ τὸν υἱὸν ἐπιβυλεύεσθαι, αὐτὸς ἀφικνεῖται χειμαθεὶς,
καὶ ἀναγνωρίσας τινὰς, αὐτοῖς ἐπιθέμενος,
αὐτὸς μὲν ἐσώθη, τοὺς δ' ἐχθρὺς διέφθει-

» sœur, il est reconnu par elle », soit comme chez Euripide, ou plutôt comme chez Polyidès, parce qu'il s'écrie : « *Ma sœur* » *a été sacrifiée, je vais donc l'être aussi :* » *& cette exclamation le sauve* ». Après cela on remet les noms, on fait les détails, qui doivent tous être propres au sujet, comme dans l'Oreste, sa fureur maniaque qui le fait prendre, & son expiation qui le sauve.

4. Dans les Drames, les détails sont plus courts, & plus longs dans les Epopées. L'Odyssée, par exemple, prise dans le général, se reduit à deux mots : « Un homme est » absent de chez lui pendant plusieurs an- » nées. Il est persécuté par Neptune, de » maniere qu'il perd tous ses compagnons, » & reste seul. D'un autre côté, sa maison » est au pillage ; les amans de sa femme » dissipent son bien, & veulent faire périr » son fils. Cet homme, après des travaux » infinis, revient chez lui, se fait recon- » noître à quelques amis fideles, attaque » ses ennemis, les fait périr, & se rétablit

ρε. τὸ μὲν ὖν ἴδιον τῦτο, τὰ δ' ἄλλα ἐπεισόδια.

ΚΕΦΑΛΑΙΟΝ ιζ'.

Περὶ δέσεως καὶ λύσεως τῆς Τραγῳδίας.

1. ΕΣΤΙ δὲ πάσης Τραγῳδίας, τὸ μὲν Δέσις, τὸ δὲ Λύσις. τὰ μὲν ἔξωθεν, καὶ ἔνια τῶν ἔσωθεν πολλάκις ἡ δέσις· τὸ δὲ λοιπὸν, ἡ λύσις. Λέγω δὲ δέσιν μὲν ἐἶ) τὴν ἀπ' ἀρχῆς μέχρι τύτυ ὅ μέρυς, ὃ ἔχαῖόν ἐστιν, ἐξ ὅ μεταβαίνει εἰς εὐτυχίαν· λύσιν δὲ, τὴν ἀπὸ τῆς ἀρχῆς τῆς μεταβάσεως μέχρι τέλυς· ὥσπερ ἐν τῷ Λυγκεῖ ὅ Θεοδέκτυ, δέσις μὲν, τά τε πεπραγμένα, κ) ἡ ὅ παιδίυ λῆψις· λύσις δὲ, ἡ ἀπὸ τῆς αἰτιάσεως ὅ θανάτυ μέχρι τῦ τέλυς.

2. Τραγῳδίας δὲ εἴδη εἰσὶ τέσαρα, τοσαῦτα γὰρ καὶ τὰ μέρη ἐλέχθη· ἡ μὲν,

„ dans son premier état „. Voilà le fonds de l'action, tout le reste est détail ou épisode.

CHAPITRE XVII.
Suite des conseils aux Poëtes. Nœuds & dénouemens.

1. Dans toute Tragédie il y a un Nœud & un Dénouement. Les obstacles antérieurs à l'action, & souvent une partie de ce qui se rencontre dans l'action, forment le nœud: le reste est le dénouement. J'appelle Nœud tout ce qui est depuis le commencement de la piece jusqu'au point précis où la catastrophe commence ; & Dénouement, tout ce qui est depuis le commencement de la catastrophe jusqu'à la fin. Ainsi dans le Lyncée de Théodecte, le nœud est tout ce qui a été fait avant & jusqu'à la prise du jeune homme, & le dénouement est depuis l'accusation de meurtre jusqu'à la fin.

2. Nous avons dit ci-dessus (Chap. 10.) qu'il y a quatre especes de Tragédies : l'Im-

πεπλεγμένη, ἧς τὸ ὅλον ἐςὶ περιπέτεια
κὴ ἀναγνώρισις. ἡ δὲ, παθητικὴ, οἷον,
ὅ,τε Αἴαντες, κὴ οἱ Ἰξίονες [1]. ἡ δὲ, ἠθι-
κὴ, οἷον, αἱ Φθιώτιδες κὴ ὁ Πηλεύς [2].
τὸ δὲ τέταρτον ὁμαλὸν [3], οἷον, αἵ,τε Φόρ-
κιδες κὴ Προμηθεὺς κὴ ὅσα ἐν ᾅδη....
Μάλιςα μὲν ὖν ἅπαντα δεῖ πειρᾶσθαι
ἔχειν· εἰ δὲ μὴ, τὰ μέγιςα, κὴ πλεῖςα,
ἄλλως τε καὶ ὡς νῦν συκοφαντῶσι τοὺς
ποιητάς. γεγονότων γὰρ καθ' ἕκαςον μέρος ἀγαθῶν ποιητῶν, ἑκάςῃ τῷ ἰδίῳ ἀγα-
θῷ ἀξιῶσι τ' ἕνα ὑπερβάλλειν.

3. Δίκαιον δὲ κὴ Τραγῳδίαν ἄλλην,
κὴ τὴν αὐτὴν λέγειν ὐδὲν ἴσως τῷ μύθῳ·
τῦτο δὲ, ὧν ἡ αὐτὴ πλοκὴ καὶ λύσις.
Πολλοὶ δὲ πλέξαντες εὖ, λύυσι κακῶς·
δεῖ δὲ ἄμφω ἀεὶ κροτεῖσθαι.

4. Χρὴ δὲ, ὅπερ εἴρηται πολλάκις,

---

[1] Ajax se tuoit lui-même ; Ixion étoit attaché à sa roue.

[2] Pelée, Prince vertueux, & ami des Dieux.

[3] Le Ms. 2117 porte ὁμαλόν. Voyez la Remarque.

plexe, qui a reconnoissance & peripétie ; la Pathétique, comme les Ajax & les Ixions ; la Morale, comme les Phtiotides & Pélée ; enfin la quatrieme, qui est simple & unie, comme les Phorcides & Promethée, & tout ce qui se fait aux enfers. Le Poëte doit tâcher de réussir dans ces quatre especes ; ou du moins dans le plus d'especes qu'il lui sera possible, & dans les plus importantes: cela est nécessaire, aujourd'hui sur-tout que le public est devenu difficile. Comme on a vu des Poëtes qui excelloient chacun dans quelqu'un de ces genres, on voudroit aujourd'hui que chaque poëte eût lui seul ce qu'ont eu tous les autres ensemble.

3. On ne doit pas dire d'une piece qu'elle est, ou n'est pas la même qu'une autre piece, quand le sujet est le même, mais quand c'est le même nœud & le même dénouement. La plupart des poëtes forment bien le nœud, & le dénouement mal : cependant il faut réussir également dans l'un & l'autre.

4. Il faut bien se souvenir, comme on

μεμνῆσθαι, & μὴ ποιεῖν ἐποποιικὸν σύστημα Τραγῳδίαν. ἐποποιϊκὸν δὲ λέγω, τὸ πολύμυθον· οἷον εἴ τις τ̃ τῆς Ἰλιάδος ὅλον ποιεῖ μῦθον. ἐκεῖ μὲν γὰ διὰ τὸ μῆκος λαμβάνει τὰ μέρη τὸ πρέπον μέγεθος· ἐν δὲ τοῖς δράμασι, πολὺ παρὰ τὴν ὑπόληψιν ἀποβαίνει. σημεῖον δὲ, ὅσοι πέρσιν Ἰλίȣ ὅλην ἐποίησαν, κὴ μὴ κῇ μέρος, ὥσπερ Εὐριπίδης Νιόβην [4], ἢ Μήδεαν, κὴ μὴ ὥσπερ Αἰχύλος, ἢ ἐκπίπτȣσιν, ἢ κακῶς ἀγωνίζονται· ἐπεὶ κὴ Ἀγάθων ἐξέπεσεν ἐν τȣ́τῳ μόνῳ.

5. Ἐν δὲ ταῖς περιπετείαις, καὶ ἐν τοῖς ἁπλοῖς πράγμασι, στοχάζονται ὧν βȣ́λονται, θαυμαστῷ· τραγικὸν γὰρ τȣ̃το, καὶ φιλάνθρωπον. ἔστι δὲ τȣ̃το, ὅταν ὁ σοφὸς μὲν, μετὰ πονηρίας δὲ, ἐξαπατηθῇ, ὥσπερ Σίσυφος· καὶ ὁ ἀνδρεῖος μὲν, ἄδικος δὲ, ἡττηθῇ. ἔστι δὲ

[4] L'un & l'autre de ces deux poëtes n'avoit pris qu'une partie de l'histoire de Niobé, & de celle de Médée ; on les cite comme exemple de ce qui doit être fait. Voyez la Remarque.

l'a dit souvent, de ne point faire d'une Tragédie une composition épique. J'appelle composition épique, celle dont les épisodes peuvent former autant d'actions : comme si quelqu'un s'avisoit de faire de toute l'Iliade une seule piece. Dans l'Epopée, l'etendue du poëme permet de longs épisodes : dans les Drames, ils ne réussiroient pas de même. Aussi ceux qui ont voulu représenter le sac de Troie en entier, & non quelqu'une de ses parties, comme Euripide a fait dans sa Niobé & dans sa Médée, ou comme Eschyle, ont-ils vu tomber leurs pieces, & manqué le prix. C'est cela seul qui a fait tort à Agathon.

5. Dans les pieces où il y a peripétie seulement, & dans les simples, les Poëtes font quelquefois leurs dénouemens par une sorte de merveilleux, qui est tout-à-la-fois tragique & intéressant : c'est un homme rusé, mais méchant, qui est trompé : c'est un homme brave, mais injuste, qui est vaincu ; cela est vraisemblable, parce que, comme dit Agathon, il est vraisemblable

τῦτο εἰκὸς, ὥσπερ Ἀγάθων λέγει. εἰκὸς γδ γίνεσθαι πολλὰ κỳ παρὰ τὸ εἰκός.

6. Καὶ τ̃ χορὸν δὲ ἕνα δεῖ ὑπολαβεῖν τ̃ ὑποκριτῶν, κỳ μόριον ἐ῀ τῦ ὅλυ, κỳ συναγωνίζεσθαι, μὴ ὥσπερ παρ' Εὐριπίδη, ἀλλ' ὥσπερ παρὰ Σοφοκλεῖ· τοῖς δὲ λοιποῖς τὰ ἀδόμενα ẞ μᾶλλον τῦ μύθυ, ἢ ἄλλης Τραγῳδίας ἐςί· δι' ὃ ἐμϐόλιμα ᾄδυσι, πρώτυ ἄρξαντος Ἀγάθωνος τῦ τοιύτυ· καί τοι τί διαφέρει, ἢ ἐμϐόλιμα ᾄδειν, ἢ ῥῆσιν ἐξ ἄλλυ εἰς ἄλλο ἁρμότ]ειν, ἢ ἐπεισόδιον ὅλον.

qu'il arrive des choses qui ne sont point vraisemblables.

6. Il faut encore que le Chœur soit employé pour un acteur, & qu'il soit partie du tout, non comme chez Euripide, mais comme chez Sophocle. Dans les autres poëtes, les chœurs n'appartiennent pas plus à l'action qu'à toute autre tragédie : ce sont des morceaux étrangers à la piece. C'est Agathon qui a donné ce mauvais exemple. Car quelle différence y a-t-il de chanter des paroles étrangeres à une piece, ou d'insérer dans cette piece des morceaux, ou même des actes entiers d'une autre piece ?

ΚΕΦΑΛΑΙΟΝ ιή.

Περὶ διανοίας καὶ μερῶν αὐτῆς.

1. ΠΕΡΙ᾽ μὲν ἂν τῶν ἄλλων ἤδη εἴρηται. λοιπὸν δὲ περὶ λέξεως, ἢ διανοίας εἰπεῖν. τὰ μὲν ἂν περὶ τὴν διάνοιαν τοῖς περὶ Ῥητορικῆς κείσθω. τᾶτο γὰρ ἴδιον μᾶλλον ἐκείνης τῆς μεθόδε.

2. Ἔςι δὲ τὰ κỳ τὴν διάνοιαν ταῦτα, ὅσα ὑπὸ τε λόγε δεῖ παρασκευασθῆναι. μέρη δὲ τέτων, τό τε ἀποδεικνύναι, καὶ τὸ λύειν, καὶ τὸ πάθη παρασκευάζειν· οἷον ἔλεον, ἢ φόβον, ἢ ὀργὴν, καὶ ὅσα τοιαῦτα, κỳ ἔτι μέγεθος, κỳ σμικρότητα. Δῆλον δὲ, ὅτι κỳ ἐν τοῖς πράγμασινὰ ἀπὸ τῶν αὐτῶν εἰδῶν δεῖ χρῆσθαι, ὅταν ἢ ἐλεηνὰ, ἢ δηνὰ, ἢ μεγάλα, ἢ εἰκότα δέῃ παρασευάζην.

3. Πλὴν τοσᾶτον διαφέρει, ὅτι τὰ μὲν δεῖ φαίνεσθαι ἄνευ διδασκαλίας, τὰ

CHAPITRE XVIII.

Des Pensées & des Expressions.

1. Jusqu'ici il a été question des parties constitutives de la Tragédie[1]. Il ne reste plus qu'à traiter de l'Elocution & des Pensées.

On trouve ce qui regarde les Pensées dans nos livres sur la Rhétorique, à qui cette matiere appartient.

2. La Pensée comprend tout ce qui s'exprime dans le discours, où il s'agit de prouver, de réfuter, d'émouvoir les passions, la pitié, la colere, la crainte, d'amplifier, de diminuer. Or il est evident que dans les drames, on use des mêmes formes, lorsqu'il s'agit de rendre le terrible, le pitoyable, le grand, le vraisemblable.

3. Il y a seulement cette différence, que, dans l'Oraison, l'art ne se montre point, &

[1] Voyez le Chap. VI. n°. 6.

δὲ, ἐν τῷ λόγῳ, ὑπὸ τῦ λέγοντος παρασκευάζεσθαι, & παρὰ τ̃ λόγον γίγνεθαι. τί γδ ἂν εἴη τῦ λέγοντος ἔργον, εἰ φανοῖτο ἡδέα, κỳ μὴ διὰ τ̃ λόγον.

4. Τῶν δὲ περὶ τὴν λέξιν ἓν μέν ἐστιν εἶδος θεωρίας, τὰ χήματα τ̃ λέξεως· ἅ ἐστιν εἰδέναι τῆς ὑποκριτικῆς[2], καὶ τῦ τὴν τοιαύτην ἔχοντος ἀρχιτεκτονικήν· οἷον τί ἐντολὴ, καὶ τί εὐχὴ, καὶ διήγησις, καὶ ἀπειλὴ, κỳ ἐρώτησις, κỳ ἀπόκρισις, κỳ εἴ τι ἄλλο τοιῦτον. Παρὰ γδ τὴν τύτων γνῶσιν, ἢ ἄγνοιαν, ὐδὲν εἰς τὴν ποιητικὴν ἐπιτίμημα φέρεται, ὅ,τι καὶ ἄξιον σπυδῆς. τί γδ ἄν τις ὑπολάβοι ἡμαρτῆσθαι ἃ Πρωταγόρας ἐπιτιμᾷ; ὅτι εὔχεσθαι οἰόμνος, ἐπιτάτ]ὶ εἰπών·

Μῆνιν ἄειδε θεά.

Τὸ γδ κελεῦσαι (φησὶ) ποιεῖν τι, ἢ μὴ, ἐπίταξίς ἐστι. διὸ παρείσθω, ὡς ἄλλης κỳ ὐ τ̃ ποιητικῆς ὂν θεώρημα.

[2] Voyez Quint. I. 11.

que, sur le théatre, celui qui parle, doit parler avec tous les apprêts de l'art, pour rendre son élocution extraordinaire. Car quel seroit le mérite de l'élocution dramatique, si le plaisir qu'elle cause, venoit des pensées & non de l'élocution même?

4. Il y a encore, par rapport à l'expression, une autre partie à considérer, c'est celle des gestes, qui accompagnent le discours ; mais elle regarde principalement les maîtres de la déclamation. Car c'est à eux de savoir avec quel ton & quel geste on ordonne, on prie, on raconte, on menace, on interroge, on répond, &c. Qu'un poëte sache ou ignore cette partie, on ne peut pas lui en faire un crime. Qui peut reprocher à Homere, comme l'a fait Protagore, d'avoir commandé, au lieu de prier, lorsqu'il a dit : *Muse, chante la colere du fils de Pélée?* Car, dit-il, commander, c'est ordonner de faire quelque chose, ou le défendre. Nous ne répondrons point à cette critique, qui ne regarde point la Poësie.

ΚΕΦΑΛΑΙΟΝ ιθ'.

Περὶ λέξεως καὶ τῶν αὐτῆς μερῶν.

1. ΤΗΣ δὲ λέξεως ἁπάσης τάδ' ἐςὶ τὰ μέρη· ςοιχεῖον, συλλαβὴ, σύνδεσμος, ὄνομα, ῥῆμα, ἄρθρον, πτῶσις, λόγος.

2. Στοιχεῖον μὲν ὖν ἐςι φωνὴ ἀδιαίρετος, ὖ πᾶσα δὲ, ἀλλ' ἐξ ἧς πέφυκε συνετὴ γίνεσθαι φωνή. καὶ γὰρ τῶν θηρίων εἰσὶν ἀδιαίρετοι φωναὶ, ὧν ὀδεμίαν λέγω στοιχεῖον.

Ταύτης δὲ μέρη, τό τε φωνῆεν, καὶ τὸ ἡμίφωνον, κὶ ἄφωνον [1]. ἔςι δὲ φωνῆεν μὲν, ἄνευ προσβολῆς ἔχον φωνὴν ἀκυςὴν, οἷον, τὸ α κὶ τὸ ω. ἡμίφωνον δὲ, τὸ μετὰ προσβολῆς ἔχον φωνὴν ἀκυςὴν, οἷον, τὸ σ, κὶ τὸ ρ. ἄφωνον δὲ, τὸ μ⃫ προσβολῆς καθ' αὑτὸ μὲν ὀδεμίαν ἔχον φωνὴν, μ⃫

---

[1] C'est-à-dire voyelles, demi-voyelles & muettes. Cette division est philosophique & com-

CHAPITRE XIX.

Des mots, de leurs parties composantes, & de leurs especes.

1. Dans ce qui concerne les mots, on distingue l'Elément, la Syllabe, la Conjonction, l'Article, le Nom, le Verbe, le Cas, enfin l'Oraison.

2. L'Elément est un son indivisible, qui peut entrer dans la composition d'un mot. Car tout son indivisible n'est pas un elément : les cris des animaux sont des sons indivisibles, & ne sont point des elémens.

Les elémens sont de trois especes : sonores, demi-sonores, non-sonores. Les sonores ont par eux-mêmes le son, sans avoir besoin d'articulation, comme *â, ô*. Les demi-sons ont le son joint à l'articulation, comme *s, r*. Les non-sonores ont par eux-mêmes l'articulation sans le son, & n'ont

plette. Voyez la Mec. des Langues de M. le Presid. de Brosses, Tome I. Ch. III.

δὲ τῶν ἐχόντων τινὰ φωνὴν γινόμδμον ἀκυστὸν, οἷον, τὸ γ, καὶ τὸ δ [2]. Ταῦτα δὲ διαφέρι χήμασί τε τῦ στόματος, κỳ τύποις, καὶ δασύτηϊι, καὶ ψιλότηϊι, καὶ μήκει, κỳ βραχύτηϊι, ἔτι δὲ ⓒ ὀξύτηϊι, κỳ βαρύτηϊι, κỳ τῷ μέσῳ· ϖρὶ ὧν καθ' ἕκαστον ἐν τοῖς μετρικοῖς προσήκᾳ θεωρεῖν.

3. Συλλαβὴ δέ ἐστι φωνὴ ἄσημος, συνθε7ὴ ἐξ ἀφώνυ καὶ φωνὴν ἔχοντος. κỳ γὰρ τὸ γρ, ἄνευ τῦ α, συλλαβὴ ὐκ ἔςι, ἀλλὰ μετὰ τῦ α, οἷον τὸ γρα [3]. ἀλλὰ ⓒ τύτων θεωρῆσαι τὰς διαφορὰς τῆς μετρικῆς ἐστι.

4. Σύνδεσμος δέ ἐστι φωνὴ ἄσημος, ἢ ὔτε κωλύει, ὔτε ποιεῖ φωνὴν μίαν σημαντικὴν, ἐκ πλειόνων φωνῶν πεφυκυῖαν συντίθεσθαι, κỳ ἐϖὶ τῶν ἄκρων, κỳ ἐϖὶ τῦ μέσυ, ἢν μὴ ἁρμόττη ἐν ἀρχῇ λόγυ,

[2]. J'entends par *articulation* la modification donnée aux sons par l'impression de la langue, du palais, des dents, des levres, en un mot, des

le son que par un des elémens sonores, comme *g*, *d*. Les différences de ces elémens, dans leurs especes, viennent des configurations de la bouche; des endroits où ils se forment; de la douceur ou de la force de l'aspiration; de la longueur ou de la brieveté de leur prononciation; de l'accent grave, ou aigu, ou moyen, comme on peut le voir dans les Arts métriques.

3. La Syllabe est un son non significatif, composé d'une voyelle & d'une muette; *gr* sans *a*, n'est point une syllabe, avec *a* c'en est une, *gra*. Les détails sur cette partie sont encore de l'Art métrique.

4. La Conjonction est un mot non significatif, qui ne donne ni n'ôte à un mot la signification qu'il a, & qui peut être composé de plusieurs sons. Elle se place ou au milieu ou aux extrémités; à moins que par elle-même elle ne soit faite pour être au commencement, commi *si*, *mais*. Ou, si

organes de la parole, qui pressent le son, ou l'arrêtent en son passage.

[3] Il définit la syllabe par opposition aux élémens.

τιθέναι καθ' αὑτὸ, οἷον, μὲν, ἤτοι, δὴ. ἢ, φωνὴ ἄσημος, ἐκ πλειόνων μὲν φωνῶν μιᾶς, σημαντικῶν δὲ, ποιεῖν πεφυκυῖα μίαν φωνήν 4.

5. Ἄρθρον δέ ἐςι φωνὴ ἄσημος, ἣ λόγυ ἀρχὴν, ἢ τέλος, ἢ διορισμὸν δηλοῖ· οἷον, τὸ φημὶ, καὶ τὸ περὶ, κ) τὰ ἄλλα. ἢ, φωνὴ ἄσημος, ἢ ὔτε κωλύει, ὔτε ποιεῖ φωνὴν μίαν σημαντικὴν, ἐκ πλειόνων φωνῶν πεφυκυῖαν συντίθεσθαι, καὶ ἐπὶ τῶν ἄκρων, κ) ἐπὶ τῦ μέσυ 5.

6. Ὄνομα δέ ἐςι φωνὴ συνθετὴ, σημαντικὴ ἄνευ χρόνυ, ἧς μέρος ὐδέν ἐςι καθ' αὑτὸ σημαντικόν. ἐν γὰρ τοῖς διπλοῖς, ὐ χρώμεθα ὡς κ) αὐτὸ καθ' αὑτὸ σημαίνει· οἷον, ἐν τῷ Θεοδώρῳ, τὸ δῶρον ὐ σημαίνει.

7. Ῥῆμα δὲ φωνὴ συνθετὴ 6, σημαν-

4 Aristote confond la conjonction avec la préposition, qui effectivement ne different l'une de l'autre, qu'en ce que la préposition a un regime, & que la conjonction n'en a point. Il dit

l'on veut, c'est un mot non significatif, qui de plusieurs mots significatifs ne fait qu'un sens.

5. L'Article est un mot non significatif, qui marque le commencement, ou la fin, ou la distinction, dans le discours, comme *le* dire, *les* environs, &c. Ou encore, un mot non significatif, qui peut être composé de plusieurs sons, qui n'ôte ni ne change rien à la signification des mots significatifs, & qui se place tantôt aux extrémités, tantôt au milieu.

6. Le Nom est un mot significatif, qui ne marque point les temps, & dont les parties séparées ne signifient rien ; car dans les noms doubles, on ne prend point les syllabes dans leur sens particulier : dans *Théodore*, *Dore* ne signifie rien.

7. Le Verbe est un mot significatif, qui

que la conjonction n'est point significative, parce qu'elle ne signifie que les rapports des idées, & non les idées mêmes.

[5] Aristote entend l'article conjonctif & l'article relatif.
[6] Dans le Grec, il y a *Voix composée*.

τικὴ μεΊὰ χρόνε, ἧς ἐδὲν μέρΘ- σημαίνει καθ' αὐτὸ, ὥσπερ καὶ ἐπὶ τῶν ὀνομάτων. τὸ μὲν γὰρ ἄνθρωπος, ἢ λευκὸν, ἐ σημαίνει τὸ πότε. τὸ δὲ βαδίζει, ἢ βεβάδικε, προσσημαίνει· τὸ μὲν τὸν παρόντα χρόνον, τὸ δὲ τὸν παρεληλυθότα.

8. Πτῶσις δέ ἐςιν ὀνόμαΊΘ- ἢ ῥήμαΤΘ-· ἢ μὲν τὸ κατὰ τέτε, ἢ τέτῳ, σημαίνεσα, καὶ ὅσα τοιαῦτα· ἢ δὲ τὸ κατὰ τὸ, ἑνὶ, ἢ πολλοῖς· οἷον ἄνθρωποι, ἢ ἄνθρωπΘ-. ἢ δὲ κατὰ τὰ ὑποκριτὰ, οἷον κατ' ἐρώτησιν, ἢ ἐπίταξιν [7]. τὸ γὰρ ἐβάδισεν, ἢ βάδιζε, πΊῶσις ῥήμαΤΘ-, κατὰ ταῦτα τὰ εἴδη ἐςί.

. ΛόγΘ- δὲ φωνὴ [8] συνθετὴ σημαντικὴ, ἧς ἔνια μέρη καθ' αὐτὰ σημαίνει τι· ἐ γὰρ ἅπας λόγΘ- ἐκ ῥημάτων καὶ ὀνομάτων σύγκειται· οἷον, ὁ τὲ ἀνθρώπε ὁρισμός· ἀλλ' ἐνδέχεται ἄνευ ῥημάτων

---

[7] Heinsius supprime une ligne entiere, depuis ἡ δὲ κατὰ jusqu'à ἐπίταξιν. Le Ms. 2117 la conserve.

[8] Dans toutes ces définitions, Aristote a tou-

marque les temps, & dont les parties séparées ne signifient pas plus que celles du nom : *Homme, Blanc,* ne marquent point le temps : *Il marche, Il a marché,* signifient, l'un le présent, l'autre le passé.

8. Le Cas appartient au Nom & au Verbe : il marque les rapports, *de, à,* &c. les nombres, *un* ou *plusieurs, l'homme* ou *les hommes*; ou les manieres de dire, l'interrogation, le commandement, *Il est parti, Partez.* Ceux-ci sont les cas du Verbe.

9. Le Discours est une suite de sons significatifs, dont quelques parties signifient par elles-mêmes quelque chose. Car tout discours n'est pas composé de noms & de verbes, comme la définition de l'homme. Le discours peut être sans verbes; mais chacune de ses parties a toujours sa significa-

jours conservé le même genre, φωνὴ, *voix, son,* auquel il a ajouté par degré, les différences propres de chaque espece. Je n'ai pu conserver cette précision logique dans la traduction.

εἶναι λόγον. μέρος μέν τοι ἀεί τι σημαῖνον ἕξει· οἷον ἐν τῷ βαδίζει Κλέων, ὁ Κλέων.

10. Εἷς δέ ἐςι λόγος διχῶς· ἢ γὰ ὁ ἓν σημαίνων, ἢ ὁ ἐκ πλειόνων συνδέσμων· οἷον, ἡ Ἰλιὰς μὲν, συνδέσμῳ εἷς· ὁ δὲ τοῦ ἀνθρώπου, τῷ ἓν σημαίνειν.

ΚΕΦΑΛΑΙΟΝ κ΄.

Περὶ ὀνόματος.

1. ΟΝΟΜΑΤΟΣ δὲ εἴδη, τὸ μὲν ἁπλοῦν· ἁπλοῦν δὲ λέγω, ὃ μὴ ἐκ σημαινόντων σύγκειται, οἷον γῆ· τὸ δὲ, διπλοῦν· τύτυ δὲ, τὸ μὲν ἐκ σημαίνοντος καὶ ἀσήμου· τὸ δὲ, ἐκ σημαινόντων σύγκειται. εἴη δ᾽ ἂν καὶ τριπλοῦν, καὶ τετραπλοῦν ὄνομα, οἷον τὰ πολλὰ τῶν Μεγαλιωτῶν Ἑρμοκαϊκόξανθος.

2. Ἅπαν δὲ ὄνομά ἐςιν, ἢ κύριον, ἢ γλῶτ]α, ἢ μεταφορὰ, ἢ κόσμος, ἢ

tion particuliere : dans *Cléon marche*, *Cléon* signifie.

10. Le Discours est un de deux manieres : lorsqu'il ne signifie qu'une seule chose, comme la définition de l'homme, ou qu'il lie entre eux une suite de mots, comme l'Iliade.

CHAPITRE XX.

Des différentes especes de Noms, & de leur emploi.

1. Il y a des Noms simples, nommés ainsi, parce qu'ils ne sont pas composés d'autres noms signicatifs, comme γῆ, *terre* ; & des noms doubles, qui sont composés d'un mot significatif & d'un autre mot qui ne l'est point, ou de deux mots tous deux significatifs. Il peut y en avoir de triples, de quadruples, &c. comme l'Hermocaïcoxanthus des Megaliotes & beaucoup d'autres.

2. Tout nom est ou propre, ou étranger, ou metaphorique, ou d'ornement, ou

πεποιημένον, ἢ ἐπεκτεταμένον, ἢ ὑφῃρημένον, ἢ ἐξηλλαγμένον.

3. Λέγω δὲ Κύριον μὲν, ᾧ χρῶνται ἕκαστοι· Γλῶτ]αν δὲ, ᾧ ἕτεροι· ὥστε φανερὸν, ὅτι κỳ γλῶτ]αν κỳ κύριον εἶναι δυνατὸν τὸ αὐτὸ, μὴ τοῖς αὐτοῖς δέ. τὸ γὰρ Σίγυνον Κυπρίοις μὲν κύριον, ἡμῖν δὲ γλῶτ]α.

4. Μεταφορὰ δέ ἐστιν, ὀνόμα]ος ἀλλοτρία ἐπιφορὰ, ἢ ἀπὸ γένους ἐπὶ εἶδος, ἢ ἀπὸ εἴδους ἐπὶ γένος, ἢ ἀπὸ εἴδους ἐπὶ εἶδος, ἢ κατὰ τὸ ἀνάλογον.

Λέγω δὲ, ἀπὸ γένους μὲν ἐπὶ εἶδος, οἷον,

Νηῦς δέ μοι ἥδ᾽ ἕστηκε.

τὸ γὰρ ὁρμεῖν ἐστιν ἑστάναί τι.

Ἀπὸ εἴδους δὲ ἐπὶ γένος·

Ἦ δὴ μύρι᾽ Ὀδυσσεὺς ἐσθλὰ ἔοργε.

τὸ γὰρ μύριον πολύ ἐστιν, ᾧ νῦν ἀντὶ τοῦ πολλοῦ κέχρηται.

Ἀπ᾽ εἴδους δὲ ἐπὶ εἶδος· οἷον,

Χαλκῷ ἀπὸ ψυχὴν ἐρύσας·
Τάμνεν ἀτηρέϊ χαλκῷ.

forgé

forgé exprès, ou alongé, ou racourci, ou enfin changé de quelque maniere.

3. J'appelle propre, le mot dont tout le monde se sert dans un pays ; & étranger, celui qui appartient à la langue d'un autre pays. Ainsi le même mot peut être propre & étranger, selon les pays, *Sigynon* est propre chez les Cypriens, étranger chez nous.

4. La Metaphore est un mot transporté de sa signification propre, à une autre signification : ce qui se fait en passant du genre à l'espece, ou de l'espece au genre, ou de l'espece à l'espece, ou par analogie.

Du genre à l'espece, comme dans Homere, *mon vaisseau s'est arrêté ici* : car *être dans le port* est une des manieres *d'être arrêté*.

De l'espece au genre : *Ulysse a fait* mille *belles actions* : *mille* pour *beaucoup*.

De l'espece à l'espece : *il lui* arracha *la vie*, *il lui* trancha *la vie* : *trancher* & *arra-*

ἐνταῦθα γὰρ τὸ μὲν ἐρύσαι, ταμεῖν· τὸ δὲ ταμεῖν, ἐρύσαι εἴρηκεν· ἄμφω γὰρ ἀφελεῖν τί ἐςι.

Τὸ δὲ ἀνάλογον λέγω, ὅταν ὁμοίως ἔχῃ τὸ δεύτερον πρὸς τὸ πρῶτον, καὶ τὸ τέταρτον πρὸς τὸ τρίτον· ἐρεῖ γὰρ ἀντὶ τῦ δευτέρυ τὸ τέταρτον, ἢ ἀντὶ ῦ τετάρτυ τὸ δεύτερον¹. Καὶ ἐνίοτε προςιθέασιν ἀνθ᾽ ᾦ λέγει πρὸς ὅ ἐςι· λέγω δὲ, οἷον, ὁμοίως ἔχει φιάλη πρὸς Διόνυσον, καὶ ἀσπὶς πρὸς Ἄρην· ἐρεῖ τοίνυν καὶ τὴν ἀσπίδα, φιάλην Ἄρεως, καὶ τὴν φιάλην, ἀσπίδα Διονύσυ. ἔτι ὁμοίως ἔχει ἑσπέρα πρὸς ἡμέραν, καὶ γῆρας πρὸς βίον. ἐρεῖ τοίνυν τὴν ἑσπέραν, γῆρας ἡμέρας· καὶ τὸ γῆρας, ἑσπέραν βίυ· ἢ, ὥσπερ Ἐμπεδοκλῆς, δυσμὰς βίυ. Ἐνίοις δ᾽ ὐκ ἔςιν ὄνομα κείμενον τὸ ἀνάλογον, ἀλλ᾽ ὐδὲν ἧτ]ον ὁμοίως λεχθήσεται, οἷον, τὸ τὸν καρπὸν μὲν ἀφιέναι, σπείρειν· τὸ δὲ τὴν φλόγα ἀπὸ τῦ ἡλίυ, ἀνώνυμον· ἀλλ᾽ ὁμοίως ἔχει τῦτο πρὸς ῦ ἥλιον, καὶ τὸ

cher sont l'un pour l'autre, & signifient également *ôter*.

Par analogie, quand de quatre termes le second est au premier ce que le quatrieme est au troisieme ; & qu'au lieu du second on dit le quatrieme, & au lieu du quatrieme le second. Quelquefois on met simplement le mot analogue au lieu du mot propre. Ainsi, la coupe étant à Bacchus comme le bouclier est à Mars, on dira que *le bouclier est la coupe de Mars, & la coupe, le bouclier de Bacchus*. De même, le soir étant au jour, ce que la vieillesse est à la vie, on dira que *le soir est la vieillesse du jour ; & la vieillesse, le soir de la vie*, ou, comme l'a dit Empedocle, le *coucher* de la vie. Il y a des cas où il n'y a point de mot analogue, & toutefois celui qu'on emploie n'est pas moins employé par analogie : par exemple, *répandre du grain sur la terre*, c'est *semer*: quoiqu'il n'y ait point de verbe pour exprimer l'action du soleil répandant sa lumiere, on a dit le soleil *semant* sa divine lumiere ;

---

[1] Bacchus est à sa coupe, comme Mars à son bouclier, & réciproquement.

σπείρειν πρὸς τ̑ καρπόν. διὸ εἴρηται

Σπείρων θεοκτίσαν φλόγα.

Ἔστι δὲ τῷ τρόπῳ τύτῳ τῆς μεταφορᾶς χρῆσθαι καὶ ἄλλως, προσαγορεύσαντα τὸ ἀλλότριον, ἀποφῆσαι τῶν οἰκείων τι· οἷον, εἰ τὴν ἀσπίδα εἴποι φιάλην, μὴ Ἄρεως, ἀλλ' ἄοινον ².

5. Πεποιημένον δέ ἐστιν, ὃ ὅλως μὴ καλύμενον ὑπό τινων, αὐτὸς τίθεται ὁ ποιητής. δοκεῖ γὰρ ἔνια ἐ̑ τοιαῦτα· οἷον, τὰ κέρατα, Ἐρνύτας, καὶ τὸν ἱερέα, Ἀρητῆρα.

6. Ἐπεκτεταμένον δέ ἐστιν, ἢ ἀφηρημένον· τὸ, μὲν, ἐὰν φωνήεντι μακροτέρῳ κεχρημένον ἢ τῷ οἰκείῳ, ἢ συλλαβῇ ἐμβεβλημένη· τὸ δὲ, ἂν ἀφηρημένον ἦ τι, αὐτῦ, ἐπεκτεταμένον μέν· οἷον τὸ πόλεως, πόληος· καὶ τὸ Πηλείδε, Πηληϊάδεω· ἀφη-

---

² Ce seroit ici le lieu de placer les mots d'Ornement, Κόσμος. Le Ms. 2040. marque la lacune, *Textus* 113 *deficit*. Victorius prétend que le mot

parce que l'action du soleil repond à l'action de *semer du grain*. On peut encore user autrement de cette sorte de metaphore, en joignant au mot figuré une épithete qui lui ôte une partie de ce qu'il a au propre : comme si l'on disoit que le bouclier est, non *la coupe de Mars*, mais *la coupe sans vin*.

5. Le mot forgé est celui que le poëte fabrique de sa propre autorité, & dont avant lui, personne n'avoit usé. Nous en avons plusieurs qui semblent de cette espece, comme *Hernutas* pour *kerata*, *Arêter* pour *ïereus*.

6. Le mot alongé est celui où l'on met une voyelle longue à la place d'une brève, ou auquel on ajoute une syllabe, comme *poleôs* pour *poleos*, *peleïadeô* pour *peleïdou*. Le mot racourci est celui auquel on ôte quelque chose, comme *cri* pour *crithé*, *dô*

κόσμος signifie ici les épithetes, *ornat epitheton*, dit Quintilien. Elles ornent sur-tout en Poësie, où quelquefois elles n'ont d'autre fonction que celle d'orner, *candida nix, fervidus ignis, humidum mare*.

ρήμενον δέ, οἷον, τὸ κρῖ, κỳ τὸ δῶ· καί ;

Μία γίνεται ἀμφοτέρων ὄψ.

7. Ἐξηλλαγμένον δέ ἐστιν, ὅταν τῷ ὀνομαζομένῳ, τὸ μὲν καταλείπῃ, τὸ δὲ ποιῇ· οἷον τὸ,

Δεξιτερὸν κατὰ μαζόν·

ἀντὶ τῦ δεξιόν.

8. Ἔτι τῶν ὀνομάτων τὰ μὲν ἄρρενα, τὰ δὲ θήλεα, τὰ δὲ μεταξύ. Ἄρρενα μέν, ὅσα τελευτᾷ εἰς τὸ ν, ⅋ ρ, καὶ ὅσα ἐκ τύτων ἀφώνων σύγκειται· ταῦτα δὲ ἐστι δύο, τὸ ψ κỳ ξ. Θήλεα δέ, ὅσα ἐκ τῶν φωνηέντων, εἴς τε τὰ ἀεὶ μακρά· οἷον εἰς η, καὶ ω, καὶ τῶν ἐπεκτεινομένων εἰς α· ὥστε ἴσα συμβαίνει πλήθει, εἰς ὅσα τὰ ἄρρενα, κỳ τὰ θήλεα· τὸ γὰρ ψ, κỳ τὸ ξ, ταῦτά ἐστιν· εἰς δὲ ἄφωνον ἐδὲν ὄνομα τελευτᾷ, ἐδὲ εἰς φωνῆεν βραχύ. εἰς δὲ τὸ ι τρία μόνον, μέλι, κόμμι, πέπερι. εἰς δὲ τὸ υ, πέντε· τὸ πῶϋ, τὸ νάπυ, τὸ γόνυ, τὸ δόρυ, τὸ ἄστυ. τὰ δὲ Μεταξὺ εἰς ταῦτα, κỳ ν κỳ σ.

pour *dôma*, *ops* pour *opsis*, comme dans l'exemple grec.

7. Le mot est changé quand on en conserve une partie, & qu'on y en ajoute une autre, comme *dexiteron* pour *dexion*.

8. Il y a aussi des noms masculins, des feminins & des neutres. Les Masculins ont trois terminaisons, par *n*, par *r*, par *s*, ou par une des lettres doubles qui renferment une muette, *ps*, *ks*. Les Feminins en ont trois aussi, par les voyelles toujours longue *ê*, *ô*, ou qui peuvent s'allonger, comme *a*; de maniere qu'il y a autant de terminaisons pour les masculins que pour les feminins; car *ps* & *ks* se terminent par *s*. Il n'y a point de nom qui se termine par une consonne absolument muette, ni par une voyelle brève. Il n'y en a que trois en *i*, *meli*, *commi*, *piperi*, cinq en *u*, *poü*, *napu*, *gonu*, *doru*, *astu*. Les neutres ont pour terminaisons propres ces deux dernieres voyelles, & l'*n* & l'*s* [3].

[3] Voyez la Remarque.

ΚΕΦΑΛΑΙΟΝ κά.

Λέξεως ἀρετή.

1. ΛΕ´ΞΕΩΣ δὲ ἀρετὴ, σαφῆ, καὶ μὴ ταπεινὴν εἶναι. σαφεςάτη μὲν ἂν ἐςιν ἡ ἐκ τῶν κυρίων ὀνομάτων, ἀλλὰ ταπεινή· παράδειγμα δὲ ἡ Κλεοφῶντος ποίησις, καὶ ἡ Σθενέλυ. σεμνὴ δὲ, καὶ ἐξαλλάτ]υσα τὸ ἰδιωτικὸν, ἡ τοῖς ξενικοῖς κεχρημένη· ξενικὸν δὲ λέγω, γλῶτ]αν, καὶ μεταφορὰν, καὶ ἐπέκτασιν, καὶ πᾶν τὸ παρὰ τὸ κύριον.

2. Ἀλλ᾽ ἄν τις ἅμα ἅπαντα τὰ τοιαῦτα ποιήσῃ, ἢ αἴνιγμα ἔςαι, ἢ βαρβαρισμός· ἂν μὲν ἂν ἐκ μεταφορῶν, αἴνιγμα· ἐὰν δὲ ἐκ γλωτ]ῶν, βαρβαρισμός· αἰνίγματος γὰρ ἰδέα αὕτη ἐςὶ, τὸ, λέγοντα τὰ ὑπάρχοντα, ἀδύνατα συνάψαι. κατὰ μὲν ἂν τὴν τῶν ὀνομάτων σύνθεσιν ἐχ οἷόν τε τῦτο

CHAPITRE XXI.

Qualités de l'Elocution poëtique.

1. L'ELOCUTION poëtique doit avoir deux qualités, être claire, & être au-dessus du langage vulgaire. Elle sera claire, si les mots sont pris dans leur sens propre; mais alors elle n'aura rien qui la releve : tel est le style de Cléophon & de Sthénélus. Elle sera relevée, & au-dessus du langage vulgaire, si l'on y emploie des mots extraordinaires, je veux dire des mots étrangers, des métaphores, des mots allongés, en un mot, tout ce qui n'est point du langage ordinaire.

2. Mais, si le discours n'est composé que de ces mots, ce sera une énigme, ou un barbarisme continu. Ce sera une énigme, si tout est metaphore : un barbarisme, si tout est étranger. Car on définit l'enigme, le vrai sous l'enveloppe de l'impossible : ce qui ne peut se faire par l'arrangement des

ποιῆσαι· κατὰ δὲ τὴν μεταφορὰν, ἐνδέχεται· οἷον,

Ἀνδρ' εἶδον πυρὶ χαλκὸν ἐπ' ἀνέρι κολλήσαντα....

καὶ τὰ τοιαῦτα. ἐκ δὲ τῶν γλωττῶν ὁ βαρβαρισμός. δι' ὃ ἀνακέκραται πως τούτοις. Τὸ μὲν οὖν μὴ ἰδιωτικὸν ποιήσει, μηδὲ ταπεινὸν, ἡ γλῶττα, καὶ ἡ μεταφορὰ, καὶ ὁ κόσμος, καὶ τἆλλα τὰ εἰρημένα εἴδη· τὸ δὲ κύριον, τὴν σαφήνειαν.

3. Οὐκ ἐλάχιστον δὲ μέρος συμβάλλονται εἰς τὸ σαφὲς τῆς λέξεως, καὶ μὴ ἰδιωτικὸν, αἱ ἐπεκτάσεις, καὶ ἀποκοπαὶ, καὶ ἐξαλλαγαὶ τῶν ὀνομάτων· διὰ μὲν γὰρ τὸ ἄλλως ἔχειν, ἢ ὡς τὸ κύριον παρὰ τὸ εἰωθὸς λεγόμενον, τὸ μὴ ἰδιωτικὸν ποιήσει· διὰ δὲ τὸ κοινωνεῖν τοῦ εἰωθότος, τὸ σαφὲς ἔσται. Ὥστε οὐκ ὀρθῶς ψέγουσιν οἱ ἐπιτιμῶντες τῷ τοιούτῳ τρόπῳ τῆς διαλέκτου, καὶ διακωμῳδοῦντες τὸν ποιητήν· οἷον, Εὐκλείδης ὁ ἀρχαῖος, ὡς ῥᾴδιον ποιεῖν, εἴ τις δώσει ἐκτείνειν, ἢ ἐξαλλάττειν ἐφ'

mots, & qui se fait par la métaphore, comme : *J'ai vu un homme qui avec du feu colloit de l'airain sur un autre homme....* & autres semblables. Le barbarisme est l'emploi d'un mot etranger. C'est pour quoi l'on en use sobrement. L'Elocution poëtique sera donc au-dessus du langage ordinaire par les métaphores, les mots étrangers, les epithetes d'ornement, & par les autres especes que nous avons indiquées ; & elle sera claire par les mots propres.

Un moyen qui ne contribue pas peu à relever l'elocution, sans la rendre moins claire, c'est d'allonger les mots, de les racourcir, d'y changer des lettres, des syllabes. Comme alors les mots n'ont plus leur forme usitée, ils paroissent extraordinaires ; & cependant, comme ce sont toujours les mêmes mots, ils conservent leur clarté. On a donc tort de faire aux poëtes un crime de ces licences, & de les tourner en ridicule sur cet objet. Il est bien aisé, disoit Euclide l'ancien, de faire des vers, lorsqu'on se permet d'etendre & de chan-

ὁπόσον βύλεται, ἄμφω ποιήσας ¹ἐν αὐτῇ
τῇ λέξει· οἷον

Ἤ τί τοι Χάρην εἶδον Μαραθῶναδε βαδίζοντα.

καὶ,

Οὐκ ἄν γ' ἐράμενος τὸν ἐκείνου νοῦν ἐξελλεβόριζες;

Τὸ μὲν ἓν φαίνεσθαί πως χρώμενον τύτῳ
τῷ τρόπῳ, γελοῖον. τὸ δὲ μέτρον, κοινὸν
ἁπάντων ἐςὶ τῶν μερῶν. κὴ γὰρ μεταφοραῖς
κὴ γλώτταις, κὴ τοῖς ἄλλοις εἴδεσι χρώμε-
νος ἀπρεπῶς, κὴ ἐπίτηδες ἐπὶ τὰ γελοῖα,
τὸ αὐτὸ ἂν ἀπεργάσαιτο. Τὸ δὲ ἁρμόττον
ὅσον διαφέρει ἐπὶ τῶν ἐπῶν ² θεωρείσθω,
ἀντιτιθεμένων τῶν ὀνομάτων εἰς τὸ μέτρον·
καὶ ἐπὶ τῆς γλώττης, κὴ ἐπὶ τῶν μεταφορῶν, κὴ ἐπὶ τῶν ἄλλων εἰδῶν μετατι-
θεὶς ἄν τις τὰ κύρια ὀνόματα, κατίδοι ὅτι
ἀληθῆ λέγομεν. οἷον, τὸ αὐτὸ ποιήσαντος
ἰαμβεῖον Αἰσχύλυ καὶ Εὐριπίδυ, ἓν δὲ
μόνον ὄνομα μεταθέντος, ἀντὶ κυρίυ εἰωθότος, γλῶτταν· τὸ μ̄ φαίνεται καλὸν, τὸ
δ' εὐτελές. Αἰσχύλος μ̄ γδ ἐν τῷ Φιλοκ-
τήτῃ ἐποίησε,

ger les syllabes. Euclide lui-même a fait l'un & l'autre, même dans la prose. (*Les deux exemples ne peuvent être traduits, parce qu'il s'agit de licences propres à la langue greque.*) La chose seroit ridicule, sans doute, si cela se faisoit comme dans les exemples qu'on propose. Mais il y a des bornes ici comme par tout. Qui hérisseroit un discours, de métaphores, de mots etrangers, sans choix & sans mesure, & pour être ridicule, y réussiroit certainement. Mais, si l'on en use moderément, on verra, surtout dans l'Epopée, combien ces locutions font d'effet. Qu'on mette dans un vers les mots propres, à la place des métaphores, des mots etrangers, & des autres, on sentira combien ce que nous disons est vrai. Eschyle & Euripide ont rendu la même idée dans un vers ïambique : celui-ci n'a

―――――――――

[1] Nous avons suivi la correction d'Heinsius. Voyez la Rem.

[2] Aristote cite d'abord l'Epopée, parce que c'est le genre de poëme où il entre le plus de ces locutions inusitées, comme il le dit ci-après, n°. 6. Il cite ensuite le vers ïambique, qui en use moins (il le dit *ibid.*) & dans lequel cependant ils font le plus grand effet.

Φαγέδαινα, ἥ μευ σάρκας ἐσθίει ποδός.

ὁ δὲ ἀντὶ τῦ ἐσθίει, τὸ θοινᾶται μετέθηκε.
καὶ,

Νῦν δέ μ' ἐὼν ὀλίγος τε κ) ὀυτιδανὸς κ) ἄκικυς,

εἴ τις λέγει τὰ κύρια μεταθείς.

Νῦν δέ μ' ἐὼν μικρός τε κ) ἀσθενικὸς κ) ἀειδής.
καὶ,

Δίφρον ἀεικέλιον καταθεὶς, ὀλίγην τε τράπεζαν·

Δίφρον μοχθηρὸν καταθεὶς, μικράν τε τράπεζαν.
καὶ τὸ,

Ἠϊόνες βοόωσιν·

Ἠϊόνες κράζουσιν.

4. Ἔτι δὲ Ἀρειφράδης τοὺς τραγῳδοὺς ἐκωμῴδει, ὅτι ἃ οὐδεὶς ἂν εἴποι ἐν τῇ διαλέκτῳ, τούτοις χρῶνται, οἷον τὸ, δωμάτων ἄπο, ἀλλὰ μὴ ἀπὸ δωμάτων, καὶ τὸ, σέθεν, καὶ τὸ, ἐγὼ δέ νιν, καὶ τὸ, Ἀχιλλέως πέρι, ἀλλὰ μὴ περὶ Ἀχιλλέως, καὶ ὅσα ἄλλα τοιαῦτα. Διὰ γὰρ τὸ μὴ εἶ) ἐν τοῖς κυρίοις, ποιεῖ τὸ μὴ ἰδιωτικὸν ἐν τῇ λέξει ἅπαντα τὰ τοιαῦτα. ἐκεῖνος δὲ τοῦτο ἠγνόει.

5. Ἔστι δὲ μέγα μὲν τῷ ἑκάστῳ τῶν

changé qu'un seul mot : il a remplacé le mot propre, par un mot etranger : le premier a fait un vers mediocre, *Un ulcere mange mes chairs*, Euripide a fait un beau vers, *Un ulcere cruel se repaît de mes chairs*. Que dans les vers où Homere a mis ὀλίγος, ὀυτιδανὸς, ἄκικυς, on mette μικρὸς, ἀσθενικὸς, ἀειδὴς; ou dans un autre endroit où il y a ἀεικέλιον, & ὀλίγην, qu'on mette μοχθηρὸν & μικρὰν, ce ne sont plus des vers : & ailleurs, qu'on dise, *Les rivages retentissent*, au lieu *Des rivages mugissent*, quelle différence!

4. Il y a encore un certain Ariphradès, qui a voulu railler les Tragiques sur ces locutions dont personne n'use dans le langage commun, lors, par exemple, qu'ils écrivent *domatôn apo*, pour *apo donatôn, sethen, egodenin, Achilleos peri*, & autres phrases semblables. C'est précisément parce que personne n'en use qu'elles relevent l'elocution : & c'est ce que cet Ariphradès ignoroit.

5. C'est un grand talent de savoir mettre en œuvre les locutions dont nous parlons,

εἰρημένων πρεπόντως χρῆσθαι, καὶ διπλοῖς ὀνόμασι, καὶ γλώτταις. Πολὺ δὲ μέγιστον τὸ μεταφορικὸν εἶναι. μόνον γὰρ τοῦτο, οὔτε παρ' ἄλλου ἐστὶ λαβεῖν, εὐφυΐας τε σημεῖόν ἐστι· τὸ γὰρ εὖ μεταφέρειν, τὸ ὅμοιον θεωρεῖν ἐστι.

6. Τῶν δὲ ὀνομάτων, τὰ μὲν διπλᾶ, μάλιστα ἁρμόττει τοῖς διθυράμβοις· αἱ δὲ γλῶτται, τοῖς ἡρωϊκοῖς· αἱ δὲ μεταφοραὶ, τοῖς ἰαμβείοις [3]. Καὶ ἐν μὲν τοῖς ἡρωϊκοῖς ἅπαντα χρήσιμα τὰ εἰρημένα· ἐν δὲ τοῖς ἰαμβείοις, διὰ τὸ ὅτι μάλιστα λέξιν μιμεῖσθαι, ταῦτα ἁρμόττει τῶν ὀνομάτων, ὅσοις καὶ ἐν λόγοις τις χρήσεται· ἔστι δὲ τὰ τοιαῦτα τὸ κύριον, καὶ μεταφορὰ, καὶ κόσμος.

Περὶ μὲν οὖν Τραγῳδίας καὶ τῆς ἐν τῷ πράττειν μιμήσεως, ἔστω ἡμῖν ἱκανὰ τὰ εἰρημένα.

les mots doubles, les mots etrangers, &c; mais c'en est un plus grand encore de savoir employer la metaphore. Car c'est la seule chose qu'on ne puisse emprunter d'ailleurs. C'est la production du génie, le coup-d'œil d'un esprit qui voit les rapports.

6. Les mots doubles conviennent spécialement au dithyrambe; les mots etrangers, à l'Epopée; les metaphores aux poëmes iambiques: avec cette différence que toutes ces especes entrent également dans le vers héroïque; & que l'iambique, imitant le langage familier, ne peut recevoir que ce qui est employé dans la conversation, c'est-à-dire le terme propre, la métaphore & quelques epithetes.

C'en est assez sur la Tragédie, & sur tout ce qui a rapport à l'imitation dramatique des actions.

³ C'est-à-dire, aux Poësies mordantes, aux drames satyriques, & aux autres du même genre.

Partie I.

ΚΕΦΑΛΑΙΟΝ κβ'.

Περὶ τῆς διηγηματικῆς κỳ ἐν μέτρῳ ποιητικῆς.

1. ΠΕΡΙ` δὲ τῆς διηγηματικῆς κỳ ἐν μέτρῳ μιμητικῆς, ὅτι δεῖ τοὺς μύθους, καθάπερ ἐν ταῖς Τραγῳδίαις, συνιϛάναι δραματικὰς, κỳ περὶ μίαν πρᾶξιν ὅλην κỳ τελείαν, ἔχουσαν ἀρχὴν κỳ μέσον κỳ τέλος, ἵν', ὥσπερ ζῶον ἓν ὅλον, ποιῇ τὴν οἰκείαν ἡδονὴν, δῆλον· ℭ μὴ ὁμοίας ἱϛορίαις [1] τὰς συνθέσεις εἶναι, ἐν αἷς ἀνάγκη ὐχὶ μιᾶς πράξεως ποιεῖϛαι δήλωσιν, ἀλλ' ἑνὸς χρόνου, ὅσα ἐν τούτῳ συνέβη περὶ ἕνα ἢ πλείους, ὧν ἕκαϛον, ὡς ἔτυχεν, ἔχει πρὸς ἄλληλα. ὥσπερ γὰρ κατὰ τοὺς αὐτοὺς χρόνους, ἥτ' ἐν Σαλαμῖνι ἐγένετο ναυμαχία, καὶ ἡ ἐν Σικελίᾳ Καρχηδονίων μάχη, ὐδὲν

---

[1] Nous avons suivi la correction de M. Dacier; Victorius lit *μηδεμιᾶς ἱϛορίας τὰ συνήθη.*

CHAPITRE XXII.

De la Poësie en récit.

1. Quant aux imitations qui se font par le récit en vers, il est evident que dans ce genre, comme dans la Tragédie, les fables doivent être dressées dramatiquement, & renfermer une action qui soit une & entiere; qui ait un commencement, un milieu, une fin; en un mot, qui soit un tout complet, comme l'est un animal; & qui nous donne un plaisir d'une espece particuliere; sans ressembler aucunement aux compositions historiques, dans lesquelles on est obligé, non de se renfermer dans une action, mais seulement dans un temps, dont on raconte tous les evénemens arrivés, soit à un seul, soit à plusieurs, de quelque maniere que ces evénemens soient entre eux. Car de même que la bataille de Salamine & celle des Carthaginois en Sicile, qui se rencontrent dans le même temps,

πρὸς τὸ αὐτὸ συντείνυσαι τέλος [2]. ὕτω καὶ ἐν τοῖς ἐφεξῆς χρόνοις ἐνίοτε γίνεται θάτερον μετὰ θατέρυ, ἐξ ὧν ἓν ὐδὲν γίνεται τέλος· σχεδὸν δὲ οἱ πολλοὶ τῶν ποιητῶν τῦτο δρῶσι.

2. Διὸ, ὥσπερ εἴπομεν ἤδη, κὴ ταύτῃ θεσπέσιος ἂν φανείη Ομηρος παρὰ τοὺς ἄλλυς, τῷ μηδὲ τὸν πόλεμον καίπερ ἔχοντα ἀρχὴν καὶ τέλος, ἐπιχειρῆσαι ποιεῖν ὅλον· λίαν γὰρ ἂν μέγας, καὶ ὐκ εὐσύνοπος ἔμελλεν ἔσεσθαι· ἢ τῷ μεγέθει μετριάζοντα καταπεπλεγμένον τῇ ποικιλίᾳ. νῦν δ' ἓν μέρος ἀπολαβών, ἐπεισοδίοις κέχρηται αὐτῶν πολλοῖς· οἷον, νεῶν Καταλόγῳ, κὴ ἄλλοις ἐπεισοδίοις, οἷς διαλαμβάνει τὴν ποίησιν.

3. Οἱ δ' ἄλλοι περὶ ἕνα ποιῦσι, κὴ περὶ ἕνα χρόνον, κὴ μίαν πρᾶξιν πολυμερῆ· οἷον, ὁ τὰ Κυπριακὰ ποιήσας, κὴ τὴν μικρὰν Ιλιάδα. τοιγαρῦν ἐκ μὲν Ἰλιά-

---

[2] Herodote les traite dans le même livre.

n'ont nul rapport entre elles; de même les événemens consécutifs arrivent quelquefois les uns après les autres, sans aller à une même fin. Il y a même bien des poëtes qui n'en usent pas autrement.

2. Et c'est en quoi Homere semble encore divin en comparaison des autres. Il s'est bien gardé de traiter la guerre de Troie en entier, quoique, dans cette entreprise, il y eût commencement & fin. Le sujet eût été trop vaste & trop difficile à embrasser d'une seule vue : & s'il eût voulu le réduire à une juste etendue, il eût été trop chargé d'incidens. Qu'a-t-il fait ? Il n'en a pris qu'une partie, & a choisi dans le reste de quoi faire ses épisodes, comme le Catalogue des vaisseaux, & les autres morceaux qui servent à etendre son poëme & à le remplir.

3. Les autres poëtes se sont contentés de prendre ou un seul héros, ou les événemens d'une seule époque, ou une seule entreprise composée de plusieurs actions, comme l'auteur des Cypriaques, & de la petite Iliade. A peine tireroit-on de l'Iliade

δος κὴ Ὀδυσσείας μία Τραγῳδία ποιεῖται
ἑκατέρας, ἢ δύο μόναι· ἐκ δὲ Κυπρίων,
πολλαί· κὴ ἐκ τῆς μικρᾶς Ἰλιάδος πλέον
ὀκτώ· οἷον, Ὅπλων κρίσις, Φιλοκτήτης,
Νεοπτόλεμος, Εὐρύπυλος, Πτωχεία,
Λάκαιναι, Ἰλίου Πέρσις, κὴ Ἀπόπλυς,
κὴ Σίνων, κὴ Τρῳάδες.

ΚΕΦΑΛΑΙΟΝ κγ´.

Ἐποποιίας πρὸς Τραγῳδίαν διαφορὰ, κὴ
πῶς λέγειν χρὴ τὰ ψευδῆ.

1. ΕΤΙ δὲ τὰ εἴδη ταὐτὰ δεῖ ἔχειν
τὴν Ἐποποιίαν τῇ Τραγῳδίᾳ. ἢ γὰρ
ἁπλῆν, ἢ πεπλεγμένην, ἢ ἠθικὴν, ἢ πα-
θητικὴν δεῖ εἶναι· κὴ τὰ μέρη, ἔξω μελο-
ποιίας κὴ ὄψεως, ταὐτά. κὴ γὰρ περιπε-
τειῶν δεῖ, κὴ ἀναγνωρίσεων, καὶ παθημά-
των· ἔτι τὰς διανοίας κὴ τὴν λέξιν ἔχειν
καλῶς· οἷς ἅπασιν Ὅμηρος κέχρηται, κὴ
πρῶτος, κὴ ἱκανῶς. Καὶ γὰρ κὴ τῶν ποιημά-

d'Homère & de son Odyssée un ou deux sujets de Tragédie. On en tireroit tant qu'on voudroit des Cypriaques, & huit au moins de la petite Iliade, le Jugement des armes, Philoctete, Néoptoleme, Eurypyle, le Mendiant, les Lacédémoniennes, la Prise de Troie, le Retour des Grecs, le Sinon, les Troades.

CHAPITRE XXIII.

Différence de l'Epopée & de la Tragédie.

1. L'ÉPOPÉE a encore les mêmes especes que la Tragédie ; car elle est ou simple, ou implexe, ou morale, ou pathétique. Elle a les mêmes parties composantes, hors le chant & le spectacle. Elle a les reconnoissances & les evénemens tragiques ; enfin, elle a les pensées & les expressions non vulgaires. Homère a employé tout cela le premier & de la maniere convenable. La fable de l'Iliade est simple & pathétique : celle de l'Odyssée est implexe, morale,

τῶν ἑκάτερον συνέστηκεν, ἡ μ̄ Ἰλιὰς, ἁπλοῦν
ἓ παθητικόν, ἡ ἢ Ὀδύσσεια πεπλεγμένον·
ἀναγνώρισις γὰρ διόλυ, κ̀ ἠθική· πρὸς δὲ
τύτοις λέξει ἓ διανοίᾳ πάντας ὑπερβέ-
βληκε.

2. Διαφέρει δὲ καὶ κατὰ τε συστάσεως
τὸ μῆκος ἡ Ἐποποιΐα, κ̀ τὸ μέτρον. τῦ
μὲν ῠν μήκυς ὅρος ἱκανὸς εἰρημένος· δύνα-
ϑαι γὰρ δεῖ συνορᾶϑαι τὴν ἀρχὴν κ̀ τὸ
τέλος. εἴη δ᾽ ἂν τῦτο, εἰ τῶν μὲν ἀρχαίων
ἐλάττυς αἱ συστάσεις εἶεν, πρός τε τὸ
πλῆθος τῶν Τραγῳδιῶν τῶν εἰς μίαν
ἀκρόασιν τιθεμένων παρήκοιεν.

3. Ἔχει δὲ, πρὸς τὸ ἐπεκτείνεϑαι τὸ
μέγεθος, πολύ τι ἡ Ἐποποιΐα ἴδιον, διὰ
τὸ ἐν μὲν τῇ Τραγῳδίᾳ μὴ ἐνδέχεϑαι
ἅμα πραττόμενα πολλὰ μιμεῖϑαι, ἀλλὰ
τὸ ἐπὶ τῆς σκηνῆς, καὶ τῶν ὑποκριτῶν μέρος μόνον. ἐν ἢ τῇ Ἐποποιΐᾳ, διὰ τὸ διή-
γησιν εἶναι, ἐστὶ πολλὰ μέρη ἅμα ποιεῖν
περαινόμενα, ὑφ᾽ ὧν οἰκείων ὄντων, αὔξε-

remplie de reconnoissances, d'un bout à l'autre; à quoi il faut ajouter les pensées & les expressions, que ce poëte a à un degré dont personne n'a approché.

2. Mais l'Epopée diffère de la Tragédie quant à l'étendue, & quant aux vers. Nous avons parlé ci-dessus de son etendue; & nous avons dit qu'il faut pouvoir en embrasser à-la-fois le commencement & la fin, d'une seule vue. Ce qui se fera si les fables sont un peu moins longues que celles des anciens : si l'on tâche, par exemple, de les renfermer dans la durée de ce qu'on joue de tragédies en un jour.

3. L'Epopée a, pour étendre sa fable, beaucoup de moyens que n'a point la Tragédie. Celle-ci ne peut pas imiter à-la-fois plusieurs choses différentes, qui se font en même temps en divers lieux; elle ne peut donner que ce qui se fait sur la scène par les acteurs qu'on voit. L'Epopée au contraire, etant en recit, peut peindre tout ce qui est d'un même moment, en quelque lieu qu'il soit, pourvu qu'il tienne au sujet : ce qui

ται ὁ τῦ ποιήματος ὄγκος. ὥστε τῦτ' ἔχειν τὸ ἀγαθὸν εἰς μεγαλοπρέπειαν, ἓ τὸ μεταβάλλειν τὸν ἀκύοντα, ἓ ἐπεισοδίων ἀνομοίοις ἐπεισοδίοις. τὸ γὰρ ὅμοιον ταχὺ πληρῦν, ἐκπίπτειν ποιεῖ τὰς Τραγῳδίας.

4. Τὸ δὲ μέτρον τὸ ἡρωϊκὸν, ἀπὸ τῆς πείρας ἥρμοσεν. εἰ γάρ τις ἐν ἄλλῳ τινὶ μέτρῳ διηγηματικὴν μίμησιν ποιοῖτο, ἢ ἐν πολλοῖς, ἀπρεπὲς ἂν φαίνοιτο. τὸ γὰρ ἡρωϊκὸν, στασιμώτατον ᾗ ὀγκωδέστατον τῶν μέτρων ἐστί. διὸ ᾗ γλώττας καὶ μεταφορὰς δέχεται μάλιστα· περιττὴ γὰρ ᾗ ἡ διηγηματικὴ μίμησις τῶν ἄλλων. τὸ δὲ ἰαμβικὸν ᾗ τετράμετρον, κινητικά· τὸ μὲν, ὀρχηστικόν· τὸ δὲ, πρακτικόν. ἔτι δὲ ἀτοπώτερον εἰ μιγνύοι τις αὐτὰ, ὥσπερ Χαιρήμων. διὸ ὐδεὶς μακρὰν σύστασιν ἐν ἄλλῳ πεποίηκεν, ἢ τῷ ἡρώῳ· ἀλλ' ὥσπερ εἴπομεν, αὐτὴ ἡ φύσις διδάσκει τὸ ἁρμόττον αὐτῇ διαιρεῖσθαι.

la met en état de se montrer avec magnificence, de transporter le lecteur d'un lieu à un autre, & de varier ses épisodes d'une infinité de manieres; & par là de prévenir le dégoût de l'uniformité, qui fait tomber les Tragédies.

4. Le vers heroïque a été donné à l'Epopée d'après l'expérience. Tout autre vers, soit mélé, soit sans mélange, seroit déplacé chez elle. Le vers heroïque est le plus grave & le plus majestueux des vers. Aussi n'en est-il point qui soutienne mieux les metaphores, & les mots etrangers. Car la narration epique est de toutes les poësies la plus hardie dans son style. Le vers ïambique & le tetramêtre ont plus de mouvement Celui-ci est plus dansant, l'autre plus actif. En les mêlant, comme a fait Chérémon. ils seroient encore moins supportables dans l'Epopée. Aussi personne ne s'est-il jamais avisé de faire un poëme d'une certaine étendue, en autre vers que l'heroïque : nous l'avons dit, la nature même fait connoître ce qui lui convient.

5. Ὅμηρος δὲ ἄλλα τε πολλὰ ἄξιος ἐπαινεῖσθαι, καὶ δὲ καὶ ὅτι μόνος τῶν ποιητῶν οὐκ ἀγνοεῖ ὃ δεῖ ποιεῖν αὐτόν. αὐτὸν γὰρ δεῖ τὸν ποιητὴν ἐλάχιςα λέγειν· οὐ γάρ ἐςι κατὰ ταῦτα μιμητής. οἱ μὲν οὖν ἄλλοι, αὐτοὶ μὲν δι' ὅλου ἀγωνίζονται, μιμοῦνται δὲ ὀλίγα, καὶ ὀλιγάκις. ὁ δὲ ὀλίγα φροιμιασάμενος, εὐθὺς εἰσάγει ἄνδρα, ἢ γυναῖκα, ἢ ἄλλο τι ἦθος, καὶ οὐδὲν ἀήθη, ἀλλ' ἔχοντ' ἦθος.

6. Δεῖ μὲν οὖν ἐν ταῖς Τραγῳδίαις ποιεῖν τὸ θαυμαςόν [1]. μᾶλλον δ' ἐνδέχεται ἐν τῇ Ἐποποιΐᾳ τὸ ἄλογον, δι' ὃ συμβαίνει μάλιςα τὸ θαυμαςὸν· διὰ τὸ μὴ ὁρᾶν εἰς τὸν πράττοντα. ἐπεὶ τὰ περὶ τὴν Ἕκτορος δίωξιν ἐπὶ σκηνῆς ὄντα, γελοῖα ἂν φανείη· οἱ μὲν ἑςῶτες καὶ οὐ διώκοντες, ὁ δὲ ἀνανεύων. ἐν δὲ τοῖς ἔπεσι, λανθάνει. τὸ δὲ θαυμαςὸν, ἡδύ· σημεῖον

[1] *Merveilleux* est ici pour *surprenant, inattendu*.

5. Homere, admirable par tant d'autres endroits, l'est encore en ce qu'il est le seul qui ait bien su ce qu'il devoit faire comme poëte. Le poëte etant imitateur, doit parler lui-même, le moins qu'il est possible; car aussi-tôt qu'il se montre, il cesse d'être imitateur. Les autres se montrent par-tout dans leur poëme, & ne sont imitateurs que de loin en loin, & pour des instans. Homere, après un mot de préparation, fait aussi-tôt parler soit un homme, soit une femme, ou quelque autre agent caractérisé : car chez lui nul personnage n'est sans un caractere.

6. La Tragédie doit étonner par une sorte de merveilleux. L'Epopée, pour etonner encore plus, va jusqu'à l'incroyable; parce que ce qui se fait chez elle, n'est point jugé par les yeux. Par exemple, Hector fuyant devant Achille seroit ridicule sur la scène. On verroit d'un côté les Grecs immobiles, & de l'autre Achille leur faisant signe de s'arrêter : mais, dans un recit, cela ne s'apperçoit point. Or ce qui est merveilleux, plaît. C'est par cette raison que tous

δέ· πάντες γὰρ προςιθέντες ἀπαγγέλ-
λυσιν ὡς χαριζόμενοι.

7. Δεδίδαχε δὲ μάλιςα Ὅμηρος ᾧ
τοὺς ἄλλυς ψευδῆ λέγειν ὡς δεῖ. ἔςι δὲ
τῦτο παραλογισμός. οἴονται γὰ ἄνθρωποι,
ὅταν τυδὶ ὄντος, ἢ γινομένυ, τοδὶ γίνεται,
εἰ τὸ ὕςερόν ἐςι, καὶ τὸ πρότερον εἶναι, ἢ
γίνεωαι. τῦτο δέ ἐςι ψεῦδος. δι᾽ ὃ δὴ, ἂν
τὸ πρῶτον ψεῦδος· ἀλλ᾽ ὐδὲ τύτυ ὄντος,
ἀνάγκη εἶναι, ἢ γενέωαι, ἢ προσεῖναι. διὰ
γὰ τὸ εἰδέναι τῦτο ἀληθὲς ὂν, παραλο-
γίζεται ἡμῶν ἡ ψυχὴ, κὴ τὸ πρῶτον ὡς ὄν·
προαιρεῖωαι τε δεῖ ἀδύνατα κὴ εἰκότα,
μᾶλλον ἢ δυνατὰ κὴ ἀπίθανα.

8. Τύς τε λόγυς [2] μὴ συνίςαωαι ἐκ
μερῶν ἀλόγων, ἀλλὰ μάλιςα μ̃ μηδὲν
ἔχειν ἄλογον· εἰ δὲ μὴ, ἔξω τῦ μυθεύμα-
τος, ὥσπερ Οἰδίπυς τὸ μὴ εἰδέναι πῶς
ὁ Λάϊος ἀπέθανεν· ἀλλὰ μὴ ἐν τῷ δρά-

---

[2] λόγυς a ici le même sens que μῦθυς : λόγυς au- tem videtur hìc appellasse corpus fabulæ. Victor.

ceux qui racontent, grossissent les objets, pour faire plus de plaisir à ceux qui les écoutent.

7. C'est encore Homere qui a montré la maniere de faire passer le faux, par un sophisme, dont voici le principe. On croit sans peine, lorsqu'une chose est, ou arrive ordinairement après une autre, que, si celle-ci est, ou est arrivée, l'autre doit être aussi, ou être arrivée; or cette conséquence est fausse. Elle l'est de même quand on conclut, de la premiere à la seconde, parce que la seconde souvent n'est pas une suite nécessaire de la premiere. Mais, ayant vu que la premiere étoit, nous en concluons machinalement que la seconde est aussi. Au reste, il vaut mieux employer l'impossible qui paroît vraisemblable, que le possible qui ne le paroîtroit pas.

8. Il faut non-seulement que les fables soient composées de parties toutes fondées en raison, mais que nulle part il n'y ait rien d'absurde; sinon il sera hors du drame, comme l'ignorance d'Œdipe sur les circons-

μαΐι, ὥσπερ ἐν Ἠλέκτρᾳ οἱ τὰ Πύθια [3]
ἀπαγγέλλοντες· ἢ ἐν Μυσοῖς, ὁ Ἄφωνος [4]
ἐκ Τεγέας εἰς τὴν Μυσίαν ἥκων. Ὥς τε
τὸ λέγειν ὅτι ἀνῄρητο ἂν ὁ μῦθος, γελοῖον·
ἐξ ἀρχῆς γὰρ ὐ δεῖ συνίςαϑαι τοιέτυς·
ἂν δὲ ϑῆ, ϗ φαίνηται εὐλογώτερον, ἐνδέχεϑαι ϗ ἄτοπον. Ἐπεὶ ϗ τὰ ἐν Ὀδυσ-
σείᾳ ἄλογα, τὰ περὶ τὴν ἔκθεσιν, ὡς ὐκ
ἂν ἦν ἀνεκτά, δῆλον ἂν γένοιτο, εἰ αὐτὰ
φαῦλος ποιητὴς ποιήσει. νῦν δὲ τοῖς ἄλλοις ἀγαθοῖς ὁ ποιητὴς ἐμφανίζει, ἡδύνων
τὸ ἄτοπον. Τῇ δὲ λέξει δεῖ διαπονεῖν ἐν
τοῖς ἀργοῖς μέρεσι, ϗ μήτε ἠθικοῖς, μήτε
διανοητικοῖς. ἀποκρύπτει γὰρ πάλιν ἡ
λίαν λαμπρὰ λέξις τὰ ἤθη, ϗ τὰς διανοίας.

[3] Ces Jeux n'avoient été institués que cinq cens ans après la mort d'Oreste, & on disoit dans la piece qu'Oreste y avoit été tué en tombant de son char.

[4] On n'a aucune idée de cette piece. Victorius suppose que cet homme ne parloit point, de peur de se faire reconnoître à sa parole.

tances de la mort de Laïus; & jamais dans le Drame, comme dans l'Electre, où l'on parle des Jeux Pythiques; & dans les Mysiens, où l'on fait venir de Tégée jusqu'en Mysie un homme qui ne parle point. Mais sans cela, le poëme n'avoit pas lieu. Excuse ridicule : il n'y avoit qu'à le composer autrement. Mais on en tire de grandes beautés. Si cela est, on pourra employer même l'absurde. Si, dans l'Odyssée, l'arrivée d'Ulysse en Ithaque, où tout est hors de vraisemblance, eût été traitée par un poëte médiocre, elle seroit insoutenable. Mais Homere y a répandu tant de charmes, que l'absurdité disparoît. Cet exemple apprend aux poëtes combien ils doivent travailler les endroits foibles, qui ne fournissent ni tableau de mœurs, ni pensées. Mais aussi quand il y a des pensées & des mœurs, un style trop brillant les obscurcit.

Partie I. M

ΚΕΦΑΛΑΙΟΝ κδ'.

Περὶ προβλημάτων κỳ λύσεων, ἐκ πόσων τε & ποίων εἰδῶν ἂν εἴη.

ΠΕΡΙ᾿ δὲ προβλημάτων κỳ λύσεων, ἐκ πόσων τε καὶ ποίων ἂν εἰδῶν εἴη, ὦδε θεωρῦσι γένοιτ᾿ ἂν φανερόν.

1. Ἐπεὶ γάρ ἐςι μιμητὴς ὁ ποιητὴς, ὥσπερ ἂν ἢ ζωγράφος, ἤ τις ἄλλος εἰκονοποιὸς, ἀνάγκη μιμεῖσθαι, τριῶν ὄντων τὸν ἀριθμὸν, ἕν τι ἀεί. ἢ γὰρ οἷα ἦν ἢ ἔςιν, ἢ οἷά φασι κỳ δοκεῖ, ἢ οἷα εἶναι δεῖ.

Ταῦτα δ᾿ ἐξαγγέλλεται κυρίᾳ λέξει, ἢ & γλώτταις, & μεταφοραῖς, κỳ πολλὰ πάθη τῆς λέξεώς ἐςι. δίδομεν γὰρ ταῦτα τοῖς ποιηταῖς.

Πρὸς ᾖ τύτοις ὐχ᾿ ἡ αὐτὴ ὀρθότης ἐςὶ τῆς πολιτικῆς κỳ τῆς ποιητικῆς, ὐδὲ ἄλλης τέχνης κỳ ποιητικῆς. Αὐτῆς δὲ τῆς ποιητι-

CHAPITRE XXIV.

Des Critiques & de la maniere d'y répondre.

Nous dirons ici, sur quels objets les Critiques peuvent tomber, & de quelle maniere on peut y répondre.

1. Puisque le Poëte est imitateur, ainsi que le Peintre & tout Artiste qui figure ; il faut de ces trois choses l'une, qu'il imite les objets tels qu'ils sont ou qu'ils étoient, ou tels qu'on dit qu'ils sont & qu'ils semblent être, ou tels qu'ils devroient être.

Cette imitation se fait par les mots, ou propres, ou etrangers, ou metaphoriques, ou changés de quelques-unes de ces manières dont on accorde le privilége aux poëtes.

Outre cela, il n'en est pas de la Poësie comme de la Politique ou des autres arts qui n'imitent point. En Poësie il y a deux sortes de fautes : les unes qui tombent sur la Poësie même, les autres qui ne tombent

κῆς διτῆ ἡ ἁμαρτία. ἡ μὲν γὰρ καθ᾽ αὑτὴν, ἡ δὲ κῇ συμβεβηκός. εἰ μὲν γὸ προείλετο μιμήσαϑ κατ᾽ ἀδυναμίαν [1], αὐτῆς ἡ ἁμαρτία· εἰ δὲ τὸ προελέϑαι μὴ ὀρθῶς, κατὰ συμεβηκός· ἀλλὰ τὸν ἵππον ἄμφω τὰ δεξιὰ προβεβληκότα, ἢ τὸ καθ᾽ ἑκάςην τέχνην ἁμάρτημα, οἷον, τὸ κῇ ἰατρικὴν, ἢ ἄλλην τέχνην, ἢ ἀδύναῖα πεποίηῖαι· ταῦτ᾽ ἓν, ὁποῖα ἂν ᾖ, ὁ καθ᾽ ἑαυτήν. Ὡς τε δεῖ τὰ ἐπιτιμήμαῖα ἐν τοῖς προβλήμασιν ἐκ τύτων ἐπισκοποῦνῖα λύειν.

2. Πρῶτον μὲν γὰρ ἂν τὰ πρὸς αὐτὴν τὴν τέχνην ἀδύναῖα πεποίηῖαι [2], ἡμάρτηῖαι. ἀλλ᾽ ὀρθῶς ἔχοι εἰ τυγχάνοι ᾇ τέλυς ᾇ αὐτῆς. τὸ γὸ τέλος εἴρηῖ οἷον, εἰ ὕτως ἐκπληκῖικώτερον, ἢ αὐτὸ, ἢ ἄλλο ποιεῖ μέρος. παράδειγμα ἡ ᾇ Ἑκῖορος διωξις [3]. Ἐι μένῖοι τὸ τέλος, ἢ μᾶλλον,

---

[1] Ἀδυναμία, impuissance, défaut de capacité, de talent; elle se tient du côté de l'auteur. Ἀδύναῖον, impossibilité; elle se tient du côté de l'objet.

[2] Aristote reprenant les objets de critique qu'il vient d'indiquer, commence par le dernier.

* Voyez les Remarques.

point sur elle. * Si la Poësie a entrepris d'imiter ce qu'elle ne peut rendre, la faute tombe sur elle. Mais, si c'est l'objet qui a été mal choisi, ce n'est plus sur elle que la faute tombe. Par exemple, si on a fait lever à-la-fois les deux pieds droits à un cheval qui galope; si on a péché par ignorance dans quelque art, comme la Medecine, ou autre; ou qu'on ait peint ce qui etoit impossible; rien de tout cela, de quelque maniere qu'il soit, ne tombe sur la Poësie. Avec cette distinction, on répondra à la plûpart des critiques.

2. Premierement donc si la chose employée par le poëte, n'étoit pas possible dans l'art dont il parle, c'est une faute. Cependant, si cette faute a conduit l'art à son but, si, par exemple, elle a rendu l'evénement plus piquant, soit dans l'endroit même où

3 Iliad. 22. v. 205. Cet exemple explique la pensée d'Aristote. Achille courant avec toute la vîtesse possible, ne pouvoit faire de la tête un signe qui pût être compris de toute l'armée greque. Cependant il falloit pour la suite du poëme, que la défaite d'Hector fut réservée à Achille, & qu'il en eût seul tout l'honneur.

ἢ ἧτῖον ἐνεδέχετο ὑπάρχειν, ᾗ κỳ τὴν περὶ τύτων τέχνην, ἡμάρτη]) ὐκ ὀρθῶς. δεῖ γάρ, εἰ ἐνδέχεται, ὅλως μηδαμῇ ἡμαρ-τῆδαι.

3. Ἔτι ποτέρων ἐςὶ τὸ ἁμάρτημα, τῶν καῖὰ τὴν τέχνην, ἢ καῖ᾽ ἄλλο συμβε-βηκός· ἔλαττον γάρ, εἰ μὴ ᾔδει ὅτι ἔλαφος θήλεια κέραῖα ὐκ ἔχει, ἢ εἰ κακομιμήτως ἔγραψε.

4. Πρὸς δὲ τύτοις ἐὰν ἐπιτιμᾶται, ὅτι ὐκ ἀληθῆ· ἀλλ᾽ οἷα δεῖ· οἷον ᾗ Σοφο-κλῆς ἔφη, αὐτὸς μὲν οἵυς δεῖ, ποιεῖν, Εὐριπίδης δὲ οἷοι εἰσι. δι᾽ ὃ ταύτῃ λυτέον.

5. Εἰ δὲ μηδετέρως· ὅτι ὕτω φασίν· οἷον τὰ περὶ θεῶν· ἴσως γὰρ ὔτε βέλτιον ὕτω λέγειν, ὔτ᾽ ἀληθῆ· ἀλλ᾽ ἔτυχεν [4], ὥσπερ Ξενοφάνης.

---

[4] C'est sans la connoître qu'on parle de la divinité. Nous en parlons selon nos idées. *Si par hasard ce que nous disons est juste, nous ne pouvons le savoir.* Les vers de Xenophane, se trouvent dans Sext. Emp. page 280.

elle est, soit ailleurs; elle peut s'excuser : la poursuite d'Hector en est un exemple. Toutefois si le poëme avoit le même effet, ou à-peu-près, en suivant la marche ordinaire de l'art, la faute ne seroit plus excusable; parce que toutes les fautes doivent être evitées, quand on le peut.

3. On examinera ensuite si la faute est dans ce qui appartient à la Poësie même, ou dans ce qui lui est étranger. Car c'est une bien moindre faute d'avoir ignoré que la biche n'a point de cornes, que d'avoir mal peint une biche avec des cornes.

4. Si on reproche au poëte de n'avoir pas peint les objets comme ils sont; on dira qu'il les a peints comme ils devoient être. Ce fut la réponse de Sophocle, en parlant de lui-même & d'Euripide. On peut en user dans l'occasion.

5. Ni l'une ni l'autre de ces raisons n'est reçue? Dites que c'étoit l'opinion, comme dans ce qui regarde les Dieux. Ce qu'on en dit, n'est peut-être ni le vrai, ni le mieux; on parle au hazard, comme a dit Xenophane.

6. Ἀλλ' οὔ φασι τάδε· ἴσως δὲ οὐ βέλτιον μέν· ἀλλ' οὕτως εἶχεν, οἷον τὰ περὶ
τῶν ὅπλων,

>   Ἔγχεα δέ σφιν
>   Ὀρθ' ἐπὶ σαυρωτῆρος.

οὕτω γὰρ τότε ἐνόμιζον, ὥσπερ κỳ νῦν
Ἰλλυριοί.

7. Περὶ δὲ τοῦ καλῶς ἢ μὴ καλῶς,
ἢ εἴρηταί τινι, ἢ πέπρακται, οὐ μόνον
σκεπτέον εἰς αὐτὸ τὸ πεπραγμένον, ἢ εἰρη-
μένον, βλέποντα εἰ σπουδαῖον, ἢ φαῦλον,
ἀλλὰ κỳ εἰς τὸν πράττοντα, ἢ λέγοντα,
πρὸς ὃν, ἢ ὅτε, ἢ ὅτῳ, ἢ οὗ ἕνεκεν· οἷον,
ἢ μείζονος ἀγαθοῦ, ἵνα γένηται· ἢ μείζονος κακοῦ, ἵνα ἀπογένηται.

8. Τὰ δὲ πρὸς τὴν λέξιν ὁρῶντα δεῖ
διαλύειν· οἷον, γλώττῃ·

>   Οὐρῆας μὲν πρῶτον.

ἴσως γὰρ οὐ τὰς ἡμιόνας λέγει, ἀλλὰ τὰς
φύλακας.
Καὶ τὸν Δόλωνα,

>   Εἶδος μὲν ἔην κακός.

6. Ce n'est pas l'opinion commune? Ce n'est pas le mieux? Mais c'est le fait: comme lorsqu'on blâme Homere d'avoir dit, *leurs piques étoient fichées en terre* : c'étoit la maniere de ces peuples, comme encore aujourd'hui chez les Illyriens.

7. Quant à ce qui devoit, ou ne devoit pas être dit, ou être fait; il ne faut pas seulement considérer ce qui est dit, ou ce qui est fait; s'il est bien, ou s'il est mal, mais encore celui qui le dit, ou qui le fait; & de qui, & à qui, & quand, & pourquoi; s'il s'agissoit d'un plus grand bien, pour y arriver; ou d'un plus grand mal, pour l'éviter.

8. On justifie la diction, en disant que c'est un mot etranger. On blâme Homere d'avoir dit que la peste attaqua d'abord *les mulets* : on dira que le même mot signifie *sentinelles*. Il a dit, par un mot ignoble, que Dolon étoit *mal fait* : ce mot est noble, quand il se prend pour *laid de visage* : & c'est le sens des Cretois. Il fait boire aux

οὐ τὸ σῶμα ἀσύμμετρον, ἀλλὰ τὸ πρόσωπον αἰχρόν. τὸ γὰρ εὐειδὲς οἱ Κρῆτες εὐπρόσωπον καλῦσι⁵. κỳ τὸ,

Ζωρότερον δὲ κέραιρε,

ὖ τὸ ἄκρατον, ὡς οἰνόφλυξιν⁶, ἀλλὰ τὸ θᾶτ]ον.

Τὸ δὲ κα]ὰ με]αφορὰν εἴρηται· οἷον,

Ἄλλοι μὲν ῥὰ θεοί τε κỳ ἀνέρες
Εὖδον παννύχιοι.

καὶ τὸ,

Ἤτοι ὅτ᾽ ἐς πεδίον τὸ Τρωικὸν ἀθρήσειεν.

καὶ,

Αὐλῶν συρίγγωνθ᾽ ὁμαδόν.

τὸ γὰρ Πάντες, ἀντὶ τῶ Πολλοὶ κα]ὰ μεταφορὰν εἴρηται. τὸ γὰρ πᾶν, πολύ τι. κỳ τὸ,

Οἵη δ᾽ ἄμμορος,

κατὰ μεταφοράν. τὸ γὰρ γνωριμώτατον μόνον.

Κα]ὰ δὲ προσῳδίαν· ὥσπερ Ἱππίας ἔλυεν ὁ Θάσιος τὸ,⁷

Δίδομεν δέ οἱ.

Ambassadeurs du *vin pur* : le même mot signifie *promtement*....

Un autre endroit sera justifié par la métaphore : *Tous les dieux dormoient.... Lorsqu'il jetoit les yeux sur le camp Troyen... La voix des flûtes & des hautbois....* Tous est mis pour *beaucoup*; parce que *tout* est *beaucoup*... *L'Ourse seule exemte ;* il semble que ce qu'on voit le plus distinctement est *seul* ce qui est.

Un autre le sera par l'accent. Hippias de Thasos justifie par-là cet endroit d'Homere : *Nous lui promettons la victoire.* Changez l'accent, c'est le songe qui promet & non Jupiter : & cet autre où le meme poëte semble dire d'un bois très-sec, qu'il étoit *trempé de pluie ;* ôtez l'accent, vous faites d'un pronom une négation.

Par la ponctuation, comme dans Empedocle : *Aussi-tôt ce qui étoit immortel devint mortel, & ce qui étoit simple auparavant devint mixte.*

---

⁵ Chez les Cretois ἰυεῖ-δ'ἐς signifie *beau de visage.*
⁶ Comme aux ivrognes.

⁷ Δίδομεν *donne lui*, *promets lui*, pour δίδομεν *nous lui donnons.*

καὶ,

Τὸ μὲν ȣ καταπύθεται ὄμβρῳ. [8]

Τὰ δὲ διαιρέσει· οἷον Ἐμπεδοκλῆς,

Αἶψα δὲ θνητ᾽ ἐφύοντο, τὰ πρὶν μάθον ἀθάνατ᾽ εἶναι,
Ζωρά τε πρὶν κέκρατο [9]

Τὰ δὲ ἀμφιβολίᾳ·

Παρῴχηκεν δὲ πλέων νύξ.

τὸ γὰρ πλέων, ἀμφίβολόν ἐστι [10].

Τὰ δὲ κατὰ τὸ ἔθος τῆς λέξεως· οἷον τὸν κεκραμένον, οἶνόν φασιν εἶναι· ὅθεν πεποίηται,

Κνημὶς νεοτεύκτȣ κασσιτέροιο.

καὶ Χαλκέας, τȣς τὸν σίδηρον ἐργαζομένȣς. ὅθεν εἴρηται ὁ Γανυμήδης

Διὶ οἰνοχοεύειν,

ȣ πινόντων οἶνον. εἴη δ᾽ ἂν τȣτό γε κ᾽ κατὰ μεταφοράν.

9. Δεῖ δὲ κ᾽ ὅταν ὄνομά τι ὑπεναντιώματι δοκεῖ σημαίνειν, ἐπισκοπεῖν ποσαχῶς ἂν σημήνειε τȣτο ἐν τῷ εἰρημένῳ· οἷον

Τῇ ῥ᾽ ἔσχετο χάλκεον ἔγχος [11],

τῷ ταύτῃ κωλυθῆναι. τὸ δὲ πολλαχῶς [12]

Par l'ambiguité : *La nuit est passée de plus des deux tiers* : ce *plus* est ambigu.

Par l'abus passé en usage : On appelle *vin* du vin mêlé d'eau : on dit *des bottes d'étain*, *des ouvriers d'airain*; que Ganymede *verse du vin* aux Dieux, quoique les Dieux ne boivent point de vin : ce qui rentre dans la classe des métaphores.

9. Quand un mot semble employé à contre-sens, il faut examiner en combien de sens il peut être pris dans l'endroit où il est. Ainsi quand Homere a dit, *Le javelot resta à la lame d'or,* pour dire qu'il *s'y arrêta :* ce mot peut avoir plusieurs sens

---

⁸ ὖ au lieu d'ὖ.

⁹ Je lis κέκραто, *mixta sunt*. Il s'agit de la formation du monde. Ce qui etoit simple & immortel devint composé, & par là sujet à la mort, qui n'est qu'une décomposition :*le départ d'eux,* (des élémens)*s'appelle triste mort*. Emped. cité par Plutarq.

¹⁰ Il tombe sur la nuit, *la plus grande partie de la nuit, les deux tiers*.

¹¹ C'est le mot ἔχετο τῇ qui presente l'apparence d'une contradiction. Mais dit Aristote, τῇ, ou κατὰ τὴν peut s'expliquer dans le sens de καθ' ἀντικρύ; de maniere que le sens soit que le javelot s'est arrêté vis-à-vis de la lame d'or, sans la percer, ni l'entamer. Iliad. Υ. 272.

¹² Nous lisons πολλαχῶς pour ποσαχῶς.

ἐνδέχεται ὡδί πως· μάλιϛ᾽ ἄν τις ὑπολάϐοι καλὰ τὴν, καθ᾽ ἀντικρύ. Ἢ ὡς Γλαύκων λέγει, ὅτι ἔνιοι ἀλόγως προϋπολαμϐάνουσι, κὴ αὐτοὶ καταψηφισάμενοι συλλογίζονται, κὴ ὡς εἰρηκότες, ὅτι δοκεῖ, ἐπιτιμῶσιν, ἂν ὑπεναντίον ᾖ τῇ αὑτῶν οἰήσει. τοῦτο δὲ πέπονθε τὰ περὶ Ἰκάριον. οἴονται γὰρ αὐτὸν Λάκωνα εἶναι. ἄτοπον οὖν, τὸ μὴ ἐντυχεῖν τὸν Τηλέμαχον αὐτῷ εἰς Λακεδαίμονα ἐλθόντα. τὸ δὲ ἴσως ἔχει ὥσπερ οἱ Κεφαλῆνές φασι. παρ᾽ αὑτῶν γὰρ γῆμαι λέγουσι τὸν Ὀδυσσέα· κὴ εἶναι Ἰκάδιον, ἀλλ᾽ οὐκ Ἰκάριον. δι᾽ ἁμάρτημα δὲ τὸ πρόϐλημα εἰκός ἐστι.

10. Ὅλως δὲ τὸ ἀδύνατον μὲν, ἢ πρὸς τὴν ποίησιν, ἢ πρὸς τὸ βέλτιον, ἢ πρὸς τὴν δόξαν δεῖ ἀνάγειν. πρός τε γὰρ τὴν ποίησιν· αἱρετώτερον πιθανὸν ἀδύνατον, ἢ ἀπίθανον κὴ δυνατόν. ἀλλὰ κὴ πρὸς τὸ βέλτιον· τὸ γὰρ παράδειγμα δεῖ ὑπερέχειν, [13] τοιούτους δ᾽ εἶναι, οἵους Ζεῦξις ἔγρα-

---

[13] Nous avons transposé cette phrase, parce qu'elle

dans cet endroit, mais le plus naturel est qu'il s'y arrêta sans la percer. On peut dire encore ce que disoit Glaucon : qu'il y a des esprits qui se préviennent de leur opinion, & qui ayant condamné un endroit & prononcé en eux-mêmes, *cela est*, rejettent sans examen tout ce qui est contraire à leur pensée. C'est ce qui est arrivé au sujet d'Icarius. En supposant qu'il étoit Lacédémonien, on a trouvé mauvais que Télémaque arrivant à Lacédémone, ne l'eût point visité. Mais si l'opinion des Céphaléniens est vraie, qu'Ulysse prit Pénélope chez eux, & que son beau-pere se nommoit Icadius, c'est l'erreur qui a occasionné la critique.

10. En un mot, lorsqu'on voudra justifier un poëte qui aura employé l'impossible, on se rejettera sur le privilége de la

ne pouvoit tomber sur l'impossible ; & qu'elle convient parfaitement *au mieux*, qui etoit l'objet de Zeuxis : *Præbete inquit ex istis virginibus formosissimas, dum pingo id quod pollicitus sum vobis.*

Neque enim putavit omnia quæ quæreret ad venustatem, uno in corpore se reperire posse, ideò quòd nihil simplici in genere omnibus ex partibus perfectum natura expolivit. Cic. de Inventione II.

φεν· πρὸς δόξαν, ἅ φασι τἄλογα. ὕτω τε, ϗ ὅτι ποτὲ ὐκ ἄλογόν ἐςιν· εἰκὸς γὰρ ϗ παρὰ τὸ εἰκὸς γίνεσθαι.

11. Τὰ δ᾽ ὡς ὑπεναντία εἰρημένα ὕτω σκοπεῖν, ὥσπερ οἱ ἐν τοῖς λόγοις ἔλεγχοι· εἰ τὸ αὐτὸ, ϗ πρὸς τὸ αὐτὸ, ϗ ὡσαύτως, ὥςε ϗ ταὐτὸ, ἢ πρὸς ἃ αὐτὸς λέγει, ἢ ὃ ἂν φρόνιμος ὑπόθηται.

12. Ὀρθὴ δὲ ἐπιτίμησις, ϗ ἀλογία, ϗ μοχθηρία· ὅταν μὴ ἀνάγκης ὅσης, μηθὲν χρήσεται τῷ ἀλόγῳ, ὥσπερ Εὐριπίδης ἐν τῷ Αἰγεῖ, τῇ τε πονηρίᾳ, ὥσπερ ἐν Ὀρέςῃ ϗ Μενελάῳ 14.

13. Ταῦτα μὲν ὖν ἐπιτιμήματα, ἐκ πέντε εἰδῶν φέρυσιν. ἢ γὰρ ὡς ἀδύνατα, ἢ ὡς ἄλογα, ἢ ὡς βλαβερὰ, ἢ ὡς ὑπεναντία, ἢ ὡς παρὰ τὴν ὀρθότητα τὴν κατὰ

---

14 Nous avons suivi la correction de Castelvetro, où le sens même nous avoit conduit, avant que de l'avoir consulté.

Poësie, ou sur le mieux, ou sur l'opinion. Sur le privilege de la Poësie; qui prefere l'impossible vraisemblable au possible qui ne l'est point. Sur le mieux; parce que le modele idéal du peintre doit être plus beau que la nature : les objets sont tels que les peignoit Zeuxis. Sur l'opinion, qui admet l'incroyable : cela a pu arriver ainsi, dans les tems eloignés. D'ailleurs il y a un vraisemblable extraordinaire qui ne paroît point vraisemblable.

11. Quand il s'agira des contradictions, on examinera ce qui est dit, comme en dialectique; si c'est la même chose, & le même point de vue, & la même maniere; tellement que cela soit contraire à ce que le Poëte dit lui-même, ou à ce que doit dire un homme sensé.

12. Une censure juste est celle qui tombe sur les invraisemblances, & les méchancetés gratuites. On a un exemple de l'un dans l'Egée d'Euripide, & de l'autre dans le Ménélas de son Oreste.

13. Ainsi la critique peut tomber sur

τέχνην. αἱ δὲ λύσεις ἐκ τῶν εἰρημένων σκεπτέαι· εἰσὶ δὲ ἀριθμῷ δώδεκα.

ΚΕΦΑΛΑΙΟΝ ιϛ´.

Ὅτι βελτίων ἡ τραγῳδικὴ μίμησις ἢ ἡ ἐποποιητική.

1. ΠΟΤΕΡΟΝ δὲ βελτίων ἡ ἐποποιητικὴ μίμησις, ἢ ἡ τραγῳδική; διαπορήσειεν ἄν τις. εἰ γὰρ ἡ ἧττον φορτικὴ [1], βελτίων· τοιαύτη δὲ ἡ πρὸς βελτίους θεατάς ἐστι, δῆλον ὅτι ἡ ἅπαντα μιμουμένη, φορτική. ὡς γὰρ οὐκ αἰσθανομένων, ἂν μὴ αὐτὸ προσῇ [2], πολλὴν κίνησιν κινοῦνται· οἷον, οἱ φαῦλοι αὐληταὶ κυλιόμενοι, ἂν

---

[1] Φορτικὸς, grossier, digne des mercenaires. Aristote, Politic. VIII. c. 6. oppose le spectateur mercenaire & ignorant, φορτικὸς, au spectateur honnête; & le plaisir grossier, ἡδονὴ φορτικὴ, les danses grossieres, κινήσεις φορτικωτέρας, au plaisir délicat, aux danses honnêtes. Ibid.

[2] J'ai lu αὐτὸ προσῇ, pour αὐτὸς, comme Heinsius.

cinq chefs, sur l'impossible, sur l'invraisemblance, sur les méchancetés gratuites, sur les contradictions, & sur les fautes contre l'art. Les réponses se tirent des lieux communs que nous avons marqués, & qui sont au nombre de douze.

CHAPITRE XXV.

Que la Tragédie l'emporte sur l'Epopée.

1. On peut demander laquelle des deux, de la Tragédie ou de l'Epopée, doit l'emporter sur l'autre.

Si on donne la préférence à celle qui est la moins chargée, la moins forcée, & qui, comme telle, est faite pour des gens plus sages; il est evident que celle qui entreprend de rendre tout par l'imitation, est plus forcée que l'autre. Les acteurs dans un drame se meuvent, s'agitent de toutes manieres, comme si on ne pouvoit les entendre sans cela : semblables aux mauvais joueurs de flûte, qui, en jouant, pirouettent, pour exprimer le roulement du disque, ou qui

δίσκον δ'έη μιμεῖθαι, κỳ ἕλκονῆες τὸν κορυφαῖον, ἂν Σκύλλαν αὐλῶσιν. ἡ μὲν ἒν τραγῳδία, τοιαύτη ἐςὶν, ὡς κỳ οἱ πρότερον τὲς ὑςέρες αὐτῶν ᾤονῆο ὑποκριῆάς· ὡς λίαν γὰρ ὑπερβάλλονῆα, πίθηκον ὁ Μυνίσκος τὸν Καλλιππίδην ἐκάλει. τοιαύτη δὲ δόξα καὶ περὶ Τινδάρε ἦν. ὡς ἔτοι ἔχεσι πρὸς αὐτὲς, ἡ ὅλη τέχνη πρὸς τὴν ἐποποιίαν ἔχει. τὴν μὲν ἒν πρὸς τὲς θεατὰς ἐπιεικεῖς φασιν εἶναι, δι' ὃ ἐδὲν δέονῆαι τῶν χημάτων· τὴν δὲ τραγικὴν, πρὸς φαύλες. ἡ ἒν φορτικὴ, χείρων δῆλον ὅτι ἂν εἴη.

2. Πρῶτον μὲν ἒν ἒ τῆς ποιηῆικῆς ἡ καῆηγορία, ἀλλὰ τῆς ὑποκριῆικῆς· ἐπεί ἐςι περιεργάζεθαι τοῖς σημείοις κỳ ῥαψῳδἒνῆα, ὅπερ ἐποίει Σωσίςραῆος· καὶ διάδονῆα, ὅπερ ἐποίει Μνασίθεος Οπἒνῆιος. Εἶτα ἐδὲ κίνησις ἄπασα ἀποδοκιμαςέα, εἴπερ μηδ' ὄρχησις, ἀλλ' ἡ φαύλων, ὅπερ καὶ Καλλιππίδῃ ἐπετιμᾶτο, κỳ νῦν ἄλλοις, ὡς ἐκ ἐλευθέρας γυναῖκας μιμε-

poussent & tirent le Coryphée, quand ils jouent la Scylla: La Tragédie est, dit-on, comme les anciens Comédiens pensent que les nouveaux sont à leur égard. Muniscus appeloit Callipide, *le singe*, parce qu'il forçoit son jeu. Il avoit la même opinion du comédien Tindare. L'Epopée est donc à l'art chargé de la Tragédie, ce que les anciens acteurs sont aux nouveaux. D'où l'on conclut que l'Epopée est la Poësie des honnêtes gens, des hommes modérés, qui n'ont pas besoin qu'on accompagne de gestes ce qu'on leur dit; & que la Tragédie est pour ceux qui sont d'un caractere opposé; celle-ci est donc moins parfaite que l'Epopée.

2. On répond *quant aux gestes* : Que c'est à tort qu'on rejette sur la Tragédie ce qui ne doit tomber que sur l'Art du geste; Qu'on peut faire des gestes en récitant l'Epopée, comme faisoit Sosistrate; Qu'on peut même chanter, comme faisoit Mnasithée d'Opunte; Que toutes les especes de gestes ne sont pas à blâmer, non plus que toutes especes de danses, mais seulement ceux qui

μένων. Ἔτι ἡ Τραγῳδία κỳ ἄνευ κινήσεως ποιεῖ τὸ αὑτῆς, ὥσπερ ἡ Ἐποποιΐα. διὰ γὰρ τῦ ἀναγινώσκειν φανερὰ ὁποία τίς ἐςιν. εἰ ὖν ἐςι τἄλλα κρείτ7ων, τῦτό γε ὖκ ἀναγκαῖον αὐτῇ ὑπάρχειν.

3. Ἔπειτα διότι πάντ' ἔχει ὅσαπερ ἡ Ἐποποιΐα· κỳ γὰρ τῷ μέτρῳ ἔξεςι χρῆσθαι· καὶ ὅτι ὖ μικρὸν μέρος, τὴν μυσικὴν κỳ τὴν ὄψιν ἔχει, δι' ἧς τὰς ἡδονὰς ἐπίςαν7αι ἐναργέςα7α. Εἶτα κỳ τὸ ἐναργὲς ἔχει, κỳ ἐν τῇ ἀναγνωρίσει, κỳ ἐπὶ τῶν ἔργων. Ἔτι τῷ ἐν ἐλάτ7ονι μήκει τὸ τέλος τῆς μιμήσεως εἶναι· τὸ γὰρ ἀθροώτερον ἥδιον, ἢ πολλῷ κεκραμένον τῷ χρόνῳ. λέγω δ' οἷον εἴ τις τὸν Οἰδίπυν θείη τὸν Σοφοκλέυς ἐν ἔπεσιν ὅσοις ἡ Ἰλιάς. Ἔτι ἧτ7ον μία ὁποιαῦν μίμησις ἡ τῶν ἐποποιῶν. σημεῖον δέ· ἐκ γὰρ ὁποιασῦν μιμήσεως, πλείυς τραγῳδίαι γίνον7αι. ὥς τε ἐὰν μὲν ἕνα μῦθον ποιῶσιν, ἀνάγκη ἢ βραχέα δεικνύμενον μύκρον φαίνεσθαι· ἢ ἀκολυθῦν7α τῷ τῦ μέτρυ μήκ૮, ὑδαρῆ· ἐὰν δὲ

seroient indécens, comme ceux qu'on a reprochés à Callipide, & aux autres qui imitent des gestes de courtisannes; enfin que la Tragédie produit, comme l'Epopée, son effet sans la représentation, & qu'il lui suffit d'être lue. Si donc la Tragédie est supérieure à l'Epopée quant au reste, on n'a qu'à écarter la représentation, & ensuite les juger.

3. La Tragédie ayant tout ce qui est dans l'Epopée (car elle auroit même son vers si elle vouloit) a de plus qu'elle le chant & le spectacle, qui causent le plus grand plaisir & le plus vif. Elle a le frappant des jeux de théatre dans les reconnoissances & les autres parties de l'action. Elle est moins longue que l'Epopée, & arrive plutôt à son but. Or ce qui est serré, arrondi en soi, a bien plus de force & d'effet que ce qui est étendu dans une longue durée. Que deviendroit l'Œdipe si on en faisoit un poëme tel que l'Iliade? L'unité encore y est plus exacte & plus stricte que dans l'Epopée. Il est peu d'Epopées dont on ne fît plus d'une Tragédie. Si dans l'Epo-

πλείȣς, λέγω δὲ οἷον, ἐὰν ἐκ πλɛόνων πράξεων ᾖ συγκɛιμένη, ȣ μία· ὥσπερ ἡ Ἰλιὰς ἔχει πολλὰ τοιαῦτα μέρη, κỳ ἡ Ὀδύσσεια, ἃ κỳ καθ᾽ ἑαυτὰ ἔχει μέγεθος· καίτοι ταῦτα τὰ ποιήματα συνέστηκεν ὡς ἐνδέχεται ἄριστα, κỳ ὅτι μάλιστα μιᾶς πράξεως μίμησίς ἐστιν. Εἰ ȣν τȣτοις τɛ διαφέρει πᾶσι, κỳ ἔτι τῷ τῆς τέχνης ἔργῳ (δεῖ γὰρ ȣ τὴν τυχȣσαν ἡδονὴν ποιεῖν αὐτὰς, ἀλλὰ τὴν εἰρημένην) ³ φανερὸν ὅτι κρείτ τ ων ἂν εἴη, μᾶλλον τȣ τέλȣς τυγχάνȣσα τῆς Ἐποποιΐας.

Περὶ μὲν ȣν Τραγῳδίας, κỳ Ἐποποιΐας, κỳ αὐτῶν, κỳ τῶν εἰδῶν, κỳ τῶν μερῶν αὐτῶν, κỳ πόσα, κỳ τί διαφέρει, κỳ τȣ εὖ ἢ μὴ, τίνες αἰτίαι, κỳ περὶ ἐπιτιμήσεων κỳ λύσεων, εἰρήσθω τοσαῦτα.

³ Ce plaisir est l'émotion modérée de terreur & de pitié.

Τέλος τῆς ποιητικῆς.

pée il n'y a qu'une seule action, le poëme paroît maigre & tronqué. Si on étend cette action comme elle doit l'être, c'est une couleur délayée. Si de plusieurs actions on tâche de n'en faire qu'une, il n'y a plus d'unité. Dans l'Iliade même & dans l'Odyssée, quoique ces poëmes soient aussi parfaits qu'ils peuvent l'être par rapport à l'unité, il y a des parties qui ont chacune assez d'étendue pour en faire autant de poëmes à part. Si donc la Tragédie a l'avantage sur l'Epopée dans tous ces points, & par rapport à l'effet qu'elle produit (car les Tragédies donnent à l'ame, non toute espece de plaisir, mais celui qu'on a dit), il est clair que la Tragédie l'emporte sur l'Epopée.

Nous bornons ici ce que nous avions à dire de la Tragédie & de l'Epopée; de la nature de l'une & de l'autre; de leurs formes & de leurs parties; du nombre & des différences de ces parties; des beautés & des défauts de ces deux genres & de leurs causes, enfin des critiques & de la maniere d'y répondre.

FIN

REMARQUES
SUR LA POËTIQUE
D'ARISTOTE.

Chap. I. N°. 2. *Le Dithyrambe.*] Le Dithyrambe étoit une Poësie lyrique, consacrée à Bacchus. Son caractère particulier étoit l'enthousiasme ; & par cette raison, elle admettoit les expressions les plus fortes & les plus hardies, les figures les plus extraordinaires, le désordre des pensées & des mots, une versification libre & sans régle fixe :

> Seu per audaces nova Dithyrambos
> Verba devolvit, numerisque fertur
>   Lege solutis.

C'est Horace qui caractérise ainsi les Dithyrambes de Pindare. Nous ne disons rien de l'étymologie de ce mot, sur laquelle on n'a que des conjectures incertaines.

N°. 3. *Quelques-uns par l'un & l'autre en-*

semble.] Ce passage est un des plus difficiles de la Poëtique, tant à cause du texte, qui varie dans les manuscrits, que du sens, qui, peu clair par lui-même, a empêché de fixer le texte. Il s'agit de la maniere dont les différens Arts qu'il vient de nommer, combinent les moyens avec lesquels ils exécutent leurs imitations ; les uns n'employant que la parole, les autres que le rhythme & le chant ; d'autres, enfin, employant les trois. Ce qu'Aristote explique par une comparaison tirée de la Peinture. Il sembloit naturel que cette comparaison portât sur les moyens avec lesquels la Peinture exécute son imitation, & qui sont le trait & la couleur. Mais alors Aristote n'auroit pas pu dire qu'il y a des Peintres qui n'emploient que le trait, d'autres que la couleur, & que d'autres emploient l'un & l'autre ensemble ; puisqu'il n'y a point de peinture qui ne comprenne nécessairement le trait & quelque couleur. Il a donc fallu qu'il se rejetât, non sur les *moyens*, mais sur les *manieres* dont les Peintres usent des moyens. Il a dit : Comme les Peintres exécutent leur imitation, les uns, par l'habitude seule de la main, les autres, par certaines pratiques, ou secours de l'art, tels que les règles & les compas, &c. les autres, en réunissant l'habitude & l'art: de même les Arts dont nous parlons, emploient, les uns le rhythme seul, ou la parole seule; les autres, le chant avec le rhythme, &c. Ainsi Aristote ne compare point les moyens avec les moyens, mais la combinaison des manieres avec celle des moyens.

Ibid. *Les Arts qui imitent avec le rhythme, la parole & le chant.*] Les Arts imitent avec *la Parole*, quand ils rendent par le discours, des choses feintes & imaginées; ils imitent avec *le Chant*, quand ils rendent les sentimens & les passions, par des intonations soutenues de la voix, en allant du grave à l'aigu, & de l'aigu au grave; ils imitent avec *le Rhythme*, quand ils rendent les mouvemens de l'ame, par ceux du corps, en suivant certains intervalles ou espaces symmetriques marqués avec précision. Ces trois moyens étant faits pour aller ensemble, n'ont jamais plus de graces & de force que quand ils sont réunis. Il suffit d'expliquer ici ce que c'est que le Rhythme.

Le Rhythme, en général, est un espace terminé, fait pour symmetriser avec un autre espace dans le même genre. La goutte qui tombe du toît marque le rhythme ; le ruisseau qui murmure ne le marque point : *quod in guttis cadentibus notare possumus, in amni præcipitante non possumus*, Cic.

Dans le Discours, le Rhythme est une suite terminée de syllabes ou de mots, qui symmetrise avec une autre suite pareille. Ce qui se fait de deux manieres, ou par le nombre des syllabes, comme dans nos vers françois ; ou par celui des temps, comme dans les vers latins ; quelquefois par l'un & par l'autre, comme dans quelques vers latins, où les syllabes & les temps sont également comptés. Il ne faut pas ici confondre le rhythme avec le metre. Le rhythme ne considère que l'etendue, la durée ; le metre regarde la maniere, c'est-à-dire, l'ordre des breves & des longues, par lesquelles cette etendue ou durée est remplie : ainsi le dactyle, l'anapeste, le spondée, le double pyrrique, ont le même rhythme, (de quatre temps) & sont quatre metres différens. Tous les vers de Virgile se ressemblent par le rhythme, ils ont tous vingt-quatre temps; mais ils différent par le metre : *alterum quantitatis*, dit Quintilien, *alterum qualitatis*.

Dans la Danse, le Rhythme est une suite de pas, de mouvemens, qui symmetrisent entre eux, par leur forme, par leur durée, par leur nombre, par leur combinaison.

Dans le Chant, le Rhythme est une suite de sons, qui symmetrisent entre eux par leur durée, par leurs espaces, par leurs repos, par leurs reprises, &c.

Le Rhythme se marque également dans ces trois genres, par le levé & le frappé du pied, ἄρσις καὶ θέσις; parce que, dans ces trois genres, le rhythme n'est jamais qu'*espace terminé*; & que les paroles, le chant, les mouvemens ne sont que des modifications de cet espace. Comme tous nos mouvemens sont rhythmiques par nature, il n'est point de moyen d'imitation qui fasse plus d'effet sur notre ame que le Rhythme, &

auquel nous nous prêtions plus facilement : *naturâ*, dit Cicéron, *ad numeros ducimur*.

Ibid. *Dans la Danse il y a le Rhythme & point de Chant.*] La preuve que ce n'est point le chant qui régle la danse, c'est que la même danse s'exécute sous des chants différens, pourvu que ce soit le même rhythme.

Ibid. *Rhythmes figurés.*] Peut-être eût-on pu traduire, *gestes*, ou *mouvemens cadencés*; mais nous avons préféré de traduire à la lettre.

Ibid. *Nous n'avons point d'autre nom générique que celui d'Epopée*, &c.] L'Epopée, prise dans le sens ordinaire, est *l'imitation d'une action héroïque, rendue par le discours en vers.* Dans un sens plus étendu, qui est celui que lui donne ici Aristote, c'est simplement *une imitation par le discours*, en vers ou en prose ; & en ce sens ce mot signifie tout discours d'imitation ; par conséquent, les dialogues philosophiques, où l'on fait parler Socrate ; les Mimes, tels que ceux de Xenarque & de Sophron ; toutes les histoires feintes, comme nos romans ; tout cela est Epopée dans ce second sens, parce que tout cela est imitation par le discours : le mot l'emporte : Ποιέω, *facio*, *fingo*, & ἔπος verbum.

Ibid. *Les Mimes de Sophron.*] On donnoit ce nom à une sorte de poësie licentieuse : *Sermonis cujuslibet, sine reverentiâ cum lasciviâ imitatio.* Diomed. 3. p. 489. *Scribere si fas est imitantes turpia mimos.* Ov. Trist. 2. Eleg. 1. 515. Sophron vivoit du tems de Platon : & celui-ci faisoit tant de cas des mimes de cet Auteur, qu'il ne cessoit de les lire, & que la nuit il les avoit sous son chevet.

Ibid. *Il est bien vrai qu'on applique au vers seul l'idée qu'on a de la poësie.*] C'est une objection que se fait Aristote. Ayant dit que toute poësie étoit imitation, & que l'Epopée même n'étoit autre chose, il s'objecte à lui-même que dans le langage commun on appelle *Poësie* tout ce qui est écrit en vers, quel qu'en soit le fond, fut-ce de la Médecine ou de la Physique ; que même on ne distinguoit les Poëtes que par l'espèce de vers qu'ils avoient employés ; qu'on les appeloit élegiaques, iambiques, lyriques, &c. du nom de leurs vers. Donc ce n'est pas l'imitation qui constitue le Poëte ; donc c'est le vers, & le vers seul. *Réponse.* Homere & Empedocle sont-ils tous deux également Poëtes ? Non. Ils ont cependant tous deux écrit en vers hexametres. Si l'un est Poëte & l'autre Physicien plutôt que Poëte, il s'ensuit que ce n'est pas le vers qui fait le Poëte, mais la matiere, le fond. L'espece du vers donne le nom au Poëte. *Réponse.* Quel sera le nom de celui qui aura employé dans son Poëme des vers de toutes espèces, élegiaques, lyriques, héroïques, &c ? Car il ne peut avoir les noms de tous ces vers. Le langage populaire n'est donc point exact en cette partie. J'ai donc raison de m'en éloigner, en donnant le nom d'Epopée à toute imitation faite par le discours, soit en vers, soit en prose.

Ibid. *Les Nomes emploient les trois moyens.* Les Nomes étoient des chants en l'honneur des Dieux. On les nommoit ainsi parce qu'ils avoient tous une certaine forme & un certain chant qui leur étoit propre : c'étoit une loi, νόμος. *Plut. de Mus.* Ou peut-être, comme le dit Aristote dans ses Problêmes, parce qu'avant l'écriture, on mettoit les loix en musique : d'où il est arrivé que les premiers chants qui succéderent à ceux-là, quoique dans un autre genre, en retinrent le nom. *Sect.* 19. *Prob.* 18. Ces Poëmes étoient assez étendus. Voyez les Remarques de M. Burette. *Mém. de l'Acad. des Insc. & Bel. Let. Tom.* x. *pag.* 219 *& suiv.*

CHAP. II. N°. 1. *Il est nécessaire que les hommes qu'on représente soient bons ou méchans ; car c'est en cela que consistent les mœurs.*] Comment après un texte si formel, a-t-on pu expliquer *la bonté des mœurs*, dont il est parlé au Chap. 14, où celui-ci est rappelé, par *la bonté poëtique* ? Il est évident qu'il s'agit de la bonté qui fait la vertu ἀρετὴ, & qui est l'opposé de la méchanceté & du vice, κακία.

N°. 2. *Discours, soit en vers soit en prose.*] Dans le Chap. 1. n° 3. Aristote a désigné la prose *simple* par ψιλοὶ λόγοι. Il l'a désignée de même dans sa Rhétorique, Liv. III. 2, par opposition au vers. Ici le vers *simple* ψιλομετρία, est opposé au vers qui seroit accompagné du chant & du rhythme musical ; parce qu'effectivement dans Homere le vers n'est accompagné ni de l'un ni de l'autre.

Ibid. *Homere a fait les hommes meilleurs.*] C'est-à-dire, plus grands, plus forts & surtout plus vertueux qu'ils ne sont. Tous les héros de l'Iliade sont bons. On aime Achille, on aime Hector. Paris même & Hélene, qui devroient porter l'odieux de cette guerre funeste, ont leur bonté morale, parce qu'ils se jugent & se condamnent eux-mêmes, ce qui les fait rentrer dans la classe des hommes vertueux. Dans le Chap. 14. n°. 5. Aristote donne pour précepte de rapprocher de la vertu les caracteres outrés &

violens, c'est-à-dire, d'adoucir les défauts plutôt que de les exagerer.

Ibid. *La Comédie fait les hommes plus mauvais.*] Comme son objet est de rendre le vice ridicule, elle charge ses personnages en laid, comme la Tragédie charge les siens en beau.

Chap. III. N°. 1. *Troisieme différence, la maniere dont on imite.*] La Poësie a deux manieres, le Récit & le Drame : *Aut agitur res in scenis, aut acta refertur.* A peine les Troyens sortoient des ports de Sicile l'aviron tranchant faisoit voler l'onde en écume, quand Junon.... voilà le Récit ou l'Epique. Il n'a que cette seule forme. Le Dramatique en a trois, qui sont comme trois degrès de la même forme : voici le premier degré : Junon voyant la flotte des Troyens en pleine mer, se dit en elle-même, *Qu'elle seroit donc vaincue & forcée de renoncer à sa vengeance. Qu'un Roi des Teucriens la braveroit impunément*, &c. Les Historiens emploient souvent cette forme, voisine du Récit, pour animer & varier leur style. Le second degré se fait par la prosopopée: *Suis-je donc vaincue! Je serai forcée de renoncer à ma vengeance! Un Roi des Teucriens me brave!* &c. On sent la supériorité de ce second degré; mais il n'est que pour l'oreille, non plus que le premier: c'est toujours le Poëte qui parle sous le nom de Junon. Que seroit-ce si on voyoit Junon elle-même, & qu'on entendît sa propre voix? On auroit alors le Dramatique parfait, ou le troisieme degré, auquel on ne peut rien ajouter: c'est la chose même qui se fait, & qui se voit. Ainsi, trois manieres: le Récit pur, le Drame pur, & le Récit mêlé de Dramatique; c'est de celui-ci qu'Homère a fait usage. Voyez ci-après, Chap. 24. n°. 5. Platon explique de même ces trois manieres dans sa Rép. Tom. III. pag. 392. Ed. d'Henr. Et à cela près, qu'il tire ses exemples de l'Iliade.

N°. 2. *Imitation qui se fait par l'action.*] Si on lit δρῶντας, comme quelques-uns, il faut traduire, *parce qu'on imite des personnages qui agissent.*

CHAP. IV. N°. 1. *Et que pour apprendre il*

n'est point de voie plus courte que l'image.] C'est ainsi que j'ai rendu ces quatre mots, ἀλλ' ἐπὶ βραχὺ κοινωνοῦσιν αὐτοῦ. Je ne dissimulerai pas que Victorius, Castelvetro, Duval d'après Riccoboni, Heinsius, Goulston, Dacier, les ont rendus autrement. Mais dans ce genre, les autorités ne sont rien quand on croit que l'évidence est contre elles. Voici la traduction littérale : „ La cause (du „ plaisir que fait l'imitation) est que non- „ seulement les sages, mais encore les au- „ tres hommes, ont beaucoup de plaisir à „ apprendre; or, *par l'imitation*, ils obtien- „ nent cela dans le moment ; car voilà la „ cause du plaisir qu'on a en voyant les imi- „ tations : c'est que dans l'instant même „ qu'on voit, on apprend, on raisonne sur „ chacun des objets, par exemple, que ce- „ lui-là est un tel. Car s'il arrive qu'on n'ait „ pas vu auparavant l'objet imité, le plaisir „ ne vient plus de l'imitation, mais du tra- „ vail de l'art, du coloris ou de quelque au- „ tre chose „. Ἐπὶ βραχὺ signifie donc, *dans le même moment, en moins de rien*, βραχὺ ἀντὶ τοῦ οὐδέν, dit Hesychius : συμβαίνει θεωροῦντας μανθάνειν : simul vident, simul discunt : voir & savoir ne sont que la même chose. On reconnoît ce qu'on a vu, par le raisonnement que voici : L'objet que je vois peint est de telle & telle maniere, or, l'objet réel que j'ai vu est de même, donc c'est le même objet, ὅτος ἐκεῖνος. Ce sens est clair.

N°. 3. *La Satyre porte encore le nom d'Iambe.*] Elle le portoit encore du temps d'Horace : *Quem criminosis cumque voles modum pones iambis.* Od. 1. 16. &, *In celeres iambos misit furentem.* Ibid. & dans l'Art Poëtique, *Archilochum proprio rabies armavit iambo.*

N°. 4. *Les imitations d'Homere sont dramatiques.*] En ce que ce sont les personnages mêmes qui parlent presque toujours chez Homere. Voyez Chap. 22. N°. 5.

N°. 6. *Sophocle ajouta un troisieme acteur.*] Horace a dit, *Nec quarta loqui persona laboret.* Un poëte ne doit point faire d'effort pour faire entrer dans le dialogue un quatrieme personnage. En effet, ce qu'on peut ajou ter d'acteurs au-delà de trois, n'est point nécessaire, & ne peut avoir de ressort que par le moyen de l'un des trois principaux; dont l'un entreprend, l'autre fait obstacle, & le troisieme aide au dénouement. Au reste, ceci n'est point un précepte de rigueur, & doit s'entendre avec des modifications.

Ibid. *Le vers, de tetrametre qu'il étoit, devint trimetre.*] Il y a dans la versification grecque & latine, deux sortes de tetrametres & de trimetres, l'un trochaïque, qui a un trochée aux pieds pairs; l'autre ïambique, qui a un iambe à ces mêmes pieds. On sait que l'iambe est composé d'une brêve & d'une longue, & le trochée, au contraire, d'une longue & d'une brêve. C'est cette différence qui rend le vers trochaïque, le plus dansant, le plus sautant de tous les vers. Il est composé de six ou de huit pieds. Mais comme ces pieds ne sont que de trois temps, on en faisoit entrer deux dans la même mesure. Ainsi, le vers de huit pieds étoit frappé en quatre mesures, & celui de six pieds en trois ; ce qui a fait surnommer celui-ci trimetre & l'autre tetrametre. Le trimetre iambique a succédé au tetrametre trochaïque dans les drames, parce que le dialogue y a pris la place des danses, & des danses satyriques, c'est-à-dire, les plus vives qu'il y eût, & que le dialogue ne pouvoit soutenir la marche sautillante du trochée.

Ibid. *On multiplia les Episodes.*] Pour donner une idée juste de ce qu'Aristote appelle ici *Episode*, il faut ajouter un mot à ce qu'il dit de l'origine de la Tragédie.

La Tragédie dut sa naissance aux fêtes de Bacchus, qui se célébroient à la suite des vendanges. C'étoient dans les temples, des sacrifices, des dithyrambes, des danses graves & majestueuses, &c. on le conçoit. Mais dans les maisons des particuliers, dans les places publiques, dans les rues, on conçoit encore mieux que ce devoit être la joie la plus déréglée : c'étoient des cris, des courses, des injures grossieres données & rendues, des bouffonneries, des farces. Avec le temps on y mit quelques formes, qui passerent en usage : on distingua les danses, on les caractérisa, la Cordace, le Pressoir, la Cyclope, &c. On y entremêla quelques dialogues grossiers, ou plutôt des invectives dialoguées, à peu près comme les défis ou combats des bergers, avec cette différence seulement que ceux-ci étoient dans le genre pastoral, & que ceux des fêtes de Bacchus étoient dans le genre le plus libre & le plus licencieux.

La partie de ces fêtes qui se célébroit dans les temples, consistant en Chœurs, c'est-à-dire, en chants graves & monotones, étoit nécessairement triste. On essaya d'introduire dans ces Chœurs un personnage qui récitât quelqu'un des exploits de Bacchus : ce qui fit un Episode, c'est-à-dire, un morceau étranger dans le Chœur. A ce personnage Eschyle en ajouta un second, qui forma un dialogue avec le premier. Sophocle y en ajouta un troisieme. C'étoit tout ce qu'il en falloit, pour composer & rendre une action dramatique; un acteur qui parle, un qui répond, un troisieme qui décide en cas de partage.

On voit par cet exposé que l'Episode étoit, dans l'origine, une sorte de dialogue, inséré dans les Chœurs religieux, pour y jeter quelque variété. Le Chœur chantoit des vers lyriques en musique, lyrique elle-même, c'est-à-dire, élevée & soutenue. Ceux qui exécutoient l'Episode chantoient aussi leurs récits, mais leur chant étoit plus simple, plus bas, plus approchant des inflexions de la conversation.

Cette même variété, qui avoit fait introduire l'Episode, le fit diviser en quatre parties, qu'on fit précéder encore d'une exposition du sujet, autrement dit, prologue: ce qui forma cinq morceaux ou actes, comme on les a nommés depuis, séparés par quatre chœurs, ou chants lyriques. On alla plus loin: on étendit chaque Episode, en diminuant le chœur à proportion. Cette diminution vint au point, que les Chœurs qui avoient été dans l'origine le fond principal de la Tragédie, n'en furent plus que l'accessoire; jusqu'à ce qu'enfin ils furent entiérement supprimés chez les modernes.

D'après cet exposé, on voit que l'Episode

lorsqu'il s'agit de Tragédie chez les Anciens, est expressément ce que nous appelons aujourd'hui *Acte*. Ce qui n'empêcha pas que dans tous les autres cas, ce mot ne conservât sa signification naturelle, *de hors-d'œuvre, d'intermede, de morceau d'attache, qui n'est point lié naturellement au tout dont il semble faire partie*. Les mots *épisodier* & *épisodique*, ont à-peu-près ce dernier sens. Aristote emploie le premier dans sa Poëtique pour signifier *détailler, developper les parties d'une action*; & le second pour signifier le défaut ou l'insuffisance des liaisons dans les parties d'une action, comme on le verra ci-après.

CHAP. V. 1. *La Comédie est l'imitation du mauvais qui produit la honte*.] Aristote distingue deux sortes de mauvais ou de vices: ceux dont on ne rougit pas, comme l'ambition, la colere, la vengeance, &c. & ceux dont on rougit, comme l'amour dans un vieillard, l'avarice sordide, les prétentions déplacées, &c. Or, ce sont ces derniers vices qui constituent ce qu'on appelle le Ridicule.

La Comédie n'est donc point simplement une imitation de la vie commune dans les conditions privées, ni de l'honnête & du décent dans les mœurs du simple citoyen, ni du plaisant & du risible dans les situations & les discours, c'est l'imitation d'un *vicieux susceptible de ridicule*.

Ce n'est pas que les peintures de la vie commune, le décent, le plaisant, le risible, &c. ne puissent & ne doivent même entrer dans le Comique. Mais ils doivent y entrer seulement comme accessoires, & s'envelopper dans le Ridicule, qui est la forme caractéristique de l'espece. L'imitation de la vie privée n'est pas de soi gaie, ni riante; & la Comédie doit l'être. Celle du vice comme vice, est odieuse, & suppose une difformité déplaisante, dont on ne rit point. Le plaisant & le risible sont gais; mais ils ne sont point dans le cas de corriger personne, puisqu'ils ne supposent aucune difformité. Nous ne parlons point du touchant & de l'attendrissant, qui sont des usurpations sur le genre tragique. Il ne reste donc que le vice ridicule, qui, étant en contraste avec la vertu, avec les mœurs communes, avec la marche ordinaire du bon sens, peut divertir par le bizarre & le grotesque, instruire par l'exemple, corriger par la honte qu'on y attache.

De tous les poëtes comiques, il n'en est point qui ait mieux saisi cette idée que Moliere, ni qui l'ait mieux remplie. Dans toutes ses piéces il a eu soin d'attacher un vice & un ridicule dominant à un principal personnage, qui est le centre de l'action, qui donne l'ame & la couleur à tout le reste. Pour marquer fortement ce vice il l'exagere, le charge, comme les Peintres en grotesque, qui font un grand nez encore plus grand, de petits yeux encore plus petits. Il fait mieux: il le met en contraste avec la vertu opposée, avec le juste, l'honnête, le décent, qu'il attache aux personnages sensés, aux Philintes, aux Cléantes, aux Clitandres, &c. Il place le simple, le naïf, le touchant, dans les jeunes personnes, tourmentées par les vices ou les travers des personnages principaux, qui ont le pouvoir & l'autorité ; le plaisant & le risible, dans les valets & tout ce qui est de leur genre, ou dans les situations comiques des personnages graves, comme celle d'Harpagon prêtant à son fils, ou de Tartuffe embrassant Oronte au lieu d'Elmire. Enfin, lorsqu'il peint le vice en noir, c'est-à-dire, avec ses couleurs propres, ou il y ajoute la nuance qui fait le ridicule, ou il en place le tableau de maniere qu'il devienne aussi ridicule & comique qu'il est odieux.

N°. 2. *L'Archonte ne donna qu'assez tard la Comédie.*] Les Archontes, Magistrats d'Athénes, qui gouvernoient la République. Il y en avoit un qui présidoit aux spectacles, qui achetoit les piéces des auteurs, & qui les faisoit jouer aux dépens de l'Etat. Les marbres d'Arondel placent la premiere comédie jouée à Athénes l'an 582 avant J. C.

Ibid. *On ne sait qui fut l'inventeur des prologues.*] Ce mot peut aider à fixer le sens de celui de πρωταγωνιςὴς, qui est dans le Chap. précédent, n°. 6. On sait qui est l'inventeur du prologue dans la Tragédie, mais on ne sait point qui le fut dans la Comédie. Le Prologue, ou exposition du sujet, est de la plus grande importance dans un drame. C'est dans le Prologue qu'on propose le sujet ; qu'on marque la fin où tend l'action : c'est de-là par conséquent que dépend une partie de l'unité, qui consiste dans le rapport sensible de tous les moyens & de tous les mouvemens à un seul but.

Ibid. *Epicharme & Phormis.*] Tous deux Siciliens, vivoient dans le cinquieme siecle avant J. C. Ils furent les premiers qui mirent dans la Comédie une action, c'est-à-dire, une entreprise qui avoit un commencement, un milieu & une fin. Aristote ajoute que Cratès, Athénien, fut le premier qui traita cette action dans le général & non en personnalité. On distingue chez les anciens trois sortes de Comédies : la Vieille Comédie, qui étoit une satire personnelle, dont le sujet étoit une aventure vraie, présentée au public avec les noms vrais de ceux à qui elle étoit arrivée, c'est ce qu'Aristote appelle *la forme ïambique :* la
Moyenne,

Moyenne, qui jouoit des aventures vraies, avec des noms feints : la Nouvelle, qui joua des aventures feintes ou générales, sous des noms feints. Cratès fut le premier qui donna l'exemple de cette derniere espece de Comédie.

CHAP. VI. N° 1. *La Tragédie est une Action qui, par un spectacle de terreur & de pitié, purge en nous ces deux passions.*] Le sens de ce dernier mot est depuis long-temps le tourment des interprêtes, qui n'ont pu comprendre ce que c'étoit que *purger les passions*, encore moins ce que c'étoit que *purger la terreur & la pitié*, & les purger par la Tragédie, qui les excite. Est-ce en excitant l'amour, la haine, la tristesse, qu'on les purge, qu'on les guérit ? car le mot de *purgation* semble faire entendre la guérison ? A qui d'ailleurs, a pu venir cette pensée inhumaine, de vouloir guérir les hommes de la pitié, qui est le réfuge des malheureux ; de la terreur, qui est la sauve-garde de la vertu ? Cependant Aristote semble l'avoir dit, & on ne le soupçonnera point d'avoir dit à son siecle une absurdité palpable.

Corneille explique à sa maniere cette purgation : ,, La pitié d'un malheur où nous ,, voyons tomber nos semblables, nous ,, porte, dit-il, à la crainte d'un pareil ,, pour nous ; cette crainte au desir de l'é- ,, viter ; & ce desir à purger, modérer, rec- ,, tifier, & même déraciner en nous la pas- ,, sion qui plonge à nos yeux, dans ce mal- ,, heur, les personnes que nous plaignons ; ,, par cette raison commune, mais naturelle ,, & indubitable, que pour éviter l'effet, il ,, faut retrancher la cause. ,, 11. *Disc. de la* ,, *Trag*. Cette idée de Corneille est juste en soi, & convient très-bien à la Tragédie. Mais ce n'est point celle d'Aristote, qui s'est expliqué lui-même assez clairement, au Liv. VIII de ses Politiques, Chap. 7. comme nous allons tâcher de le faire voir dans cette Remarque, qui passera les bornes ordinaires, quoique nous ayons fait tout ce qui dépendoit de nous pour l'abréger.

Aristote traite, dans ce livre, de l'éducation des jeunes gens, & des différens Arts dont on doit les instruire, parmi lesquels la Musique tient le principal rang. Il veut qu'on l'enseigne même aux enfans, ne fût-ce que pour leur donner un jouet bruyant, πλαταγὴν, & les empêcher, comme disoit Archytas, de briser les meubles par d'autres jeux. Mais dans un âge plus avancé, & dans tout le cours de la vie, la Musique, selon ce Philosophe, a des usages très-importans, parmi lesquels il met celui de la Purgation des passions.

Avant que de citer le texte d'Aristote, nous croyons nécessaire de poser quelques principes, & de déterminer quelques notions, qui le rendront plus intelligible & plus concluant.

Il y a trois choses dans le Chant musical les Paroles, λόγος, le Chant, ἁρμονία, & le Rhythme, ou la mesure, ῥυθμός. Les Anciens & les Modernes sont d'accord sur ce point, personne n'a pu dire autrement.

Quand les Paroles, le Chant & le Rhythme sont réunis, comme ils l'étoient dans la Tragédie Grecque, il est nécessaire que ces trois parties concourent à une même expression, & ne produisent que le même effet ou sentiment, dans l'ame de ceux qui écoutent. Que diroit-on d'une composition musicale où les Paroles exprimeroient la joie, le Chant la tristesse, & le Rhythme une autre passion ?

Il suit de-là que ce qui sera bien prouvé de l'expression & de l'effet de l'une de ces trois parties, quand elles sont réunies, le sera également de l'effet des deux autres ; & conséquemment, que, si l'on trouve dans Aristote une explication claire & précise de la maniere dont un chant musical, soutenu de paroles, purge les passions, & entre autres la terreur & la pitié, on saura de même comment les Paroles, accompagnées de musique, peuvent aussi les purger. C'est l'objet de la question.

Du temps d'Aristote, les Philosophes avoient divisé la Musique, relativement à ses effets sur l'ame, en trois especes, qui sont, la Musique *morale*, la Musique *active*, & la Musique *enthousiastique*.

La premiere étoit un chant grave, d'une mélodie simple & unie, d'un mouvement modéré & uniforme, semblable aux mœurs, ἠθικαὶ ἁρμονίαι. H'θικὸν *vocant Græci*, dit Cicéron, *ad naturas & ad mores accommodatum, come, jucundum, ad benevolentiam conciliandam paratum*. Orat. 128.

La seconde espéce étoit active, πρακτικαὶ ἁρμονίαι. C'étoit un chant plus composé que le chant moral, plus varié, plus hardi dans ses intonations, plus vif, plus pressé dans son mouvement & dans son rhythme; il ressembloit aux passions.

Enfin, la troisieme espéce étoit l'enthousiastique, qui saisit l'ame, qui l'emporte, qui la remplit d'une sorte d'ivresse & de fureur: *Evohe, recenti mens trepidat metu!* La Musique agit donc sur l'ame, ou en lui donnant un exercice doux & uniforme; ou en lui donnant des mouvemens vifs, & passionnés; ou en lui donnant des secousses violentes, qui la troublent & la déplacent. Il y a donc trois sortes de Musique, quant à ses effets. C'est la conclusion d'Aristote.

Venons maintenant aux usages qu'on peut

faire de ces trois sortes de Musique. Aristote en compte quatre. On peut en user pour reposer l'ame après de longs efforts, πρὸς ἄνεσιν ; pour l'occuper, lorsqu'on est dans le loisir, πρὸς διαγωγήν ; pour lui donner un caractere convenable, dans la jeunesse, πρὸς παιδείαν ; enfin, pour la purger des affections qui lui nuisent, πρὸς κάθαρσιν.

1. Usage, *Pour reposer l'ame.* Cela n'a besoin ni d'explication, ni de preuve : l'expérience suffit. La Musique repose l'ame mieux que ne feroit une inaction complette ; parce qu'elle l'occupe doucement, sans la fatiguer ; & que dans l'inaction, les idées qui l'ont fatiguée reviendroient sur elle, & acheveroient de l'épuiser.

2. Usage, *Pour occuper l'ame* dans le loisir. Un honnête homme, doit s'occuper, dit Aristote, & se reposer en honnête homme. 451. A. Or quel amusement plus honnête, que de s'entretenir des proportions & des symétries harmoniques, qui ont avec notre ame une si grande analogie, que quelques Philosophes ont dit que notre ame elle-même étoit harmonie, ou composée d'harmonie.

3. Usage. *Pour donner à l'ame un caractere convenable*, ἤθως. Voici le raisonnement d'Aristote, & presque ses paroles : Il est démontré que la Musique agit sur l'ame ; donc elle agit sur celle des jeunes gens. Les affections qu'elle y produit sont factices, il est vrai ; mais ces affections factices ouvrent & fraient la voie aux affections qui seront produites par les réalités : c'est l'amour du portrait qui prépare à l'amour de la personne. Croit-on que les batailles de Polygnote & les peintures libres de Pauson, produiront les mêmes effets dans l'ame des jeunes gens ? Cette même différence se trouvera dans les chants graves, & dans les chants efféminés. Ceux-ci sont un instrument de corruption. Les chants graves doivent donc être un moyen d'éducation, πρὸς παιδείαν.

4. Usage, *pour purger l'ame* : c'est l'objet de notre Remarque. Pythagore est le premier qui a emprunté ce mot de la Médecine. Car comme la Médecine purge les corps, en corrigeant l'excès ou le vice des humeurs, la Musique de même purge l'ame, en corrigeant, en ôtant, soit l'excès,

soit le vice des affections. Et à ce sujet Aristote cite les Poëtes qui ont dit que Polypheme sur les rivages de Sicile, Orphée sur la cîme du Rhodope, Achille sur ses vaisseaux, charmoient leurs ennuis par les accords de la lyre. Mais sans avoir recours à la fable, nous avons le même effet, au milieu de nous. A quoi servent dans nos grandes villes les spectacles de la Poësie & de la Musique, si ce n'est pour délasser l'homme d'étude, pour désennuyer le riche désœuvré, ou pour distraire de son déplaisir l'homme chagrin? Car nous avons totalement perdu de vue le quatrieme effet celui de l'éducation de l'ame : nous croyons, faute d'y avoir refléchi, que toutes les especes de musique sont à-peu-près indifférentes à l'éducation & aux mœurs.

Après ces préliminaires nous espérons que la doctrine d'Aristote sur la purgation de la pitié & de la terreur par la Tragédie, sera aisée à reconnoître dans le Chap. 7 du VIII Livre de ses Politiques. Voici ses paroles : „ Il s'agit maintenant de savoir si dans „ l'éducation de la jeunesse, on peut faire

„ entrer toutes les espéces de Chant ou de
„ Rhythme, ou s'il faut en faire un certain
„ choix.... Comme nous sommes persuadés
„ que cette matiere a été suffisamment traitée
„ par les Musiciens d'aujourd'hui, & par
„ quelques-uns de nos Philosophes, nous
„ n'entrerons point dans les détails, qu'on
„ trouvera chez eux. Nous nous contenterons
„ de toucher sommairement les principaux
„ points. D'abord nous approuvons la divi-
„ sion qu'ils ont donnée des Chants musicaux
„ en trois espéces, qui sont les Chants moraux,
„ les Chants passionnés, & les Chants en-
„ thousiastiques, qui chacun ont leur vertu
„ propre, & produisent des effets différens.
„ Nous disons ensuite que la Musique peut
„ servir à divers usages : à former le carac-
„ tere & les mœurs ; à purger l'ame (nous
„ ne touchons ici que légérement l'article de
„ la purgation, dont nous parlerons ample-
„ ment dans nos livres sur la Poëtique), elle
„ sert en troisieme lieu à occuper le loisir ;
„ enfin elle sert à détendre l'ame, & à la re-
„ poser après la contention & les efforts. Or
„ il est évident qu'elle produit ces quatre

» effets par les trois espéces de chant qu'on
» vient de nommer. Mais il ne faut pas user
» de ces chants de la même maniere. Pour
» former l'ame, il faut employer les chants
» les plus moraux ; pour les autres effets,
» on peut entendre exécuter par les gens de
» l'Art, les morceaux de musique passion-
» née ou enthousiastique. Car les chants qui
» font une impression forte sur quelques
» ames, agissent aussi sur les autres, quoi-
» que plus foiblement. Il n'y a de différence
» que dans le degré, soit pitié, soit terreur,
» ou même enthousiasme. Il y en a qui, par
» la même impression qui émeut à peine les
» autres, sont transportés hors d'eux-mêmes.
» Or ceux-ci, si on leur fait entendre quelqu'un
» de ces chants graves & religieux, qui pré-
» parent l'ame à la célébration des choses
» divines, nous les voyons *se calmer peu-à-*
» *peu*, comme ayant *reçu une sorte de pur-*
» *gation & de médecine*. La même chose ar-
» rive nécessairement à ceux qui sont nés
» sensibles *à la terreur & à la pitié* ; à ceux
» qui le sont beaucoup, comme à ceux qui
» le sont moins. Tous tant qu'ils sont, il se

» fait en eux une *sorte de purgation* : ils sen-
» tent un *allegement mêlé de plaisir*. La mê-
» me chose arrive dans les chants moraux
» ou cathartiques, qui produisent dans le
» cœur humain *une joie pure, sans mélange*
» *d'aucune peine* ». De là Aristote conclut
dans le reste du Chapitre, qu'il ne faut permettre aux jeunes gens que la musique cathartique ou morale, & qu'on doit laisser celle qui a les intonations fortes & aiguës, qui est chargée, enluminée, outre mesure, aux gens ignorans & peu délicats, φορτικοῖς, à qui il faut des émotions fortes & grossieres comme eux.

Il suit évidemment de cette doctrine, que la Purgation qui s'opere par la Musique, consiste à modérer l'excès des mouvemens passionnés, à alléger l'émotion qui seroit trop vive, κουφίζεται; de maniere que cette émotion soit accompagnée de plaisir, μεθ' ἡδονῆς ; & que ce plaisir soit pur & sans mélange d'aucune peine, χαρὰν ἀβλαβῆ. Aristote ajoute que cette purgation a lieu dans la pitié & dans la terreur. La purgation de la terreur & de la pitié par la Musique, consiste donc en ce que la Musique en modére l'excès, ou en épure l'espéce. Cette même purgation se fait par la Tragédie, comme par la Musique ; la purgation de la terreur & de la pitié, consiste donc, dans la Tragédie, à ôter à ces deux passions ce qu'elles peuvent avoir de trop, ou de fâcheux.

Comment s'opere cette purgation dans la Tragédie ? Par deux moyens, dont le premier chez les Anciens, étoit la Musique ou le Chant, qui accompagnoit la Tragédie, & qui étant Dorien, ou moral, devoit, dans le sens reçu du temps d'Aristote, purger la terreur & la pitié. Le second moyen étoit l'imitation, qui, selon Aristote (*Chap*. 4. 1.) & selon la vérité, a cette propriété singuliere, de nous faire aimer dans la peinture ce qui nous feroit horreur dans la réalité, comme des cadavres, des bêtes hideuses. Il ajoute que c'est le charme des Arts. C'est celui de la Tragédie. Si Phedre dans son désespoir, se poignardoit réellement à nos yeux, si Hippolyte étoit traîné par ses chevaux & déchiré sur les rochers, la pitié & la terreur que nous éprouverions, portées à l'excès, &

mêlées d'horreurs, seroient pour nous un supplice. La Tragédie vient à notre secours: elle nous donne la terreur & la pitié que nous aimons, & leur ôte ce degré excessif, ou ce mêlange d'horreur que nous n'aimons pas. Elle allége l'impression, & la réduit au degré & à l'espece, où elle n'est plus qu'un plaisir sans mêlange de peine, χαρὰν ἀβλαβῆ; parce que malgré l'illusion du théâtre, à quelque degré qu'on la suppose, l'artifice perce, & nous console, quand l'image nous afflige ; nous rassure, quand l'image nous effraie.

C'est en partant de ce principe qu'il a été défendu aux Poëtes de toutes les nations douces & humaines d'ensanglanter le théatre, parce que l'image eût été trop forte & trop près de la vérité. Il y a telle piece chez nous, & encore plus chez nos voisins, dont les ames foibles ou délicates n'oseroient approcher, parce qu'elles y éprouveroient une sorte de torture. Les ames même les moins sensibles y éprouvent quelque peine, quoiqu'à un moindre degré. Et c'est pour épargner cette peine aux uns comme aux autres, que la Tragédie doit donner des émotions purgées quant à l'espece, bornées quant au degré.

Mais que devient l'effet, ou la fin morale de la Tragédie, qu'on croyoit indiquée par cette purgation des passions, prise dans un autre sens ? Elle est toujours la même ; parce que la Tragédie est, & sera toujours, un tableau des malheurs & des miseres de l'humanité, qui nous apprendra toujours par la crainte, à être prudent pour nous ; par la pitié, à être sensible & secourable pour les autres. Ce sera toujours un exercice de l'ame aux émotions tristes, une sorte d'apprentissage du malheur, qui nous prépare aux événemens de la vie, comme le soldat qu'on aguerrit par les combats simulés. C'est le seul sens dans lequel la Tragédie puisse avoir un effet moral. Vouloir que l'action de la Tragédie soit une allégorie, comme une fable d'Esope, pour nous enseigner une vérité importante ou non, c'est un rafinement qui passe le but, qui ne convient point aux plus belles Tragédies qui existent, & auquel les

Poëtes anciens n'ont point pensé, non plus que les modernes.

N°. 3. *Ces agrémens sont le Rhythme, le Chant & le Vers.*] Aristote ajoute que ces agrémens *concourent à l'effet de la Tragédie.* On peut voir dans la Remarque précédente que l'effet de la Tragédie est d'émouvoir l'ame par la terreur & la pitié, & que la Musique est un des moyens par lesquels on excite ces passions. Or, la Musique n'est autre chose que *Chant & Rhythme*, & le vers n'est que *Parole & Rhythme*. Donc le Chant, le Rhythme & le Vers concourent avec l'action tragique, pour exciter dans la Tragédie, la terreur & la pitié.

Ibid. *Il y a des parties où il n'y a que le vers*]. Telles sont celles qui sont en dialogues ; parce que la déclamation notée n'étoit pas censée chant musical, μέλος. Le Rhythme même n'y étoit pas observé, comme il ne l'est pas dans la prononciation de nos vers sur le théatre.

N°. 4. *Le spectacle partie de la Tragédie*]. M. Dacier traduit ὄψις par *décoration*. Il signifie tout ce qui peut être saisi par les yeux, tout ce qui est de spectacle.

N°. 5. *Les Mœurs & la Pensée, causes de toutes nos actions.*] Les Mœurs déterminent à l'espece de l'action, la Pensée, à l'individu. Je m'explique : Un avare est déterminé par son caractere d'avare, à agir en avare ; mais c'est par sa pensée actuelle, qu'il est déterminé à agir en avare dans tel moment, en telle circonstance, de telle maniere. Sans la pensée, on n'agiroit point ; sans le caractere, on n'agiroit point ainsi. La Pensée & les Mœurs sont donc les causes de l'action & de l'espece de l'action. Toute action est donc le produit des Mœurs & de la pensée.

Ibid. *J'appelle Fable, l'arrangement des parties dont est composée une Action poëtique.*] Une Action poëtique est celle dont les parties sont composées & arrangées entre elles, de la meilleure maniere possible, sans avoir égard à la vérité des faits. C'est un édifice

dans

dans lequel le vrai & le faux entrent également, pourvu qu'ils soient vraisemblables. Il suffit qu'on y voie des motifs raisonnables, un plan naturel, un dessein suivi, dont l'exécution commence, s'avance, s'achève par des moyens vraisemblables. Il n'est point d'Apologue d'Esope qui ne soit fable en ce sens. Le loup a formé le dessein de dévorer l'agneau : il lui cherche querelle, lui prête des torts ; puis il l'emporte & le dévore.

N°. 6. *Six choses dans la Tragédie*], dont deux sont Moyens d'imitation, c'est *la diction* & *le chant*, (celui-ci comprend la déclamation) : une est la Maniere d'imiter, c'est *la représentation dramatique* : les trois autres sont les Objets qu'on imite, les *pensées*, les *mœurs*, *l'action*.

N°. 7. *La Tragédie est imitation des actions, de la vie, du bonheur, du malheur*]. Ceci doit s'expliquer par la doctrine particuliere d'Aristote sur le bonheur, ou le souverain bien de l'homme en cette vie. Le Bonheur, dit-il, est le bien suprême de l'homme,

Partie I. Q

τέλος : or, le bien suprême de l'homme est dans ses actions, πράξεις τινές, κ̓ ἐνέργειαι τὸ τέλος. *De Mor. I. 7. E.* Donc le bonheur, & par conséquent le malheur humain, est dans les actions, κ̓ γὰρ εὐδαιμονία ἐν πράξει ἐςί. En deux mots : la fin ou le bonheur de l'homme est dans la vertu ; or la vertu est dans l'action ; donc la fin de l'homme est dans l'action. *Ibid. 6.*

Aristote dit *une certaine action*, πρᾶξις τὶς, πράξεις τινές ; parce qu'il distingue deux sortes d'actions : les mécaniques & les morales. Ainsi la Médecine a pour fin la santé ; la Science militaire, la victoire ; la Peinture, un tableau, &c. ce sont des fins extérieures à l'action. Il n'en est pas de même des actions morales, qui sont des opérations de l'ame se portant à la vertu, ou s'éloignant du vice. Celles-ci ont leur fin en elles-mêmes : elles sont à elles-mêmes leur fin. C'est de là que dans le discours familier, *être heureux, bien faire, bien vivre* se prennent chez les Grecs pour synonymes : συνᾴδει δὲ τῷ λόγῳ κ̓ τὸ εὐζῆν, κ̓ τὸ εὐπράττειν τὸν εὐδαίμονα. *Ibid. 8.* La vie heureuse est la bonne conduite : σχεδὸν γὰρ εὐζοΐα τις εἴρηται, κ̓ εὐπραξία. *Ibid.* On a donc dû traduire τὸ τέλος πρᾶξίς τίς ἐστι : *La fin qu'on se propose est action.*

Aristote ajoute, *& non pas qualité,* οὐ ποιότης ; parce que l'objet de la Tragédie n'est nullement de peindre la qualité, ou les caracteres. Il en dit la raison : c'est que dans la Tragédie, les caracteres sont pour l'action, & non l'action pour les caracteres.

CHAP. VII. N°. 3. *J'appelle* entier, *ce qui a un commencement, un milieu & une fin.*] ,, Ces ,, termes, dit Corneille, sont si généraux ,, qu'ils semblent ne rien signifier ; mais à les ,, bien entendre, ils excluent les actions mo- ,, mentanées, qui n'ont point ces trois par- ,, ties. Telle peut être la mort de la sœur ,, d'Horace, qui se fait tout d'un coup, sans ,, aucune préparation dans les trois actes qui ,, la précédent. Et je m'assure que si Cinna ,, attendoit au cinquieme acte à conspirer ,, contre Auguste, & qu'il consumât les qua- ,, tre autres en protestations d'amour à Emi- ,, lie, ou en jalousies contre Maxime ; cette ,, conspiration surprenante feroit bien des ré- ,, voltes dans les esprits, à qui ces quatre ,, premiers actes auroient fait attendre toute ,, autre chose. ,,

„ Il faut donc qu'une action pour être
„ d'une juste grandeur, ait un commencement,
„ un milieu, une fin. Cinna conspire contre
„ Auguste, & rend compte de sa conspira-
„ tion à Emilie, voilà le commencement.
„ Maxime en fait avertir Auguste, voilà le
„ milieu ; Auguste lui pardonne, voilà la
„ fin. *Disc.* 1 , *pag.* 14.

C'est peut-être ce qui fait la différence qu'il y a entre *acte & action*, en fait de dramatique. Une action dramatique a en soi son commencement, son milieu & sa fin. Un acte n'a en soi, ni son commencement, ni sa fin, ou n'a que l'un ou l'autre ; il est pour ainsi dire enté sur une autre action, ou va s'y rendre.

CHAP. VIII. N°. 2. *Homere supérieur en cette partie aux autres Poëtes*]. Virgile lui-même peut être compris dans cette décision. Le sujet de son poëme n'est pas une action, c'est une entreprise : l'établissement d'une nation dans un pays étranger; sujet plus vaste encore que n'eût été le siége de Troie pour Homere. Mais le Poëte latin a préféré dans son poëme l'intérêt national à la régularité de l'art.

Chap. IX. N°. 1. *Traiter le Vrai, non comme il est arrivé, mais selon qu'il a dû arriver, & le Possible selon le vraisemblable ou le nécessaire*]. Dans ces deux mots, *le Vrai & le Possible*, Aristote renferme l'univers poëtique, qui, comme on voit, est bien plus étendu que l'univers réel. Le Vrai est tout ce qui est ou qui a été. Le Possible, est tout ce qui peut être ou qui a pu être. L'Histoire & la Poësie ont également droit sur le Vrai; mais l'une pour en user comme il est, l'autre pour en user comme il lui plaît. L'Histoire ne peut y rien ajouter, ni en rien ôter: c'est un témoin qui dépose. La Poësie y ôte, y ajoute, elle en fait son propre bien, & l'embellit selon ses idées & ses caprices.

Dans quelle source la Poësie prendra-t-elle ses embellissemens ? Dans le Possible, qui est le fond naturel & inépuisable de la fiction : c'est-à-dire, que si la Poësie a à traiter un fait vrai, elle lui donnera, si elle le juge à propos, d'autres causes, d'autres effets, d'autres circonstances, que celles qu'il a dans l'histoire : mais à deux conditions, que lui impose Aristote : c'est que ces causes, ces effets, ces circonstances seront *vraisemblables* ou *nécessaires* : deux mots importans, qui renferment presque toutes les règles de la Poëtique.

Qu'entend Aristote par ces mots ? C'est Corneille qui va répondre : » Je ne crois point, » dit-il, m'éloigner de la pensée d'Aristote, » quand j'ose dire pour définir le Vraisembla- » ble, &c. que *C'est une chose manifestement* » *possible dans la bienséance, & qui n'est ni manifestement vraie, ni manifestement fausse.* Corneille distingue ensuite le Vraisemblable *général*, qui est ce que doit faire un Roi, un ambitieux, un amant, &c. & *le particulier*, qui est ce que doit faire Alexandre, César, Alcibiade, d'après leur caractere connu. Il ajoute qu'il y a encore le Vraisemblable *ordinaire*, qui arrive plus souvent, ou du moins auſſi souvent que son contraire ; & *l'extraordinaire*, qui arrive moins souvent que son contraire, mais qui a sa possibilité assez aisée pour ne pas aller jusqu'au miracle. Telles sont les définitions que Corneille donne du Vraisemblable & de ses especes. Venons au Nécessaire.

„ Le Nécessaire, dit-il, n'est autre chose
„ que le besoin du Poëte pour arriver à son
„ but, ou y faire arriver ses acteurs.... Un
„ Amant a dessein de posséder sa Maîtresse,
„ un Ambitieux de s'emparer d'une Couron-
„ ne, &c. Les choses qu'ils ont besoin de
„ faire pour y arriver constituent ce *Nécessai-*
„ *re* qu'il faut préférer au *Vraisemblable*, ou
„ pour parler plus juste, qu'il faut ajouter
„ au vraisemblable dans la liaison des actions
„ & des moyens ». *Disc.* 11. Corneille veut dire sans doute que le Nécessaire est ce dont l'action même a besoin, soit pour commencer, soit pour continuer, soit pour s'achever; que c'est une partie qui précéde, ou qui accompagne, ou qui suit nécessairement une autre partie, accordée, ou qu'on ne peut refuser d'accorder. Accordez qu'Achille est violent & impétueux ; s'il reçoit un outrage, il est nécessaire qu'il se mette en fureur, & qu'il tâche de se venger. Aristote, Chap. 14. n°. 6. „ veut que le Poëte à chaque chose
„ qu'il écrit, à chaque mot, se demande à

„ lui-même, s'il est nécessaire, s'il est du-
„ moins vraisemblable, que son acteur dise,
„ fasse cela ». Le Nécessaire est donc ce qui
doit, ou a dû, se faire, ou se dire, nécessairement, tel caractere & telle position
étant donnée; comme le Vraisemblable, est
ce qui peut ou a pu, se faire, ou se dire, vraisemblablement, telle position donnée. Ainsi
dans la Poësie, il y a le *Vrai poëtique*, embelli par la fiction, par opposition au *Vrai
historique*, qui ne doit rien embellir, ni en-
laidir, & *le Possible*, c'est-à-dire la fiction :
mais la fiction réglée par les idées que nous
avons *du vraisemblable*, & quelquefois ap-
puyée sur un fondement convenu, dont on
la tire comme une conséquence *nécessaire*.

Ibid. *La Poësie plus instructive que l'Histoire*]. La raison est que la Poësie trace ses
modèles aussi beaux qu'ils peuvent être, &
que l'Histoire les offre tels qu'ils sont. Achille
dans Homere est aussi vaillant qu'il est possible de l'être, Ulysse aussi prudent : Enée
dans Virgile est un héros parfait. L'Histoire
les eût peints autrement, si elle les eût peints

selon le vrai. Quelle Histoire peut être comparée à notre Télémaque pour la beauté des exemples & des leçons ! On peut ajouter que les leçons de la Poësie sont plus touchantes, plus pénétrantes, parce qu'elles vont au cœur par le plaisir, *præceptis informat amicis.*

Ibid. *La Poësie a en vue le Nécessaire & le Vraisemblable, lorsqu'elle impose les noms de l'Histoire*]. Il en donne la raison, n° 3 : Parce que ce qui est arrivé est évidemment possible, & par conséquent vraisemblable, quelquefois même nécessaire, relativement à ce qui a précédé.

N°. 3. *Il y en a, ou tous les noms sont feints.*] Zaïre & Alzire en sont des exemples frappans, parmi les Modernes.

N°. 5. *Les fables épisodiques sont les moins bonnes*]. ,, Aristote blâme fort, dit Corneille, ,, les Episodes détachés, & dit que les mau- ,, vais Poëtes en font par ignorance, & les ,, bons en faveur des Comédiens, pour leur ,, donner de l'emploi. L'Infante du Cid est

» de ce nombre ; & on la pourra condamner, » ou lui faire grace, suivant le rang qu'on » voudra me donner parmi nos Modernes ». *Disc.* 1, *pag.* 28.

Dans ce même endroit Corneille distingue deux sortes d'Episodes, » qui peuvent » être composés, dit-il, des actions particu- » lieres des principaux acteurs, dont toute- » fois l'action principale pourroit se passer, » ou des intérêts des seconds amans qu'on in- » troduit, & qu'on appelle communément » des personnages épisodiques. Les uns & les » autres doivent avoir leur fondement dans » le premier acte, & être attaché à l'action » principale, c'est-à-dire, y servir de quel- » que chose : & particuliérement ces per- » sonnages épisodiques doivent s'embar- » rasser si bien avec les premiers, qu'une » seule intrigue brouille les uns avec les au- » tres ». Il est inutile d'avertir qu'ici Corneille enseigne non les règles, mais les ruses de l'Art, lorsqu'il s'agit de couvrir les défauts, soit du Poëte, soit du sujet qu'il traite. L'art seroit parfait, si une seule action, par elle-même, c'est-à-dire, par ses développemens, sans épisode, ni addition étrangere, remplissoit completement la mesure. Tel est l'Œdipe de Sophocle. Il seroit assez difficile d'en trouver des exemples chez les Modernes; parce que chez eux la suppression des Chœurs, laisse une étendue trop grande à remplir, & trop difficile à concilier avec l'unité exacte & rigoureuse.

CHAP. X. *Différences des fables.*] Après avoir parlé des qualités d'une fable ou action poëtique, Aristote distingue les especes de fables, qui constituent autant d'especes de Tragédies, comme on le verra au Chap. 17. n° 2. Les fables tragiques sont de quatre especes, *Simples, Implexes, Pathétiques & Morales.* Il ne nomme, ni ne définit cette derniere dans ce Chapitre, mais elle y est sous-entendue par son opposition à l'espece Pathétique: & elle est nommée deux fois aux Chap. XVII, n° 2. & XXIII, n°. 1. comme faisant la quatrieme espece.

N°. 2. *J'appelle Action implexe celle ou il y a Reconnoissance ou Péripétie, ou l'une & l'au-*

tre.] Quand il y a Reconnoissance, le même personnage, sans être double, y fait deux rôles différens, l'un avant, l'autre après la reconnoissance. Avant la reconnoissance Œdipe est le Juge qui cherche le coupable, & qui veut le punir. Après qu'il s'est reconnu, il est le coupable, & il est puni. Ainsi le sujet *s'implique, se replie* sur lui-même. Il en est de même lorsqu'il y a Péripétie. Le même personnage y a deux états différens, celui du bonheur & celui du malheur. L'action implexe est donc celle où il y a Reconnoissance ou Péripétie, ou l'une & l'autre. La Tragédie *simple* s'explique ici par son opposition à la Tragédie *implexe*.

N°. 3. *La Péripétie est une révolution subite*]. Ce mot *Péripétie* vient du verbe πίπτω *cado*, & signifie *événement subit, accident, revers imprévu*, qui change tout-à-coup l'état d'un homme, & la face de ses affaires. Ce qui ne se fait jamais plus subitement que par la Reconnoissance.

Ibid. *Lyncée est conservé*]. C'étoit l'époux

d'Hypermnestre, la seule des cinquante filles de Danaüs, qui épargna son époux. Danaüs étoit au moment de le faire mourir, une sédition, selon toute apparence, changea la face des choses ; Danaüs périt, Lyncée fut conservé.

N°. 7. *La Passion, action douloureuse ou destructive*]. La définition qu'en donne le Philosophe, ne laisse aucun doute sur la signification de ce mot. Il a absolument le même sens que lorsque nous disons *la Passion de Jesus-Christ*. Il signifie mort violente, tourmens, en un mot ce qu'on appelle en style dramatique, *du sang répandu*.

Chap. XI. N° 2. *Le Prologue*]. C'est ce qui répondoit chez les Anciens à notre premier Acte, où le sujet s'expose, où on fait connoître les principaux acteurs, leurs mœurs, leurs pensées, leurs intérêts. *Voyez* la Rem. sur Despreaux, Chant III, v. 27.

Le Chœur étoit composé au moins de quinze personnes, hommes, femmes, vieillards, &c. représentans l'assemblée témoin de l'action qui se faisoit; sept d'un côté, sept de l'autre, & le Coryphée ou Chantre principal; qui se plaçoient sur le théâtre de diverses manieres, selon les cas & le besoin.

Le Chœur arrivoit après le Prologue, & l'action commençoit. Il chantoit des morceaux lyriques en entrant, puis à trois reprises différentes, qui servoient d'intermedes aux Actes, ou *épisodes*; & aussi-tôt après la catastrophe, il se retiroit derriere le théâtre.

Parodos, étoit la premiere entrée, ou le premier chant du Chœur. *Stasimon* étoit le chant du Chœur restant en place; *Commoï* étoient les gémissemens ou complaintes du Chœur, lorsque la catastrophe étoit arrivée.

N°. 3. *Stasimon sans anapestes, & sans trochées*]. Ces deux pieds, dit M. Dacier, regnent dans le premier chant du Chœur, & sont fort rares dans les trois autres, où le Chœur ne se donnoit pas tant de mouvement. *Rem.* 10.

CHAP. XII, N°. 1. *Ni exemple pour l'huma-*

nité]. M. Dacier traduit par-tout φιλάνθρωπον, par *ce qui fait plaisir*. Cette traduction est trop vague. Le plaisir dont il s'agit, est celui d'un sentiment que produit un exemple, une vérité utile à l'humanité. Heinsius a rendu ce sens par une periphrase : *Quod homines communi lege ac vinculo humanitatis movet*. C'est l'idée juste.

N°. 2. *Il reste le milieu à prendre*]. » Ceux, » dit Corneille, qui veulent arrêter nos Hé- » ros dans une médiocre bonté, sont fort » embarrassés dans la Tragédie de Polieucte, » dont la vertu va jusqu'à la sainteté, sans » aucun mêlange de foiblesse ». *Disc. 2 de la Trag*. Ils ne le seront point, s'ils jugent les personnages, selon les rapports qu'ils ont entre eux dans l'action théâtrale, & non selon ceux qu'ils ont avec le spectateur. Polieucte étoit coupable aux yeux de Félix & de l'Empire Romain, dont il brisoit les Dieux, & renversoit les temples. C'en étoit assez pour rendre le persécuteur moins méchant, & le persécuté moins bon, dans le point de vue théâtral : c'est pour cela que son supplice n'excite ni l'indignation, ni l'horreur.

Ibid. *Œdipe précipité par une erreur ou faute humaine*]. Ce sujet a été souvent reproché aux Anciens, d'après M. Corneille, à qui Œdipe *semble n'avoir fait aucune faute*, (2 Disc. sur le Poëme Dram.) & sur-tout d'après M. de Fontenelle, qui a dit qu'*Œdipe étoit écrasé par un coup de foudre*. D'où on a conclu que le malheur d'Œdipe n'étoit ni tragique, ni moral. Nous ne pouvons guere nous dispenser d'examiner ce reproche avec un peu d'attention ; d'autant plus qu'Aristote semble avoir fait de l'Œdipe de Sophocle, la regle & le modele des Tragédies.

Une réflexion bien simple auroit du inspirer au moins quelque doute à nos Censeurs. Toute la Gréce a versé des larmes sur Œdipe. Aujourd'hui encore il est touchant sur nos théâtres. Des nations entieres se trompent-elles ainsi en fait de sentiment ? Œdipe n'a fait aucune faute, soit ; Iphigénie en a-t-elle fait ? Cependant nous pleurons sur Iphigénie.

Œdipe est criminel & malheureux par la fatalité. Mais si cette fatalité, dans l'opinion des Grecs, enveloppoit également tous les hommes ;

hommes; chaque spectateur pouvoit se mettre à la place d'Œdipe, & pleurer sur soi, comme sur lui, ce qui fait la pitié: trembler pour soi, comme pour lui, ce qui fait la terreur. Ce sujet pouvoit donc être tragique pour les Grecs.

Il étoit moral. Il ne tenoit qu'à Œdipe d'éviter son crime & son malheur, quoique prédits par l'oracle. C'étoit la croyance commune des Grecs. Laïus avoit cru se soustraire à son destin, en faisant mourir son fils. Œdipe croyoit s'y soustraire en fuyant de Corinthe, où il croyoit qu'étoient son pere & sa mere. Averti par l'Oracle, devoit-il lui suffire de quitter Corinthe? Ne devoit-il pas respecter la vie de tout inconnu en âge d'être son pere, craindre d'épouser toute femme en âge d'être sa mere? Bien loin de cette précaution si naturelle, en quittant Delphes, le premier vieillard qu'il rencontre il le tue, c'étoit Laïus. Il arrive à Thèbes, il triomphe du Sphinx. Ebloui de sa victoire, & de la couronne qu'on lui présente, il épouse une femme qui évidemment pouvoit être sa mere, puisqu'elle l'étoit. Son malheur étoit donc le fruit de son imprudence, & de son emportement ; il pouvoit donc être une leçon pour les Grecs.

Mais quand il y auroit eu nécessité dans le crime & dans le malheur d'Œdipe ; combien de Philosophes & de Théologiens ont admis cette nécessité, sans renoncer à la liberté ? Les Stoïciens comparoient l'homme sous le destin, au chien attaché à un essieu, & mené, lorsqu'il obéit, traîné, lorsqu'il résiste. Cependant ils croyoient à la vertu. A plus forte raison le peuple pouvoit-il admettre ces contradictions ? Qui ne s'écrie point dans le malheur : *C'est ma destinée ! c'est mon étoile ! c'est le Ciel qui l'a voulu !* ... Et cependant on délibere, on a des regrets & des remords ; parce que, malgré les préjugés du peuple & les subtilités de la métaphysique, il y a toujours l'opinion du cœur qui subsiste, & réfute tous les sophismes. Nous sentons que les malheurs humains ont presque tous leur source dans les imprudences ou les passions humaines. C'est toujours quelque foiblesse dont on eût pu se défendre ; quelque erreur, qu'on eût pu éviter ; quelque force, qu'on eût pu détourner ; certaines conjonctures, qu'on eût pu prévoir, & auxquelles on eût pu se préparer autrement, *volens, nolens*; & le dernier résultat qu'on entend au fond de son cœur, c'est que, si c'étoit à recommencer, on seroit plus modéré ou plus prudent. Œdipe entendoit cette voix ; les spectateurs l'entendoient ainsi que lui & comme lui. Son malheur étoit donc dans l'humanité, & dans l'humanité foible ou ignorante : c'étoit donc un sujet tragique dans le genre indiqué par Aristote.

Aristote ajoute *Thyeste* à Œdipe.] Pour *Thyeste*, dit M. Corneille, » *je n'y puis découvrir cette probité commune, ni cette faute sans crime, qui le plonge dans son malheur; car c'est un incestueux qui abuse de la femme de son frere.* » Voici l'histoire. Atrée & Thyeste, fils de Pélops, après la mort de leur pere, convinrent qu'ils regneroient à Argos tour-à-tour. Quand le tour de Thyeste fut venu, Atrée accoutumé à regner, ne voulut pas lui céder la place. Thyeste outré de colere gagna la femme d'Atrée, l'enleva; & pour avoir le thrône, qui lui étoit dû, emporta en même-temps le bélier fatal qui étoit le gage de l'Empire, & qui portoit une toison d'or. Le crime de Thyeste étoit donc l'effet de la colere, & d'une colere fondée en raison. Mais voulant se venger, il passa le but, selon l'usage ordinaire des passions.

N°. 3. *La Catastrophe sera du bonheur au malheur*]. Aristote touche ici le point essentiel de la Tragédie, ce qui la caractérise dans son espece. Elle doit, dit-il, se terminer au malheur, sans quoi il n'y a ni terreur, ni pitié. Or sans la terreur & la pitié il n'y a point de Tragédie. On se souviendra qu'Aristote doit donner l'idée de la Tragédie prise dans sa nature essentielle, dans sa perfection idéale. Or la Tragédie, considérée dans ce point de vue précis, est le tableau des malheurs touchans & terribles. Elle doit donc se terminer au malheur.

Mais la Catastrophe ne peut-elle pas être double ? se terminer au bonheur pour les bons, au malheur pour les méchans, comme dans Héraclius, dans Athalie, &c. ? Oui, sans doute ; & Aristote met ce dénouement au second rang. Mais lorsqu'on analyse le tragique de cette espece, on trouve que le malheur des méchans est une sorte d'exécution de justice, qui ne cause qu'une crainte & une pitié assez foible aux gens de bien ; & que le bonheur des bons, qui produit la joie, est un dénouement comique, plutôt que tragique. D'où il résulte, qu'à prendre les choses en rigueur, cette catastrophe double n'est point tragique. La vraie Tragédie est donc celle qui se termine au malheur de ceux qu'on aime. *In Comœdia*, dit Jules Scaliger, *initia turbatiuscula, fines læti. In tragœdia, principia sedatiora, exitus horribiles.* Poët. liv. 1. 6.

Ibid. *Le malheur sera produit par une faute, non par un crime*]. C'est le seul moyen d'exciter une pitié & une terreur profonde. Un crime atroce, une horreur de scélérat, révolte le spectateur ; & par cette révolte même, le rassure contre la crainte ; parce qu'il se sent aussi éloigné du malheur, qu'il l'est du crime. Mais si au lieu du crime, c'est une faute humaine ; si c'est la fureur momentanée d'une passion qui surprend ; le hasard d'un contre-temps fâcheux ; la nécessité d'un devoir qu'on n'a pu concilier avec un autre devoir aussi cher ; si c'est une sorte de fatalité qu'on sent attachée à la condition humaine, en un mot, un crime auquel tout honnête homme se sent exposé parce qu'il est homme, c'est alors qu'on craint pour soi, en se disant *homo sum*, & qu'on pleure tendrement pour celui qui souffre, *& humani nihil à me alienum puto*. On peut créer des genres voisins de celui-là ; nous en avons des exemples dans nos plus grands Maîtres. On a donné le nom de Tragédie à des spectacles héroïques qui n'ont de touchant que quelques scenes de situation, & qui se terminent au bonheur. On a vu ailleurs des scélérats punis, des hommes parfaitement innocens au comble du malheur, & d'autres, souverainement méchans, au comble du bonheur. Mais ces ouvrages ne sont pas dans toute la perfection du genre. Ce qui prouve qu'Aristote nous a donné le parfait idéal de la Tragédie, c'est qu'après avoir admiré le grand Corneille dans ses tableaux sublimes, nous revenons avec plaisir à Racine, qui nous a paru la correction d'un plus grand homme que lui, parce qu'il nous a peint les foiblesses, les malheurs, & non les crimes de l'humanité. *On admire moins,* dit M. de Fontenelle, *mais on est plus ému.*

Ibid. *Familles d'Alcméon, d'Œdipe, d'Oreste, de Méléagre, de Thyeste, de Télephe, fournissent les sujets de Tragédie*]. On sait l'histoire d'Œdipe, d'Oreste, de Thyeste, disons un mot, d'Alcméon, de Meléagre, & de Télephe.

Alcméon étoit fils d'Amphiaraüs & d'Eryphile. Amphiaraüs savant dans l'avenir, & prévoyant que tous les Princes qui iroient au siege de Thèbes, y périroient, refusoit d'y aller, & empêchoit aussi les autres d'entrer dans cette ligue. Eryphile, gagnée par un collier, força son mari à partir; mais avant son départ, Amphiaraüs ordonna à son fils Alcméon de venger sa mort, & de tuer sa mere, ce qu'il fit. C'est ce meurtre d'Eryphile par Alcméon qui a été mis sur le théâtre chez les Anciens.

Meléagre étoit fils d'Althée & d'Œneus, Roi de Calydon. Sept jours après sa naissance les Parques allerent le voir, & prédirent qu'il ne mourroit que quand un tison, qui étoit alors au feu, seroit consumé. La mere éteignit ce tison, & le garda soigneusement dans un coffre. Diane envoya dans le pays d'Œneus un sanglier monstrueux. Atalante le blessa la premiere : Meléagre l'acheva ; & pour en faire tout l'honneur à Atalante, dont il étoit amoureux, il lui en présenta la peau. Les freres d'Althée, oncles de Méléagre, voulurent ôter le prix à cette Princesse. Méléagre transporté de fureur les tua. Althée pour venger ses freres, fit brûler ce tison fatal auquel étoit attaché la vie de son fils ; l'un & l'autre se consumerent en même-temps.

Télephe. Strabon dit qu'Hercule, passant par l'Arcadie, s'arrêta à Tégée, chez Alvas, qu'il corrompit sa fille Augée, prêtresse de Minerve, & qu'il en eut un fils. Le pere ayant découvert le crime de sa fille, l'enferma avec le fils qu'elle avoit eu d'Hercule, dans un coffre, & le jetta dans la mer. Le coffre fut porté sur les côtes de Mysie, où le Roi Teuthras épousa Augée & adopta son fils. Apollodore raconte le fait autrement ;

mais ni Apollodore, ni Strabon ne nous disent quels furent les malheurs qui arriverent à Augée & à son fils, pour devenir un sujet de Tragédie.

N°. 5. *Les Poëtes se prêtent à la foiblesse des spectateurs*]. On en voit l'exemple dans l'Iphigénie de Racine. Le spectateur François n'eut pu supporter l'idée d'Iphigénie sacrifiée. Il a donc fallu lui substituer, non une biche, comme dans Euripide, mais une autre Princesse, pour être sacrifiée à sa place. Ce qui a jeté le Poëte dans le plus grand embarras. Il vouloit que l'intérêt portât sur Iphigénie, & que le malheur tombât sur Eryphile. Cependant l'intérêt tragique est inséparable du malheur. Que d'art il a fallu pour donner le change au spectateur !

CHAP. XIII. N° 1. *La Tragédie ne doit point donner toutes sortes d'émotions.*] Aristote revient souvent sur ce principe, & avec raison. La Tragédie est caractérisée par l'action qu'elle imite ; & l'action l'est par l'impression qu'elle produit sur les spectateurs. Une action héroïque produit l'admiration : une action tragique doit produire la terreur & la pitié ; non l'une ou l'autre, mais l'une & l'autre. La pitié seule, sentiment doux mais foible, affaisseroit l'ame. La terreur seule, sentiment vif & fort, lui donneroit des secousses trop fortes. Tempérées l'une par l'autre, elles produisent une agitation mêlée de douleur & de volupté : cela est d'expérience, & n'a pas besoin de preuve. Voilà l'espece. Il y a ensuite le degré. Il est un point où l'art doit atteindre, & qu'il ne doit point passer. Un simple sentiment d'inquiétude, mêlé de quelque attendrissement, n'atteint pas le but ; l'horreur d'un spectacle atroce le passe : l'un ne remue pas assez, l'autre déchire. Il y a donc un milieu, qu'on sent mieux par les exemples, qu'on ne peut le définir. Parmi les exemples, il n'y en a pas de plus sensible que celui d'Orosmane. Ce n'est pas une scene qui inquiéte, qui alarme en passant : c'est un malheur touchant, terrible, qui se prépare de scene en scene, qu'on entrevoit dans un lointain obscur, qui éclate par un moment de fureur, qui est comblé par le désespoir : voilà l'espece & le degré. J'aurois cité Polieucte, si dans cette Tragédie la pitié ne sembloit pas l'emporter sur la terreur.

N°. 2. *L'ignorance des personnes dans Œdipe est hors de l'action*]. Œdipe avoit tué son pere & épousé sa mere, sans les connoître, mais ces deux actions ne sont point le sujet de la Tragédie de Sophocle. Le sujet est *Œdipe vaincu par ses propres recherches, & puni par lui-même*. Ainsi l'ignorance d'Œdipe est hors de l'action théâtrale.

Ibid. *Il ne faut point changer les fables reçues*]. » Cette décision, dit Corneille, ne regarde » que le fonds essentiel & principal de l'action, » non les circonstances, que souvent l'histoire » même ne marque pas. Si on changeoit le » fonds principal, cette falsification seroit cau- » se qu'on n'ajouteroit nulle foi au reste ». *Disc.* II, *de la Tragédie*, pag. 53.

Ibid. *Il faut que Clytemnestre périsse de la main d'Oreste*]. » Je ne saurois dissimuler, » dit M. Corneille, une délicatesse que j'ai

» sur la mort de Clytemnestre, qu'Aristote
» nous propose pour exemple des actions qui
» ne doivent point être changées. Je veux bien
» avec lui qu'elle meurt de la main de son fils
» Oreste. Mais je ne puis souffrir chez Sopho-
» cle, que ce fils la poignarde de dessein for-
» mé, pendant qu'elle est à genoux devant
» lui & le conjure de lui laisser la vie. Je ne
» puis même pardonner à Electre, qui passe
» pour une vertueuse opprimée dans le reste
» de la piéce, l'inhumanité dont elle encoura-
» ge son frere à ce parricide : c'est un fils qui
» venge son pere, mais c'est sur sa mere qu'il
» le venge. Seleucus & Antiochus avoient droit
» d'en faire autant dans Rodogune, mais je
» n'ai osé leur en donner la moindre pensée...
» Pour rectifier ce sujet à notre mode, il fau-
» droit qu'Oreste n'eût dessein que contre
» Egiste ; qu'un reste de tendresse respectueu-
» se pour sa mere lui en fît remettre la puni-
» tion aux Dieux ; que cette Reine s'opiniâtrât
» à la protection de son adultere, & qu'elle
» se mît entre son fils & lui, si malheureu-
» sement, qu'elle reçût le coup que son fils
» vouloit porter à l'assassin de son pere. Ainsi

» elle mourroit de la main de son fils, com-
» me le veut Aristote, sans que la barbarie
» de son fils nous fît horreur, comme dans
» Sophocle, ni que son action méritât des
» furies vengeresses, pour le tourmenter,
» puisqu'il demeureroit innocent ». *Disc.* 2.

Ce dernier mot de Corneille suffit pour justifier les Anciens. Il falloit qu'Oreste, selon la fable, fût livré aux Furies vengeresses: c'étoit la leçon qu'on donnoit aux parricides. Il falloit donc qu'Oreste fût véritablement coupable. Mais par combien de circonstances son crime n'est-il pas affoibli? Clytemnestre avoit égorgé son époux, pere d'Oreste; Egiste son amant avoit usurpé le trône d'Agamemnon, qui appartenoit à Oreste; celui-ci étoit fugitif; sa sœur Electre étoit horriblement persécutée, enfin Apollon lui-même avoit ordonné le parricide, & protégeoit celui qui l'avoit commis. Toutes ces idées réunies & mêlées ensemble confusément, enveloppoient en quelque sorte le coupable, & diminuoient l'atrocité de son crime; & la vengeance que les Furies exerçoient sur lui, malgré le Dieu qui le protégeoit, rétablissoit la justice & la morale dans leurs droits.

N°6. *Entreprendre, & ne pas achever, est la plus mauvaise de ces manieres*]. " Si cette condamnation n'étoit modifiée, dit Corneille, elle s'étendroit un peu loin, & envelopperoit non-seulement le Cid, mais Cinna, Rodogune, Héraclius & Nicomede. Disons donc qu'elle ne doit s'entendre que de ceux qui connoissent la personne qu'ils veulent perdre, & s'en dédisent par un simple changement de volonté, sans aucun événement notable qui les y oblige, & sans aucun manque de pouvoir de leur part. Mais quand ils font de leur côté tout ce qu'ils peuvent & qu'ils sont arrêtés par quelque puissance supérieure, ou par quelque changement de fortune, qui les fait périr eux-mêmes, ou les réduit sous le pouvoir de ceux qu'ils vouloient perdre, il est hors de doute que cela fait une Tragédie peut-être plus sublime que les trois qu'Aristote avoue. " *Disc.* 11.

Il y auroit peut-être un moyen de concilier Aristote avec Corneille, ce seroit de distinguer le tragique d'action, & le tragique de situation. Celui-ci est le tragique du Cid, de Cinna, de Rodogune, d'Héraclius, de Joas, &c. Mais chez Aristote il est question du tragique d'action. Or il est évident que celui qui entreprend avec reconnoissance, & qui n'acheve pas, par quelque cause que ce soit, ne fait pas une action tragique. Les pieces qu'on cite, & qui sont des chef-d'œuvres à d'autres égards, péchent au moins par cet endroit. Cinna est un amant aveuglé, qui se précipite dans le crime, malgré lui ; qui a le bonheur d'y échouer. Il se trouve dans les situations les plus critiques. Le spectateur y ressent les plus vives inquiétudes ; mais il n'y ressent ni pitié, ni terreur, ni pour Auguste, ni pour Cinna. Il en est de même du supplice d'Athalie, de celui de Cléopatre, &c. On est saisi dans Rodogune, épouvanté, mais on ne pleure point. On sent les vraies Tragédies, à l'émotion qu'elles causent ; on sent Œdipe, Polieucte, Phédre, Zaïre, parce que l'émotion part de source, c'est-à-dire, du fond même de l'action.

Ibid. *Hémon n'acheve point*]. Antigone ayant enterré son frere Œdipe, malgré la défense de Créon, ce Roi la fit enterrer vive dans un tombeau. Hémon, fils de Créon, amoureux de cette Princesse, va pour mourir avec elle. Créon informé du désespoir de son fils vient pour le sauver. Hémon regardant son pere d'un air furieux, tire son épée pour le tuer. Le Roi évite le coup par la fuite. Hémon se plonge son épée dans le sein, & tombe aux pieds de sa maîtresse. On ne peut dire qu'il n'y ait ici qu'un simple changement de volonté, sans effet.

N°. 8. *La derniere de ces manieres est la meilleure*]. Aristote entend, non la meilleure maniere possible, mais la meilleure des quatre qui sont indiquées dans ce chapitre. Ce qui suffit, pour empêcher qu'il n'y ait contradiction entre ce passage & celui du Chap. XII, n° 3, où Aristote prouve qu'une Tragédie parfaite doit se terminer au malheur, non au bonheur. Nous avons dit *la meilleure des quatre* ; parce qu'Aristote propose effectivement quatre manieres, quoiqu'il semble n'en n'en proposer que trois. 1. Entreprendre avec connoissance & ne pas achever : c'est Cinna. 2. Entreprendre avec connoissance & achever : c'est Médée. 3. Entreprendre sans connoissance, achever, & reconnoître après avoir achevé : c'est Orosmane dans Zaïre. 4. Enfin, être au moment d'achever faute de connoître, & reconnoître avant que d'achever : c'est Mérope.

Chap. XIV. N°. 1. *Les Mœurs seront bonnes*]. Il s'agit d'une bonté morale, & non d'une bonté poëtique. La bonté poëtique est la conformité du tableau avec son original. Satan, dans le Paradis perdu de Milton, a la bonté poëtique. Mais il ne s'agit point ici de cette bonté. Aristote s'est expliqué lui-même, de la façon la plus claire, ici & au Chap. 2. n°. 1. où il appelle cette bonté ἀρετὴ, *virtus*, & son opposé κακία, *vitium*. Ici il l'oppose encore à πονηρία (n°. 5.) qui signifie *mauvaise volonté, méchanceté, action blâmable*.

La raison de cette bonté qu'Aristote exige dans les principaux personnages de la Tragédie est que tout spectateur, bon plus que mauvais, & qui se croit encore meilleur qu'il n'est, ne peut s'intéresser véritablement pour un méchant, qui seroit méchant, non comme le spectateur sent qu'il peut l'être, par foiblesse, ou par quelque emportement passager, qui supposent toujours le fond de bonté; mais par nature & par caractere, κατ' ἦθος. Polieucte & Zaïre ne sont des pieces si touchantes, que parce que tous les personnages y sont bons.

Ce n'est pas à dire pour cela qu'il ne puisse y avoir des caracteres méchans & vicieux dans les Tragédies; mais ils ne doivent être que dans les personnages subalternes. C'est Œnone, & non Phedre, qui se charge d'accuser Hippolyte. La vertu doit être dans les premiers personnages, & les crimes, s'il y en a, dans les seconds. C'est le contraire dans la Comédie, parce que celle-ci n'est pas *l'imitation du meilleur* comme la Tragédie; c'est *l'imitation du pire*, c'est-à-dire, du vice exagéré. Aussi Aristote n'a-t-il dit nulle part que les Mœurs de la Comédie dussent être bonnes.

Ibid. *Les femmes plus mauvaises que bonnes*]. Aristote ne parle pas ici des femmes en général ; mais seulement de celles que les Poëtes ont mises sur le théâtre, telles que Médée, Clytemnestre, Eryphile, Phédre, &c. Dans les mœurs Grecques, la vertu des femmes étoit de se tenir renfermées chez elles, & de rester inconnues. Par conséquent elles ne pouvoient guère figurer sur le théâtre tragique, qu'en leur supposant d'autres mœurs que celles de la modération & de l'honnêteté, convenables à leur sexe.

Ibid. *Les valets toujours mauvais*]. Il s'agit aussi des valets de Comédie, qui sont toujours fourbes, fripons, lâches, vils, en un mot méchans : la vertu sembleroit déplacée chez eux.

N° 3. *Les Mœurs seront ressemblantes*]. Soit à ce qui est, ou qui est censé être, ou à ce qu'on imagine avoir pu, ou dû être. Le Poëte réunit la vérité du portrait & la liberté du tableau.

N° 5. *Ménélas exemple de Mœurs mauvaises*].

Nous avons la piéce d'Euripide. Ménélas fait d'abord espérer à Oreste son neveu, qu'il fera tous ses efforts pour le défendre ; & ensuite il l'abandonne lâchement, sans y être forcé par aucune nécessité. Aristote appelle cette méchanceté *gratuite*, dans le chap. 24.

Quant aux lamentations d'Ulysse dans la Scylla, piéce satyrique, apparemment qu'elles étoient indignes de ce héros, qui avoit toujours montré tant de courage & de fermeté.

Ménalippe parloit contre la *Convenance*, en ce qu'elle s'étendoit trop sur les systêmes des Philosophes, & sur celui d'Anaxagore en particulier. Ce qui ne sembloit pas convenir à une femme sur le théâtre.

N° 7. *Dénouement par machine*]. C'est celui qui se fait par l'intervention de quelque Divinité. Paris alloit être percé par Ménélas, Venus l'emporte dans un nuage : voilà le dénouement par machine. Si dans Euripide Médée eût fui par son art magique, il n'y auroit pas eu de machine : elle se fût suffi à elle-même. Mais elle fuyoit dans un char que le Soleil lui avoit envoyé. Dans la petite Iliade le dénouement se faisoit par l'apparition de l'ombre d'Achille, qui demandoit qu'on lui sacrifiât Polixene. Par tout ce que dit Aristote il est aisé de voir qu'il n'approuve point les dénouemens par machine.

N°. 8. *Trop ardens ou trop timides*]. Achille dans l'Iliade est un exemple du premier genre. Paris est un exemple du second. Aristote se contente de citer le premier, qui suffit. Ce héros est emporté, violent : cependant dans sa querelle avec Agamemnon, il se retient. Quand il est retiré sur ses vaisseaux, il est toujours bon : il s'informe de ce qui arrive : il s'y intéresse ; il envoie Patrocle, pour repousser les Troyens ; il lui donne ses propres armes ; il l'arme lui-même, pour hâter le secours. Observons en passant qu'Horace n'a rendu ni l'Achille d'Homere, ni le precepte d'Aristote, lorsqu'il a dit d'Achille qu'il ne reconnoissoit point de loi.

Jura neget sibi nata, nihil non arroget armis.

Passons à l'exemple de timidité ou de foiblesse. Paris est effrayé à la vue de Ménélas, il se cache dans le bataillon qui le suit ; mais il se ranime par les reproches d'Hector, & retourne au combat. Il donne souvent dans d'autres occasions des preuves de courage & de valeur. Il en est de même d'Hélène, qui est criminelle, mais qui dans toute l'Iliade se montre sous des couleurs plus intéressantes qu'odieuses.

N° 9. *Parties qui sont des dépendances de la Poësie*]. On les connoît : ce ne peut être que les décorations de la scene, les habillemens des acteurs, leurs gestes, leurs tons de voix, le chant, l'accompagnement des instrumens, en un mot tout ce qui frappe l'oreille & les yeux. Tout cela doit être comme les Mœurs, & aller avec elles au même but, & de la même maniere, naturellement & vraisemblablement.

CHAP. XV. N° 1. *Par la cicatrice*]. Ulysse dans le liv. 19 de l'Odyssée, montre lui-même sa cicatrice aux Pastres pour se faire reconnoître par eux ; & pour leur faire croire que c'est lui, & non un autre, πίστιος ἕνεκα. Dans le 21 liv. cette même cicatrice est apperçue malgré lui dans le bain, par Euryclée sa nourrice, qui jette un cri en la voyant. On sent que cette seconde maniere d'employer les signes de reconnoissance est beaucoup plus piquante que l'autre.

N°2. *La seconde espece de Reconnoissance n'est point sans art*]. Aristote dans sa Rhétorique, livres 1. 2. distingue deux sortes de preuves : les unes *artificielles*, les autres *non artificielles*: τῶν πίστεων αἱ μὲν ἄτεχνοί εἰσι, αἱ δὲ ἔντεχνοι. Les *non-artificielles* sont celles que l'Orateur n'invente point, telles sont les Lois, les Titres, les Sermens, les Témoins, la Torture. *Les artificielles* sont celles qui sont l'ouvrage du génie & de l'art de l'Orateur. Or les Reconnoissances se font par des preuves, par des démonstrations, qu'une personne est telle ou telle ; donc il y a des Reconnoissances *artificielles*, & des Reconnoissances *non artificielles*. Celles-ci se font par des signes naturels ou autres, qui ressemblent aux lois, aux titres, aux témoins, & que l'Orateur emploie comme ils sont, sans y rien ajouter du sien. *Les ar-*

tificielles sont tirées du fond même des choses, *ex visceribus rei.* Il y en a même qui tiennent une sorte de milieu, ἐυκ ἄτεχνοι : ce sont les Reconnoissances par des preuves extérieures, que le Poëte lui-même a fabriquées, πεποιημέναι ὑπὸ τοῦ ποιητοῦ : c'est la seconde espece, & celle dont il s'agit ici.

Ibid. *Le Poëte eût pu tirer quelque chose de son sujet*]. M. Dacier traduit : *Le Poëte avoit la liberté de faire reconnoître Oreste par Iphigénie, à tels autres signes qu'il auroit voulu & qu'Oreste auroit pu porter.* Ce qui m'a empêché d'adopter ce sens, c'est qu'Aristote blâme cette Reconnoissance, comme se rapprochant de celle de la premiere espece ; & que si on suit le sens de M. Dacier, Aristote rentreroit entiérement dans cette espece. Selon notre traduction Aristote semble avoir desiré que le Poëte eût fait ensorte qu'Iphigénie jugeât, *par quelque induction*, tirée du sujet même, qu'Oreste étoit vraiment Oreste, ἐνεγκεῖν, *ferre*, *inferre.* Heinsius traduit : *Nonnulla enim possunt ferri : ut cum in Tereo Sophoclis, radio vox tribuitur.* Et Victorius :

Licebat enim quædam portari : Et Castelvetro : *Percioche è licito tramettere anchora certe cose.*

Nº 3. *Ulysse est reconnu*]. Le Joueur de cithare chantoit la guerre de Troie & les travaux d'Ulysse. Ce héros ne put retenir ses larmes, & fut reconnu par-là.

Nº 4. *Les Coëphores ou Cephores*]. Piéce d'Eschyle, *les Porteuses de libations.* Voyez la belle traduction de M. le Franc de Pompignan, & celle de M. du Teil de l'Acad. des Inscrip. & Belles-Lett.

Ibid. *Un Roi alloit pour chercher son fils*]. Polinice, fils d'Œdipe, ne voulant point dire son nom à Adraste, Roi d'Argos, se contente de lui dire qu'il est le petit-fils d'un Roi, qui allant consulter l'Oracle pour savoir ce qu'étoit devenu son fils, fut tué sur le chemin ; d'où Adraste conclut que celui qui lui parle est fils d'Œdipe.

Nº 6. *Ulysse se disant mort*]. Ulysse dans cette piéce se donnoit lui-même pour un de ses compagnons ; & en cette qualité il assuroit qu'Ulysse étoit mort, que lui-même l'avoit enterré. Comme personne ne le reconnoissoit, il disoit pour se faire croire, que si on lui présentoit l'arc d'Ulysse, confondu avec d'autres arcs, il le reconnoîtroit. On le fit : il le reconnut ; & la nouvelle de la mort d'Ulysse fut crue pendant quelques momens. C'étoit se prêter trop legerement à la fourberie, parce que le fourbe pouvoit avoir été instruit par d'autres, de la forme particuliere de l'arc d'Ulysse. Selon toute apparence cette fausse reconnoissance étoit suivie d'une vraie, comme dans la Mérope de M. de Voltaire. Mérope croit à la vue du casque de son fils, que celui qui le porte a assassiné ce fils : c'est un faux raisonnement qui la trompe, & qui la mene au moment de l'égorger. Mais alors il se fait une autre reconnoissance plus juste, qui le sauve.

CHAP. XVI. N°. 1. *Le spectateur n'avoit point vu qu'Amphiaraüs sortoit*]. Dans le commencement de la Tragédie, on avoit dit qu'Amphiaraüs s'étoit réfugié dans un temple représenté sur le théâtre. Dans la suite de la piéce Amphiaraüs paroissoit sur la scene, sans qu'on l'eût vu sortir de ce temple, ni su pourquoi, ni comment il en étoit sorti. Carcinus n'avoit point vu ce défaut sensible de sa Tragédie, parce qu'en la composant, il ne s'étoit pas mis à la place du spectateur.

N°. 3. *Crayonner l'action dans le général*]. Aristote ne veut point dire qu'on doit prendre d'abord une idée générale, pour ensuite la rendre particuliere, en y ajoutant des noms connus. Ce n'est pas ainsi que procede l'esprit humain. Un Poëte tragique ou épique commence toujours par le choix d'un sujet circonstancié : ce sera par exemple Iphigénie prête à immoler son frere Oreste. Mais comme c'est un Poëte qui va traiter ce sujet, & qui en sa qualité de Poëte, n'est obligé de traiter les choses que dans le vraisemblable, il dépouille ce sujet de ses circonstances propres : il en ôte les noms, & en arrange les parties comme il lui plaît, selon les regles du genre dans lequel il va travailler. Il fait plus : il en retranche des circonstances qui l'incommoderoient, il y en ajoute, même de considérables, dont il a besoin : & quand il a formé un tout complet, bien lié en soi, bien terminé, bien arrondi, il remet les noms de la fable, ou de l'histoire : la Princesse redevient Iphigénie, son frere, Oreste : enfin il met dans leurs rôles tous les détails que fournit la fable & l'histoire. C'est ce qu'Aristote appelle ici *épisodier*, c'est-à-dire, *étendre & développer des circonstances*.

Ibid. *Cela est hors de la Fable*]. Oreste nous expose lui-même dans la Tragédie d'Euripide, vers 85 *& suiv.* l'objet de son voyage en Tauride : c'est d'enlever la statue de Diane, pour la porter à Athènes, & de parvenir par ce moyen, selon la promesse d'Apollon, à être délivré des Furies qui le tourmentent depuis son parricide. On voit que dans ce sujet, l'enlevement de la statue est *hors du général*, puisque c'est le fait particulier qui est le sujet de la piéce ; & que le motif d'Oreste dans cet enlevement, est *hors du sujet*, pris, soit en général, soit en particulier ; puisque la délivrance d'Oreste, n'est qu'un motif personnel, que ce héros garde en lui-même; & que la piéce finit, lorsque la statue de la Déesse est enlevée, & qu'Oreste & Iphigénie sont échappés des mains de Thoas.

Ibid. *Les fureurs d'Oreste le firent prendre, son expiation le sauva*]. Oreste dans un accès de fureur égorgeoit des troupeaux. Les Pâtres se saisirent de lui & le menerent à Iphigénie. Celle-ci ayant reconnu son frere, prétexta au Roi Thoas la nécessité d'expier ce furieux, & de le plonger dans les eaux de la mer, avant que de l'immoler : ce qui lui fournit l'occasion de le sauver, & de s'échapper avec lui.

N° 4. *Les Episodes ou détails plus longs dans les Epopées*]. Ils sont plus longs par deux raisons : la premiere, que les Epopées sont plus longues; par conséquent leurs parties peuvent aussi être plus étendues : la seconde, que l'Epopée n'est pas en spectacle, mais en récit; le lecteur est plus tranquille : le spectateur plus animé : on entend une Tragédie sans interruption; on lit une Epopée à plusieurs reprises.

CHAP. XVII. N° 1. *Le Nœud est l'état des choses avant l'action*]. Dans toute action dramatique il y a un obstacle à vaincre par force ou par adresse. Or cet obstacle existe avant que l'action commence ; puisque l'action ne commence que pour le vaincre : c'est l'objet de l'action. Le Nœud existe donc avant l'action. Dans les Horaces de Corneille, l'objet, le Nœud de l'action est de delivrer Rome assiegée. Or cet objet est avant l'action. Dans le cours de l'action, il se joint à ce Nœud principal d'autres Nœuds subordonnés. Sera-ce par une bataille que la chose se décidera ? Ce sera par un combat particulier de trois contre trois. Qui seront ces trois ? Trois freres contre trois freres, alliés ensemble & encore prêts à s'allier. L'armée souffrira-t-elle que ce combat ait lieu ? Elle le souffre. Voilà trois nœuds subordonnés. Quel en sera l'événement ? Le succès de Rome : c'est le Dénouement ? L'Académie Françoise, dans ses *sentimens sur le Cid*, a défini le Nœud des piéces de théâtre, *un accident inopiné qui arrête le cours de l'action représentée*, & le Dénouement, *un autre accident imprévu qui en facilite l'accomplissement*.

Ibid. *Le Dénouement est depuis l'accusation de meurtre.* C'est ainsi que l'entend Victorius. *Dissolutionem verò in ea fabula esse inquit, omnem eam partem quæ a loco illo incipit, in quo quidam reus agitur mortis cædisque factæ : nam αἰτίασιν hoc valere arbitror.* On ne sait rien de cette piéce de Théodecte par où on puisse juger de la maniere dont se faisoit ce dénouement.

Ibid. *Il y a quatre espèces de Tragédies.* M. Dacier regarde cet endroit *comme le plus difficile peut-être de toute la Poétique.* Ce qui le lui a rendu si difficile est le parti qu'il a pris d'entendre ici par μέρη les parties de quantité d'une Tragédie, & par εἴδη, les parties de qualité, ce qui effectivement n'est guère intelligible. Car que signifie ce raisonnement? Une Tragédie est composée de quatre parties ; donc il y a quatre espèces de Tragédies. Aristote a dû dire, & a dit : Il y a quatre différences dans les Tragédies, donc il y a quatre especes de Tragédies. Μέρος signifie quelquefois les parties du genre ou l'espece ; c'est Aristote même qui le dit (Métaph. 5, page 900.) διὸ τὰ εἴδη, τοῦ γένους φασὶν εἶναι μόρια ; & pag. 894 la qualité, τὸ ποῖον, se prend pour la différence propre d'une espece διαφορὰ οὐσίας. *Nam quamvis μέρη appellet, intelligit partes quæ veriùs εἴδη vocarentur.* Victor.

Ce passage est relatif au chap. 10 & au commencement du 11, où Aristote distingue deux sortes de parties dans la Tragédie; les unes de *qualité* qui constituent le *quale* ou l'espece, les autres de *quantité* qui constituent le *quantum* ou le total, l'individu d'une piece, si j'ose m'exprimer ainsi. Or il y a quatre sortes de ces parties qui sont constitutives de l'espece. Car il y a dans une Tragédie, reconnoissance ou peripetie, ou l'une & l'autre, & alors la Tragédie est *Implexe*, premiere espece : ou il n'y a ni l'une, ni l'autre, & alors elle est *Simple*, seconde espece : ou il y a des meurtres, des tourmens cruels, en un mot *une passion* en prenant ce mot comme ci-dessus (chaptre 10. 7.) & alors elle est *Pathétique*, troisieme espece : ou enfin il n'y a ni meurtre, ni sang répandu, & tout s'y passe sans mouvemens trop violens, & alors elle est *Morale*, quatrieme espece. Ces quatre

quatre especes indiquées dans le chapitre x, sont rappelées distinctement dans le chap. xx.

Ibid. *Et tout ce qui se passe dans les Enfers.*] C'est-à-dire, toutes les Tragédies qui ont pour sujets les récits qu'on fait des Enfers, comme le supplice d'Ixion de Sizyphe, de Tantale, &c. *M. Dac.*

Ibid. *Le poëte tâchera de réussir dans ces quatre genres ou especes*]. Une même Tragédie ne sauroit être à la fois simple & implexe, pathétique & morale dans le fond même de l'action; mais elle peut l'être dans ses différens actes. Elle peut être simple & morale, dans les premiers actes, pathétique & implexe dans les derniers. Elle peut l'être encore dans les différens personnages d'une même Tragédie. Polieucte est une piece simple & morale dans Sévere & dans Félix; elle est pathétique & implexe dans Polieucte & dans Pauline. Enfin il est possible qu'Aristote parle ici non de la nature même des pieces, mais du talent des Poëtes, & qu'il encourage ceux-ci à travailler dans tous les genres, & à tâ-

Partie I. T

cher de les réunir tous, ou du moins les principaux & les plus importans, parce que les spectateurs sont devenus difficiles : πλεῖστα ϗ μέγιστα : c'est l'interprétation de Victorius.

N°. 3. *Une piece est la même ou ne l'est pas.*] „ Sophocle & Euripide ont traité tous deux „ la mort de Clytemnestre, mais chacun „ avec un nœud & un dénouement tout-à-fait „ différens ; & c'est cette différence qui empê- „ che que ce ne soit la même piece, bien que „ ce soit le même sujet dont ils ont conservé „ l'action principale. *Corn. Disc. II.*

Ibid. *Ou comme Eschyle.*] Καὶ μὴ n'est qu'une simple répétition pour amener un second exemple, & non pour mettre les deux Poëtes en opposition. Il y a apparence qu'Aristote attribuoit Niobé à Eschyle, comme Médée à Euripide : *Euripide n'a pris qu'une partie de l'histoire de Médée, & Eschyle qu'une partie de celle de Niobé.*

N°. 5. *Les Poëtes emploient une sorte de*

merveilleux]. Heinsius a tourmenté ici le texte sans nécessité. Il veut le rapporter à Agathon; il se rapporte naturellement à deux especes de Tragédies, à la Simple, & à celle qui est sans reconnoissance. Comme dans ces deux especes il n'y a point de révolution subite qui frappe le spectateur par le retour inattendu, les Poëtes emploient avec succès une sorte de merveilleux, c'est-à-dire, d'événemens qui, quoique naturels, sont extraordinaires: *quæ habent admirabilitatem*. La défaite des trois Curiaces par un seul des trois Horaces est du merveilleux de ce genre, de même que le pardon de Cinna. Ces genres de pieces n'ayant rien de fort piquant dans leur fond, ont besoin d'être relevés par cette sorte d'assaisonnement. Quelques éditeurs lisent θαυμαστῶς au lieu de θαυμαστῷ.

CHAP. XVIII. N°. 3. *Si le plaisir venoit des choses & non du discours même.*] Pour bien saisir le sens d'Aristote, il est nécessaire d'observer que depuis le Chap. VI jusqu'à celui-ci inclusivement, le Philosophe n'a été occupé qu'à développer la définition de la Tragédie même qu'il avoit donnée au commencement de ce Chap. VI. Or dans cette définition il parle de la diction: & il dit que dans la Tragédie la diction doit être revêtue de tous les agrémens poëtiques & musicaux, ἡδυσμένῳ λόγῳ; & de peur qu'on ne s'y trompe, il explique lui-même ces termes: *J'entends par* discours revêtu d'agrémens, *celui qui a le rhythme, le metre & le chant.* C'est de là qu'il faut partir pour expliquer ici la pensée d'Aristote. Il vient de dire que les pensées sont les mêmes dans l'Oraison & dans la Poësie: ce qui n'a pas besoin de preuve. Les mots sont aussi les mêmes dans l'une & dans l'autre. En quoi donc consistera leur différence? En ce que dans l'Oraison, tout doit paroître naturel & sans aucun des apprêts de l'art; & que dans les discours de la Tragédie, on doit trouver tout ce que l'art peut y mettre, c'est-à-dire, le rhythme, le metre & le chant. Car quel seroit le mérite des discours de la Tragédie, si on n'y trouvoit que ce qui peut être dans l'Oraison? Διδασκαλία & παρασκευὴ, qui ont ici à-peu-près le même sens, signifient les apprêts, les agrémens qui appartiennent à la

Poësie dramatique : Διδάσκαλος, dit Hesychius, πᾶς ὁ ἐνεργῶν τι περὶ τὴν δραματοποιίαν, κὶ τῶν κυκλίων χόρων παρασκευήν. Heinsius, M. Dacier, Corneille & d'autres ayant entendu de l'Oraison ce qu'Aristote disoit de la Tragédie, & de la Tragédie ce qu'il disoit de l'Oraison, ont du rendre tout ce chapitre à contre sens.

N° 4. *Il y a dans l'expression une autre partie qui concerne les gestes.*] Nous traduisons le mot χῆμα, par *geste*, ou *figure du corps*. On appelle *figure* dans l'élocution oratoire, les différentes formes qu'on peut donner aux pensées, comme l'interrogation, la menace, la priere, &c. Dans la déclamation, ces figures de pensées doivent s'exprimer par des gestes, ou *figures du corps*, & par des tons, ou *figures de la voix*. On interroge, on prie, d'un autre ton, & avec un autre geste, qu'on ne commande, qu'on ne menace. Mais comme Aristote ajoute que cette partie regarde l'Acteur & non le Poëte, il est évident qu'il ne parle ici que des figures de geste & de celles du ton de voix, qui donnent des sens différens à une même pensée. Dire d'un ton de commandement : *Muse chante la colère d'A-chille,* ce seroit donner un autre sens au début de l'Iliade. Il doit se prononcer d'un ton plus doux & qui tienne de la priere.

Chap. XX. N°. 4. *La Métaphore se fait en passant du genre à l'espece, de l'espece au genre, &c*]. C'est-à-dire, qu'on exprime le genre pour faire entendre l'espece ; l'espece, pour faire entendre le genre ; une espece, pour faire entendre une autre espece. Les exemples expliquent le sens d'Aristote.

N°. 8. *Les masculins ont trois terminaisons*]. Aristote veut dire qu'il n'y a point de nom masculin qui n'ait l'une de ces trois terminaisons ; mais c'est sans exclure les féminins & les neutres qui peuvent aussi les avoir. Les féminins en ont aussi trois, par les deux voyelles longues, & par l'*a* douteux ; mais exclusivement aux masculins & aux neutres qui ne les ont jamais, & sans renoncer aux autres terminaisons en *r* & en *s* que les féminins ont quelquefois, comme μήτηρ & ἠδύς. Les neutres ont à eux *i* & *u*, & partagent avec les deux autres genres, *n* & *s*. Ainsi cet endroit a besoin de modifications. Voyez la remarque de M. Dacier.

CHAP. XXI. N°. 1. *Diction relevée*]. J'entends *plus élevée* que ne seroit le même discours, s'il étoit en prose, dans quelque genre que fût la prose. On peut juger du style dramatique par la décoration même de la scene, & par les habits de théâtre. Les personnages sont logés & vêtus selon leur condition & leur état; mais tout est paré & embelli.

N°. 2. *J'ai vu un homme*]. Voici l'énigme en entier : *J'ai vu un homme qui colloit sur un autre homme de l'airain avec du feu, & qui le colloit si bien, que le sang couloit dans l'airain comme dans l'homme* ». C'est la ventouse qui dans ce tems-là étoit d'airain.

N°. 3. *Il est aisé de faire des vers quand on se permet d'étendre & de changer les syllabes*]. Tous les interprètes conviennent que cet endroit est inexplicable. Nous avons adopté, faute de mieux, la leçon d'Heinsius, qui ajoute ἢ ἐξαλλάττειν après ἐκτείνειν, & qui lit ἄμφω au lieu d'ἰαμβο... Il ne manque à cette correction, pour être admise avec confiance, que de faire voir ces changemens & ces allongemens dans les deux exemples cités, & de faire sentir qu'ils y sont ridicules. Mais on a lu ces exemples de tant de manieres qu'il est impossible de rien statuer de certain. Heinsius croit que ce sont non des vers, mais de la prose poëtique, tirée par Aristote, des ouvrages d'Euclide lui-même, pour en faire contre celui-ci un argument *ad hominem* : *Vous faites un crime à Homère d'user de ces licences dans ses vers, vous-même en avez usé dans la prose.* Toujours est-il vrai que λέξις signifie souvent *de la prose*. Denys d'Halicarnasse l'a employé en ce sens par opposition au vers. Et Aristote lui-même ayant dit dans ce même Chapitre 21. N°. 6. que le vers ïambique imitoit la prose, a rendu le mot *prose* par celui de λέξις. Au reste, l'objection d'Euclide est claire par elle-même, ainsi que la réponse d'Aristote, indépendamment des exemples : ce qui doit nous consoler de n'avoir pas ceux-ci tels qu'ils devroient être, soit pour appuyer l'objection, soit pour justifier la réponse.

N°. 4. *Et c'est ce qu'Ariphradès ne savoit point*]. Quoique nous n'ayons point les dialectes des Grecs & leur licence de langage, il ne faut pas croire que nous n'ayons pas aussi-bien qu'eux, une langue poëtique. Le génie & le goût ont des ressources pour trouver les expressions & les tours qui leur conviennent. Nous pouvons employer 1°. de vieux mots que l'usage n'a pas encore entiérement bannis : *jadis*, *n'aguères*, *coursier*, *nef vagabonde*, &c. 2°. Des synonymes moins connus que les noms vulgaires : *Le fils de Pélée* pour Achille, *la Reine d'Amathonte* pour Vénus, *le maître du tonnerre*, *les mortels*, &c. 3°. Des périphrases au lieu des noms simples, *la voute azurée*, *l'humide séjour*, *la gent au col changeant*, &c. 4°. Des métaphores, non celles qui ont passé dans le fonds de la langue, comme la *prunelle de l'œil*, *campagne riante*, *verte vieillesse*, parce qu'étant vulgaires, elles ne donneroient point de relief à l'élocution poëtique ; mais des métaphores peu communes, *le faix des ans, l'or des moissons, l'onde argentée, le chagrin monte en croupe & galoppe avec le cavalier.* 5°. Des demi-métaphores, lorsqu'un mot est pris dans un sens demi-propre & demi-figuré, qu'il a une nuance de faux jointe à la nuance de vrai : *mon malheur a passé mon* espérance ; *Dieu* fidele *en ses menaces : Dieu* enfermé *dans un nuage.* 6°. Des figures de mots de toute espece, la metonymie, la synecdoche, le pléonasme, l'ellipse, la syllepse. 7°. Les épithètes multipliées & souvent pittoresques, *long espoir, vastes pensées : & la rame inutile fatiguoit vainement une mer immobile.* 8°. Des constructions insolites, des inversions contraires à celles de la prose. 9°. Un certain choix de sons, de mots, de tours, d'articulations, de liaisons, de finales. 10°. Un certain degré de force, de précision, de netteté, par la coupe des objets, par la distribution & la symmétrie & la variété des nombres, par l'ordre & la gradation des pensées.... Nous avons tout cela, & c'en est assez pour marquer l'art, l'appareil, la fête, & relever le style de la poësie au-dessus de la prose. C'en est assez pour avoir une langue poëtique & très-poëtique : langue que personne, pour le dire en passant, n'a parlé mieux, ni plus correctement que Racine. Ses Tragédies sont la plus complette démonstration de la doctrine d'Aristote.

CHAP. XXII. N°. 3. *Les Cypriaques*]. Poëme Epique, ou plutôt Encyclique, dont le sujet étoit, selon toute apparence, *les malheurs de l'Amour*. La Petite Iliade, autre poëme en récit, qui embrassoit toute la guerre de Troie.

CHAP. XXIII. N°. 2. *Renfermer la longueur de l'Epopée dans la durée de ce qu'on joue de Tragédies en un jour*]. A l'aide d'un peu de calcul, on trouvera ici à la fois la solution de deux problêmes littéraires : le premier, de savoir combien une Epopée doit avoir d'étendue ; le second, de savoir combien on jouoit de Tragédies en un jour de fête sur le Théâtre d'Athènes.

Aristote trouve les Epopées des Anciens un peu trop longues. Il y comprend nécessairement l'Iliade & l'Odyssée. L'Iliade a environ 15000 vers. L'Odyssée n'en a qu'environ 12000. En faisant les Epopées moins longues d'un quart ou d'un tiers que l'Odyssée, elles seroient donc, à-peu-près, de huit à neuf mille vers. Les Tragédies qu'on jouoit sur le théâtre d'Athènes, ne comprenoient donc entre elles toutes, que ce nombre de vers à-peu-près. Qu'on donne à chaque Tragédie treize ou quatorze cent vers; il s'ensuit qu'on ne pouvoit gueres jouer que cinq à six Tragédies. C'en étoit bien assez, sur-tout les Tragédies étant chantées d'un bout à l'autre.

N°. 3. *L'Epopée étant en recit, peut peindre ce qui se fait en différens lieux*]. C'est sur ce principe qu'est fondé l'usage d'employer dans l'Epopée *le Merveilleux* ou *le ministere de la Divinité*. Dans toute Religion, vraie ou fausse, il est avoué que la Divinité influe sur les choses humaines. Le Poëte ne sait point la maniere dont cela s'est fait dans l'action qu'il raconte; mais la Muse qu'il a invoquée & qui l'inspire, le sait: *Musa mihi causas memora*. Elle sait ce qui s'est passé au Ciel &

aux Enfers, relativement à l'établissement d'Enée en Italie : & par-là elle peut mettre le Poëte en état de peindre, non-seulement les faits & leurs causes naturelles, mais encore les causes invisibles & surnaturelles, selon la croyance ou les opinions des peuples pour lesquels le Poëte écrit. Par ce moyen un Poëme Epique peut embrasser, non-seulement les origines, les faits, les mœurs, les usages d'un peuple, mais toutes les idées de ce peuple dans tous les genres, civiles & religieuses, vraies ou fabuleuses, saines ou non. Le Poëme est le tableau de la nation entiere. C'est ce qui a rendu les Poëmes d'Homere & de Virgile si précieux aux Grecs & aux Romains. Ils y trouvoient tout ce qui pouvoit les flatter, les intéresser, les instruire, & tout cela rendu en leur propre langue, de la maniere la plus magnifique, la plus agréable, la plus juste.

N°. 7. *Nous jugeons par le sophisme que voici*]. C'est le sophisme de *fausse conséquence*, ainsi nommé parce qu'on tire d'une proposition une conséquence qu'on y suppose,

& qui n'y est point renfermée. Pour rendre le texte d'Aristote plus clair, nous allons y appliquer un exemple : *On croit qu'un homme étant amoureux & pâle, la pâleur est une suite de l'amour ; & ensuite, & parce qu'on rencontre un homme pâle, on en conclut qu'il est amoureux. Or, cette conséquence est fausse. Et par la même raison, il est faux que la pâleur soit une suite de l'amour. Mais nous tirons cette conséquence machinalement & sans examen, parce que nous avons vu des amoureux qui étoient pâles.* C'est l'exemple d'Heinsius.

N°. 8. *L'ignorance d'Œdipe*]. Il étoit impossible qu'Œdipe arrivant à Thèbes, épousant Jocaste, vivant avec elle pendant vingt ans, ne sût pas les circonstances de la mort de Laiüs. Mais cette ignorance absurdement supposée est hors de la piéce.

Ibid. *Si cela est on peut employer même l'absurde*]. C'est par ce principe que Corneille excuse « les deux visites que Rodrigue, » dans le Cid, fait à sa maîtresse, & qui cho-

„ quent la bienséance de la part de celle qui
„ les souffre. La rigueur du devoir vouloit, dit-
„ il, qu'elle refusât de lui parler, & s'enfermât
„ dans son cabinet, au lieu de l'écouter ; mais
„ permettez-moi de dire avec un des premiers
„ esprits de notre siecle, que *leur conversation*
„ *est remplie de si beaux sentimens, que plu-*
„ *sieurs n'ont pas connu ce défaut, & que ceux*
„ *qui l'ont connu l'ont toléré*; Aristote dit :
„ *Qu'il y a des absurdités qu'il faut laisser*
„ *dans un poëme, quand on peut esperer qu'elles*
„ *seront bien reçues ; & qu'il est du devoir du*
„ *Poëte, en ce cas, de les couvrir de tant de*
„ *brillant qu'elles puissent éblouir.* Je laisse
„ au jugement de mes auditeurs, si je me suis
„ assez bien aquité de ce devoir pour justifier
„ par-là ces deux scenes. *Examen du Cid.*

CHAP. XXIV. N°. 1. *Il n'en est point de
la Poësie comme de la Politique*]. Cet endroit
semble être en réponse à Platon, qui avoit
comparé la Poësie avec la Politique. La Politique est mauvaise & vicieuse quand elle
ne produit pas de bons effets ; or le plus souvent la Poësie produit de mauvais effets : donc

le plus souvent la Poësie est mauvaise ; donc il faut la bannir de tout bon gouvernement.

Aristote répond qu'il ne faut point comparer la Poësie avec la Politique ; parce que tout ce qui est mal dans la Politique retombe sur elle-même ; & que tout ce qui est mal dans la Poësie ne doit point retomber sur la Poësie. La Poësie n'est essentiellement qu'imitation. Donc il ne peut retomber sur elle, que d'avoir mal imité. Le choix des objets ne la regarde point en rigueur, ni l'ignorance personnelle du Poëte. On peut juger de la Poësie par la Peinture. Or, dans celle-ci il y a deux sortes de fautes : mal peindre une biche, c'est une faute contre l'Art, une faute du Peintre comme Peintre : la bien peindre, mais avec des cornes, que la biche n'a point, c'est une faute de l'homme & non du Peintre.

Ibid. *Si on a peint ce qui étoit impossible*]. Aristote parle de ce qui est impossible, non à la Poësie, mais à l'art, ou dans l'art dont parle la Poësie : ἀδύνατα πρὸς αὐτὴν τὴν τέχνην, ou comme il dit quelques lignes plus bas, κατὰ τὴν περὶ τούτων τέχνην. L'exemple que cite Aristote

tote justifie ce sens. Il étoit impossible, selon l'art de la guerre, qu'Hector poursuivi par Achille, chargé d'une cuirasse, d'un casque, & d'un bouclier, fît trois fois le tour d'une ville aussi grande que Troie ; ni qu'Achille, en courant, arrêtât par un signe de tête toute l'armée Grecque, qui étoit aux mains, & qui devoit nécessairement faire quelque mouvement soit pour attaquer Hector, soit pour l'arrêter. Mais de ces idées, tout impossibles qu'elles sont, selon l'art de la guerre, il en a résulté deux effets considérables dans le Poëme : 1°. La fuite d'un héros, tel qu'Hector, devant Achille, releve infiniment la gloire d'Achille. 2°. Pour mettre le dernier comble à cette gloire il falloit qu'Hector fût tué de la main d'Achille. Hector étoit le seul rempart de Troie. C'étoit à Achille seul qu'il appartenoit de l'abattre à ses pieds.

N°. 5. *Ni l'une ni l'autre de ces raisons n'est reçue*] On a ponctué cet article & le suivant par conjecture, pour former un sens.

Ibid. ἕνεκα δέ σφιν]. Il. x. 153.

N°. 7. Ο'υρῆας μέν] Il. I. 50.

Ibid. εἶδος ἔην κακός] Il. X. 306.

Ibid. Ζωρότερον δὲ κέραιρε] Il. IX. 203.

Ibid. Ἄλλοι μὲν ῥὰ θεοί] Il. II. 1.
Il semble qu'Aristote eût dû citer un vers où il y eût πάντες, & non ἄλλοι, parce que plus bas il explique πάντες par πολλοί. Mais on peut dire qu'Aristote traduit l'idée, & non le mot: ἄλλοι, c'est-à-dire, πάντες ἄλλοι.

Ibid. ἤτοι ὅτ' ἐς πεδίον] Il. X. 11. Lorsqu'il jetoit les yeux, c'est-à-dire, lorsqu'il comparoit par la pensée.

Ibid. Α'υλῶν ἐνοπήν] Il. X. 13. *La voix* des flûtes, pour *le son*.

Ibid. ὅιη δ' ἄμμορος] Il. XVIII. 489.

Ibid Δίδομεν δέ οἱ] Cette expression ne se trouve pas dans le discours que Jupiter adresse au songe trompeur, Il. II. 12.

Ibid. Τὸ μὲν οὐ καταπύθεται] Il. XXIII. 328.

Ibid. πλέων νύξ] Il. x. 251. *Præteriit plurima nox, duabus partibus, tertia adhuc pars restat:* & non *Præteriit nox plus quàm duabus partibus.*

N°. 11. *Le rôle d'Egée dans Euripide*] Egée passe par Corinthe, & y rencontre par hasard Médée. Il s'entretient avec elle, sans prendre aucune part à l'action, lui promet un asyle à Athènes, & continue sa route. On a vu ci-devant ce qui regarde Ménélas.

N°. 12. *Les critiques justes se tirent de cinq chefs*] 1°. *De l'impossibilité*; quand la chose est impossible en elle-même, ou à l'art particulier dont il s'agit. 2°. *De l'absurdité*; quand la chose est contraire à la raison, au sens commun. 3°. *De la méchanceté*; quand la chose nuit gratuitement à quelqu'un. 4°. *De la contradiction*; quand la chose qu'on dit détruit ce qu'on a dit, ou que ce qu'on a dit détruit ce qu'on dit. 5°. Enfin *du manquement à l'art*; quand l'exécution n'est pas telle qu'elle doit être: ce dernier chef comprend toutes les fautes de langage & d'expression.

Ibid. *Les lieux communs d'où on tire les réponses sont au nombre de douze*] Les voici : 1°. Si le Poëte a employé *l'impossible* ; on dira qu'il en a résulté de grandes beautés, qui compensent le défaut. 2°. S'il a fait un mauvais choix, par ignorance, ou autrement ; on dira que c'est le vice de l'homme & non de la Poësie, que la chose est peinte parfaitement. 3°. S'il a peint les choses autrement qu'elles ne sont ; on dira qu'il les a peintes comme elles devoient être. 4°. S'il ne les a peintes ni comme elles sont, ni comme elles devoient être ; on dira qu'il les a peintes, comme on dit qu'elles sont, selon l'opinion commune, selon la renommée. 5°. S'il les a peintes d'une façon contraire à la renommée, à l'opinion commune ; on dira qu'il les a peintes, selon le vrai, que c'est le fait. 6°. S'il les a peintes d'une façon peu convenable ; on dira que les circonstances particulieres, du temps, des lieux, des personnes, &c. le vouloient ainsi. Voilà six lieux communs pour les choses. Il y en a six aussi pour les expressions, qu'on justifie. 1°. En disant que c'est un mot étranger, γλῶττα

2°. Par la métaphore. 3°. Par le ton de voix, ou l'accent. 4°. Par la ponctuation. 5°. Par le double sens du mot, qui n'est pas un vice de pensée. 6°. Par la liaison avec ce qui précéde, ou qui suit. Tout ce qui ne peut pas se justifier par quelqu'une de ces douze raisons est vicieux, & doit être abandonné à la critique.

CHAP. XXV. N°. 1. *L'Epopée, poësie des hommes modérés*] Nous sommes un peu surpris d'entendre dire que la Tragédie est moins faite pour les ames délicates & modérées que l'Epopée. Ce n'est point Aristote qui le dit ici : mais cette opinion s'accorde avec ce qu'il a dit ailleurs (Politic. VIII. 7.) Il est certain qu'une Tragédie est plus du goût du peuple qu'une Epopée ; parce qu'il faut au peuple des impressions fortes, capables de remuer des ames grossieres & peu sensibles. C'est par cette raison que les exécutions de justice, qui seroient des tourmens pour les ames délicates, sont un plaisir pour la populace. On peut donc dire avec vérité que l'Epopée convient plus aux ames sages, délicates, sensibles, par conséquent honnêtes & modérées; & que la Tragédie suppose des ames plus approchantes de celles du peuple. Mais falloit-il conclure delà que l'Epopée est au-dessous de la Tragédie ?

Ibid. *Callipidès*] On appeloit à Rome de ce nom l'Empereur Tibere, qui feignoit des desseins de voyage, & qui revenoit aussi-tôt sur ses pas : *Ut vulgo per jocum Callipides vocaretur, quem cursitare, ac ne cubiti quidem mensuram progredi, proverbio graco notatum est.* Suéton. Tib. 38.

F I N.

II PARTIE.

ART POETIQUE
D'HORACE.

AVANT PROPOS.

De tous les Poëtes anciens il en est peu qu'on lise plus qu'Horace; & de toutes les Poësies d'Horace il n'en est point qui mérite plus d'être lue, & méditée avec soin que son Art Poëtique. C'est le code de la raison pour tous les Arts en général : c'est le bon goût réduit en principes.

Le Poëte n'a pas toutefois eu dessein dans cet Ouvrage, de nous donner un Traité complet de Poëtique. Il ne faut pas qu'on s'y trompe. C'est une Epître qu'il adresse à Lucius Pison*, homme de goût, l'un des plus

---

* Les Pisons se disoient descendans de Calpus, fils de Numa, *Pompilius sanguis*, dit Horace. Celui-ci fut Consul l'an de Rome 738.

grands Seigneurs de Rome, & à ses deux fils, dont l'aîné déjà homme fait, pouvoit penser, & se gouverner par lui-même. Ce n'étoit donc point le cas de s'appesantir sur les détails, de raisonner sur la nature de la Poësie, d'en distinguer les genres, les espèces, d'examiner la manière de construire les fables ou actions poëtiques, &c. Pison & ses fils n'avoient pas besoin des instructions d'Horace sur tous ces points, qui se trouvoient expliqués par-tout, chez tous les Maîtres, dans toutes les Poëtiques, Gréques & autres, dont on ne manquoit pas alors. On demandoit à Horace, des vues fines & d'un sens profond, des règles de choix, des observations de génie, des jugemens de maître, en un mot ce que le plus bel esprit du plus beau siècle de Rome, devoit enseigner, s'il faisoit tant que de donner des leçons ; & ce que les plus habiles Maîtres, & même les meilleurs Livres, n'enseignoient pas.

D'après cette idée, on sent que l'ouvrage d'Horace ne devoit pas être une suite systématique de préceptes, rangés par ordre, dans des articles séparés. Ce ne pouvoit être qu'une sorte de Recueil de maximes de goût, d'axiomes presque isolés, renfermans tout leur sens sous une forme sententieuse, & applicables chacun à leur objet, indépendamment de ce qui pouvoit les précéder ou les suivre.

Tout ce que pouvoit faire l'Auteur en pareil cas, étoit de commencer par les vues générales, & de descendre ensuite à quelques observations particulieres ; de tracer d'abord les règles de l'Art, de donner ensuite des conseils aux Artistes. On ne pouvoit guères en demander davantage, sur-tout à un Poëte, qui, aux priviléges de la Poësie, déjà très-étendus, avoit joint ceux du genre épistolaire, dont le premier est la liberté. Il est donc inutile de nous fatiguer, avec Daniel Heinsius, pour remettre dans l'Art poëtique d'Horace, un ordre qui, selon toute apparence, n'y fut jamais. Cet ouvrage est la quintessence extraite d'un Art, c'est-à-dire, d'une

AVANT-PROPOS.

Collection de préceptes. Il a l'ordre & les liaisons que doit avoir un pareil extrait; & on pourroit dire en éloge, ce que Jules Scaliger en a dit en le critiquant: Que c'est un Art enseigné sans art: *De arte quæres quid sentiam. Quid ? Equidem quod de Arte sine arte tradita.*

Q. HORATII FLACCI
DE ARTE POËTICA
LIBER.

Humano capiti [1] cervicem pictor equinam
Jungere si velit, & varias inducere plumas,
Undique collatis membris; ut [2] turpiter atrum
Desinat in piscem mulier formosa supernè;
5 Spectatum admissi risum teneatis amici?

Credite, Pisones, isti tabulæ fore librum

[1] On a traduit *tête humaine* & non *tête d'homme*. Il s'agit de la tête d'une belle femme: *mulier formosa supernè*.

[2] C'est ainsi qu'il faut lire, & non *aut*. Toutes les parties de ce tableau se concilient, autant qu'elles le doi-

ART POËTIQUE D'HORACE.

SI un Peintre s'avisoit de mettre une tête humaine sur un cou de cheval, & d'y attacher des membres de toutes les especes, qui seroient revêtus des plumes de toutes sortes d'oiseaux ; de maniere que le haut de la figure représentât une belle femme, & l'autre extrémité un poisson hideux ; je vous le demande, Pisons, pourriez-vous vous empêcher de rire à la vue d'un pareil tableau ?

C'est précisément l'image d'un livre qui vent, dans un assemblage monstrueux. Il n'y a qu'un tableau, *isti tabulæ. Ut turpiter répond à ut nec pes, nec caput...*

Persimilem, cujus, velut ægri somnia, vanæ
Fingentur species ³ ; ut nec pes, nec caput uni
Reddatur formæ ⁴. Pictoribus atque Poëtis
10 Quidlibet audendi semper fuit æqua potestas.
Scimus, & hanc veniam petimusque damusque
vicissim.
Sed non ut placidis coëant immitia ; non ut
Serpentes avibus geminentur, tigribus agni.
Incœptis gravibus plerumque, & magna professis
15 Purpureus, latè qui splendeat, unus & alter
Assuitur pannus : cum lucus, & ara Dianæ,
Et properantis aquæ per amœnos ambitus agros,
Aut flumen Rhenum, aut pluvius describitur arcus.
Sed nunc non erat his locus. Et fortassè cupressum
20 Scis simulare ; quid hoc, si fractis enatat exspes

3 *Vanæ species,* images vagues, qui ne sont point terminées, qui n'ont point de modèle dans la nature, qui ne portent sur rien.

4 *Uni formæ.* Ce mot a le même sens que *species* chez les Scolastiques, *espece* composée du genre & de la différence, & des propriétés.

ne seroit rempli que d'idées vagues, sans dessein, comme les delires d'un malade, où ni les pieds, ni la tête, ni aucune des parties n'iroit à former un tout. Les Peintres, direz-vous, & les Poëtes, ont toujours eu la permission de tout oser. Nous le savons : c'est un droit que nous nous demandons & que nous nous accordons mutuellement. Mais c'est à condition qu'on n'abusera point de ce droit, pour allier ensemble les contraires, & qu'on n'accouplera point les serpens avec les oiseaux, ni les agneaux avec les tigres. Quelquefois après un début pompeux & qui promet les plus grandes choses, on étale un ou deux lambeaux de pourpre, qui brillent au loin : c'est un bois sacré qu'on décrit, ou quelque autel de Diane, ou les détours d'un ruisseau qui fuit dans les riantes prairies, ou les flots du Rhin, ou l'arc céleste formé par la pluie ; mais ce n'étoit pas le lieu. Vous savez peindre un cyprès. Celui qui vous paie pour le peindre, a brisé son vaisseau & va périr dans les mers. Vous avez commencé un vase majestueux : la roue tourne, & vous ne donnez qu'une chetive burette. Enfin quelque

Navibus, ære dato qui pingitur? Amphora cœpit
Institui; currente rotâ 5 cur urceus exit?
Denique sit quod vis 6 simplex dumtaxat, & unum.

MAXIMA pars vatum, Pater, & Juvenes patre digni,
25 Decipimur specie recti. Brevis esse laboro,
Obscurus fio : sectantem lævia nervi
Deficiunt, animique: professus grandia turget:
Serpit humi, tutus nimiùm, timidusque procellæ.
Qui variare cupit rem prodigialiter unam,
30 Delphinum sylvis appingit, fluctibus aprum.
In vitium ducit culpæ fuga, si caret arte.
Æmilium circa ludum faber 7 unus, & ungues
Exprimet, & molles imitabitur ære capillos:
Infelix operis summa, quia ponere totum

---

5 C'est une figure tirée de l'art du potier, qui forme son vase sur une roue qui tourne. C'est de là que Perse a dit : *Fingendus sine fine rotâ*.

6 *Quod vis*, ce que vous voulez, *votre sujet*. *Simplex* est ici synonyme d'*unum*, l'opposé de *duplex* & non d'*implexum*.

sujet que vous traitiez, qu'il soit simple & un.

L'APPARENCE du bon nous trompe presque tous: vous ne l'ignorez pas, Pere illustre, & vous, Fils dignes d'un tel pere : Je tâche d'être court, je deviens obscur; je veux être poli & delicat, j'ôte l'ame & les nerfs; celui qui veut s'elever, est enflé; celui qui craint trop l'orage & le danger, rampe à terre. Il en est de même du Poëte qui veut varier son sujet par le merveilleux. Il peint un dauphin dans les bois, & un sanglier dans les flots. La crainte d'un défaut nous jette dans un autre, quand on ignore l'art. On verra près de l'ecole d'Emilius un artiste exprimer excellemment les ongles & la mollesse des cheveux avec le bronze; mais son ouvrage restera imparfait, parce qu'il ne saura point faire un tout. Si j'entreprenois de composer un Poëme, je ne desirerois pas plus de ressembler à cet homme, que d'avoir un nez

---

7 *Faber unus*. D'autres lisent *imus*. Nous avons suivi le sens le plus naturel.

Cet ouvrier sera *unique* pour rendre les ongles & les cheveux; mais....

35 Nesciet. Hunc ego me, si quid componere curem,
Non magis esse velim, quàm pravo vivere naso,
Spectandum nigris oculis nigroque capillo.

Sumite materiam vestris, qui scribitis, æquam
Viribus, & versate diu quid ferre recusent,
40 Quid valeant humeri. Cui lecta potenter erit res,
Nec facundia deseret hunc, nec lucidus ordo.
Ordinis [8] hæc virtus erit & venus, aut ego fallor,
Ut jam nunc dicat jam nunc debentia dici,
Pleraque differat, & præsens in tempus omittat.
45 Hoc amet, hoc spernat promissi carminis auctor.
In verbis etiam tenuis, cautusque serendis,
Dixeris egregiè, notum si callida verbum
Reddiderit junctura novum. Si fortè necesse est
Indiciis monstrare recentibus abdita rerum;
50 Fingere cinctutis non exaudita Cethegis

[8] *Ordinis.* Ce mot peut être pris dans le sens actif, pour l'action même d'arranger une matiere comme dans le sens passif pour l'état d'une matiere arrangée.

difforme avec de beaux cheveux & de beaux yeux.

Vous qui entreprenez d'ecrire, choisissez une matiere proportionnée à vos forces, & essayez long-tems ce que peuvent, ou ne peuvent point porter vos épaules. Celui qui aura choisi un sujet proportionné à son talent, saura le rendre comme il convient, & dans un ordre lumineux. Cet ordre, pour avoir toute la grace & tout l'effet possible, demande, si je ne me trompe, qu'on dise dans l'instant où on prend l'action, ce qui devoit être dit dans cet instant, & qu'on renvoie l'exposé du reste à quelque occasion favorable. L'auteur d'un poëme considérable ne doit rien écrire qu'avec beaucoup de choix. L'assortiment des mots entre eux demande aussi beaucoup d'art & de finesse. Cet assortiment sera heureux, si on sait donner à un mot connu le piquant d'un mot nouveau. Si par hasard un Ecrivain se trouve dans la nécessité de faire connoître par des signes de nouvelle invention, des choses jusqu'alors inconnues, rien ne l'empêchera d'en créer que nos vieux

Continget, dabiturque licentia sumpta pudenter.
Et nova, fictáque nuper habebunt verba fidem, si
Græco fonte cadant, parcè detorta. Quid autem
Cæcilio 9, Plautóque dabit Romanus ademptum
55 Virgilio, Varióque? Ego cur acquirere pauca
Si possum, invideor, cum lingua Catonis, & Ennî
Sermonem patrium ditaverit, & nova rerum
Nomina protulerit? Licuit, semperque licebit,
Signatum præsente nota producere nomen.
60 Ut sylvæ foliis pronos mutantur in annos:
Prima cadunt; ita verborum vetus interit ætas;
Et juvenum ritu florent modò nata, vigentque.
Debemur morti nos, nostráque: sive receptus
Terrâ Neptunus classes Aquilonibus arcet,
65 Regis opus: sterilisve diu palus, aptáque remis
Vicinas urbes alit, & grave sentit aratrum:
Seu cursum mutavit iniquum frugibus amnis,
Doctus iter melius: mortalia facta peribunt;
Nedum sermonum stet honos, & gratia vivax.

9 Anciens Poëtes latins Auteurs de Comédies.

Cethegus n'aient point entendus; pourvu qu'il ne porte pas trop loin cette liberté. Et ces mots de nouvelle création, seront reçus, s'ils sont grecs d'origine, latinisés par une legere inflexion. Pourquoi n'accorderoit-t'on pas à Virgile & à Varius, ce qu'on a accordé à Lucilius & à Plaute? Pourquoi me feroit-on à moi un crime d'enrichir ma langue de quelques mots, si je le puis, tandis que les Catons & les Ennius l'ont fait avant moi? Il a été permis, & il le sera toujours, de produire un nouveau mot, pourvu qu'il soit marqué au coin de l'usage regnant. Quand les forêts quittent leurs feuilles, au penchant de la saison, les premieres venues tombent les premieres : il en est de même des mots: les vieux périssent; & les nouveaux brillent avec les graces & la vigueur de la jeunesse. La mort a ses droits sur nous, & sur tout ce qui tient à nous. Ces immenses bassins creusés par la main des rois, pour recevoir la mer, & mettre les flottes à l'abri des aquilons; ces vastes marais, qui ne portoient que d'inutiles barques, & qui aujourd'hui connoissent la charrue & nourrissent les villes voisines;

70 Multa renascentur, quæ jam cecidere, cadentque
Quæ nunc sunt in honore vocabula; si volet usus,
Quem penes arbitrium est, & jus, & norma
 loquendi.

Res gestæ regumque, ducumque, & tristia bella
Quo scribi possent numero, monstravit Homerus.
75 Versibus impariter junctis querimonia primùm,
Post etiam inclusa est voti sententia compos.
Quis tamen exiguos elegos emiserit auctor,
Grammatici certant, & adhuc sub judice lis est.
Archilochum 10 proprio rabies armavit ïambo.
80 Hunc socci 11 cepere pedem, grandesque cothurni,
Alternis aptum sermonibus, & populares

---

10 Archiloque, Poëte grec, employa avec succès le vers ïambe dans les satires qu'il fit contre ses ennemis. Les Grecs appelloient *ïambes* ce que nous appellons aujourd'hui *satires*.

11 *Socci*, brodequin, chaussure platte, dont usoient les Acteurs comiques. *Le cothurne*, chaussure haute, qui donnoit à l'Acteur tragique, une taille à-peu-près héroïque.

ces

ces rivieres nuisibles aux moissons, & qui ont appris à suivre un autre cours : tous ces ouvrages, de la main des mortels, périront comme eux. Et on voudroit que des mots conservassent toujours leur beauté & leur éclat ! Il en est qui sont tombés, & qui renaîtront un jour : d'autres regnent, & tomberont à leur tour, si l'usage l'ordonne ; l'usage, qui est le juge, le maître & la regle des langues.

Homere nous a montré en quels vers on doit chanter les rois, les héros, les tristes combats. La Plainte se renferma d'abord dans les distiques inégaux ; ensuite on y fit entrer aussi la joie des succès. Nous ne dirons point qui fut l'inventeur du petit vers elégiaque ; c'est un problême qui n'est pas encore décidé parmi les gens de lettres. L'ardeur de la vengeance arma Archiloque de l'Iambe, dont il fut l'auteur. Le Brodequin & le Cothurne majestueux adopterent ce pied ; parce qu'il est propre au dialogue, qu'il est né pour l'action, & qu'il se fait entendre malgré le bruit des spectateurs. La Lyre chante

Vincentem strepitus, & natum rebus agendis.
Musa dedit fidibus divos, puerosque deorum,
Et pugilem victorem, & equum certamine primum,
85 Et juvenum curas, & libera vina referre.
Descriptas servare vices, operumque colores,
Cur ego, si nequeo ignoróque, poëta salutor?
Cur nescire, pudens pravè, quàm discere malo?
Versibus exponi tragicis res comica non vult.
90 Indignatur item privatis, ac prope socco
Dignis carminibus narrari coena Thyestæ [12].
-Singula quæque locum teneant sortita decenter.
Interdum tamen & vocem Comœdia tollit;
Iratusque Chremes [13] tumido delitigat ore :
95 Et Tragicus plerumque dolet sermone pedestri.
Telephus, & Peleus [14], cum pauper, & exul uterque,
Projicit ampullas, & sesquipedalia verba,
Si curat cor spectantis tetigisse querelâ.

[12] Thyeste mangea les membres de son fils, qui lui furent servis dans un festin par son frere Atrée.
[13] Chremès, personnage des Comédies de Téren-

les Dieux & les Héros enfans des Dieux, & l'athlete vainqueur, & le coursier qui a remporté le prix, & les soucis de la jeunesse, & la libre gaîté des buveurs. Si je ne connois ni ne puis rendre les couleurs propres & les nuances de chaque genre, je ne mérite point le nom de poëte. Pourquoi, par une mauvaise honte, l'ignoré-je plutôt que de m'en instruire ? Un sujet comique ne doit point être rendu en vers tragiques : & reciproquement le festin de Thyeste ne pourroit se soutenir en vers familiers, convenables au brodequin. Chaque genre doit se renfermer dans ses limites. Quelquefois pourtant la Comédie eleve le ton. Chremès en colere gourmande son fils d'un style haut & vigoureux; & de même la Tragédie s'abbaisse dans la douleur. Quand Telephe & Pelée sont tous deux bannis & réduits à l'indigence, ils renoncent aux phrases pompeuses & aux grands termes, s'ils veulent nous toucher par le récit de leurs maux.

ce; allusion à la scene 5. du V. acte de l'Heautontimorumene.

14 Téléphe & Pélée, Princes chassés de leurs Etats, & sujets de Tragédie chez les Anciens.

B ij

Non satis est pulchra esse poëmata, dulcia [15] sunto,
100 Et quocumque volent, animum auditoris agunto.
Ut ridentibus arrident, ita flentibus adsunt
Humani vultus. Si vis me flere, dolendum est
Primùm ipsi tibi : tunc tua me infortunia lædent,
Telephe, vel Peleu. Malè si mandata loqueris,
105 Aut dormitabo, aut ridebo. Tristia mœstum
Vultum verba decent; iratum, plena minarum;
Ludentem, lasciva; severum, seria dictu.
Format enim Natura priùs nos intus ad omnem
Fortunarum habitum : juvat aut impellit ad iram;
110 Aut ad humum mœrore gravi deducit, & angit :
Post effert animi motus interprete linguâ.
Si dicentis erunt fortunis absona dicta;
Romani tollent equites, peditesque cachinnum.
Intererit multum Davusne [16] loquatur, an heros;

[15] M. Gesner a traduit ainsi pour les élégans : *La beauté est pour l'esprit, la douceur pour le cœur.* Gallicè dicendum est, *dit-il, ut & jam belli homines intelligant.*

[16] Nous lisons *Davus*; d'autres lisent *Divus*; d'autres, *Eros* ou *Irus.*

Ce n'est pas assez que les Poëmes soient dans leurs couleurs, il faut encore qu'ils soient touchans, & qu'ils menent le cœur de l'auditeur où il leur plaît. Le visage de l'homme devient triste ou riant, à la vue de ceux qui pleurent ou qui rient. Si donc vous voulez que je pleure, il faut d'abord que vous pleuriez vous-même. Ce sera alors, Telephe & Pelée, que je serai touché de vos disgraces. Si vous rendez mal votre rôle, vos malheurs me feront ou rire ou bâiller. Un air triste demande des paroles tristes; un air irrité, des paroles menaçantes; un air enjoué, ou severe, un style gai, ou serieux. La Nature nous a rendus capables de toutes sortes de sentimens selon les situations où le sort peut nous mettre. Elle nous anime, ou nous porte à la colere; elle nous resserre, ou nous abbat par la tristesse; ensuite elle se sert de la langue comme d'un interprete, pour faire sortir les sentimens. Si vos discours n'ont pas le style & le ton de votre situation, tous les Romains, le peuple & les Grands, se moqueront de vous. Il y a une grande différence entre un valet qui parle, ou un héros. Le vieillard grave & le jeune

115　Maturusne senex, an adhuc florente juventâ
　　　Fervidus ; an matrona potens, an sedula nutrix ;
　　　Mercatorne vagus, cultorne virentis agelli ;
　　　Colchus, an Assyrius ; Thebis nutritus, an Argis.

　　　Aut famam sequere ; aut sibi convenientia finge
120　Scriptor. Honoratum [17] si fortè reponis Achillem ;
　　　Impiger, iracundus, inexorabilis, acer,
　　　Jura neget sibi nata ; nihil non arroget armis.
　　　Sit Medea ferox, invictáque ; flebilis [18] Ino ;
　　　Perfidus [19] Ixion ; Io vaga [20] ; tristis Orestes.

125　Si quid inexpertum scenæ committis & audes
　　　Personam formare novam ; servetur ad imum,

[17] Achille vengé, *honoratum*. Nous avons traduit ce mot dans le sens du mot grec qui y répond : *venger c'est réparer l'honneur offensé.*

[18] Sujet traité par Euripide. Ino fille de Cadmus & d'Hermione, s'étant imaginée qu'elle étoit lionne, tua ses deux enfans. Elle reconnut son erreur & se jetta dans la mer, de douleur & de désespoir.

[19] Sujet traité par Es-

homme dans le feu de l'âge, une dame de qualité, une nourrice tendre, ont un langage très-différent. Il en est de même du marchand qui voyage, & du laboureur qui cultive en paix son champ fertile; de celui qui est né en Colchide, ou en Assyrie; de celui qui a été élevé à Thèbes ou à Argos.

Peignez d'après la renommée; ou si vous créez, que toutes les parties soient d'accord entre elles. Si, par hasard, vous remontrez Achille vengé, qu'il soit actif, ardent, colere, implacable, qu'il ne reconnoisse point de loi, qu'il n'y ait rien qu'il ne s'arroge par les armes. Medée sera cruelle, inflexible; Ino gémissante; Ixion perfide; Io errante; Oreste triste & mélancolique.

Si vous osez donner à la scene un caractere entierement neuf, qu'il soit à la fin tel que vous l'avez montré au commencement,

chyle & par Euripide.
 2° Sujet traité par Eschyle. Io métamorphosée en vache, fut persécutée par Junon. Cette Déesse lui envoya un taon, qui la fit errer dans différens pays.

B iv

Qualis ab incepto processerit, & sibi constet.
Difficile est propriè communia dicere: túque
Rectiùs Iliacum carmen deducis in actus,
130 Quàm si proferres ignota, indictáque primus.
Publica materies privati juris erit, si
Nec circa vilem, patulumque moraberis orbem
Nec verbum verbo curabis reddere, fidus
Interpres; nec desilies imitator in arctum,
135 Unde pedem proferre pudor [21] vetet, aut operis lex.

Nec sic incipies, ut scriptor Cyclicus [22] olim :
Fortunam Priami cantabo, & nobile bellum.
Quid dignum tanto feret hic promissor hiatu [23]?
Parturient montes, nascetur ridiculus mus.

[21] *Proferre* a ici deux sens par ses deux nominatifs : *Lex operis vetat proferre pedem* : Vous ne pouvez avancer sans blesser les règles; *Pudor vetat*: Vous ne pouvez reculer sans vous deshonorer.

[22] Un Poëte Cyclique étoit, selon quelques interprétes, celui qui avoit mis en vers toute la vie d'un héros, comme Nonnus dans ses Dionysiaques.

& qu'il ne se démente nulle part. Mais il est bien difficile de donner des traits propres & individuels aux êtres purement possibles *. Il est plus sûr de tirer un sujet de l'Iliade, que de donner des choses inconnues, dont personne n'ait jamais parlé. Cette matiere, déjà donnée au public, deviendra votre bien propre, si vous ne vous attachez pas trop à la lettre, ni à rendre trait pour trait; & que vous n'alliez point, par une imitation scrupuleuse, vous mettre dans des entraves, telles que vous ne puissiez ni avancer sans blesser les regles, ni reculer sans rougir.

Vous ne commencerez pas comme autrefois un Poëte Cyclique: *Je chante les fortunes de Priam & cette guerre fameuse*.. Où ira ce prometteur après un tel début? La montagne en travail enfante une souris. Que j'aime bien mieux celui qui commence simplement & sans orgueil: *Muse, parlez - moi de ce*

---

* Voyez les Remarques.
23 Mot à mot: *Que donnera ce prometteur, après avoir ouvert une si grande bouche?*

140 Quantò rectiùs hic, qui nil molitur ineptè?
Dic mihi Musa virum, capta post tempora Trojæ,
Qui mores hominum [24] *multorum vidit & urbes.*
Non fumum ex fulgore, sed ex fumo dare lucem
Cogitat; ut speciosa dehinc miracula promat,
145 Antiphatem [25], Scyllamque, & cum Cyclope Charybdim.
Nec reditum Diomedis [26] ab interitu Meleagri,
Nec gemino bellum Trojanum orditur ab ovo.
Semper ad eventum festinat, & in medias res
Non secus, ac notas, auditorem rapit: & quæ
150 Desperat tractata nitescere posse, relinquit;
Atque ita mentitur, sic veris falsa remiscet,
Primo ne medium, medio ne discrepet imum.

Tu quid ego, & populus mecum desideret, audi.
Si plausoris eges aulæa manentis, & usque [27]

---

[24] C'est le début de l'Odyssée.

[25] L'histoire d'Antiphate est racontée au liv. X. de l'Odyssée : celle de Charybde & de Scylla au XII. Celle de Polyphème au XI.

Héros qui après la ruine de Troie, parcourut les villes & connut les mœurs de leurs habitans. La fumée ne viendra pas après la flamme ; mais on verra les plus riches tableaux, après cet exorde modeste. On verra Antiphate, Scylla, Charybde, le Cyclope, & une infinité d'autres merveilles. Il ne remontera pas à la mort de Méléagre pour en venir au retour de Diomede, ni jusqu'aux deux œufs de Léda, pour raconter la guerre de Troie. Il court à l'évenement, il emporte ses lecteurs au milieu des choses, comme si le reste leur etoit connu : il abandonne tout ce qu'il ne peut traiter avec succès ; enfin, dans ses mensonges, il mêle avec tant d'art, le faux avec le vrai, que le commencement, le milieu, la fin, paroissent un tout de même nature.

Desirez-vous savoir ce que nous demandons de vous, le Public & moi ? Daignez m'écouter :

26 C'est une critique du poëte Antimachus, auteur d'un Poëme sur le retour de Diomède.

27 *Aulæa manere*, Attendre tous les changemens de décorations, qui se faisoient sur-tout dans les pièces à machines ; Attendre jusqu'à la fin.

155 Sessuri, donec cantor, vos plaudite, dicat;
Ætatis cujusque notandi sunt tibi mores,
Mobilibusque [28] decor naturis dandus, & annis.
Reddere qui voces jam scit puer, & pede certo
Signat humum, gestit paribus colludere; & iram
160 Colligit, ac ponit temerè; & mutatur in horas.
Imberbis juvenis, tandem custode remoto,
Gaudet equis, canibusque, & aprici gramine campi,
Cereus in vitium flecti, monitoribus asper,
Utilium tardus provisor, prodigus æris,
165 Sublimis, cupidusque & amata relinquere pernix.
Conversis studiis, ætas, animusque virilis
Quærit opes & amicitias; inservit honori;
Commisisse cavet quod mox mutare laboret.
Multa senem circumveniunt incommoda, vel quòd

[28] *Mobilibus* tombe également sur *naturis* & sur *annis*; les caractères changent, aussi-bien que les années, & avec les années. Quelques-uns croient qu'il faut lire *maturis* pour *naturis*.

Si vous voulez qu'un spectateur, toujours attentif, suive votre piece de scene en scene, jusqu'à ce que le Chœur dise, *Battez des mains*, vous vous attacherez à bien marquer les mœurs, qui varient, ainsi que les âges. L'enfant qui sait déja répéter les mots, & former des pas assurés, aime à jouer avec ses pareils; il se fâche sans savoir pourquoi, & s'appaise de même : il varie à chaque instant. Le jeune-homme délivré enfin de son gouverneur, se plaît à nourrir des chevaux, des chiens, à s'exercer dans le champ de Mars. Il est de cire pour recevoir l'impression du vice; il se cabre contre les avis, ne prevoit rien; il est prodigue, vain, a envie de tout, & le moment d'après, il ne veut plus de ce qu'il a desiré. Les goûts changent : l'homme-fait songe à amasser du bien, à acquerir des amis, à s'élever aux honneurs; il prend garde de faire quelque démarche dont il puisse se repentir. Une infinité de maux assiegent le vieillard, n'y eût-il que le desir d'amasser, & la crainte d'user. Il ne fait rien qu'avec lenteur & en tremblant : il est temporiseur, sans confiance [30], sans ressource en

170 Quærit, & inventis miser abstinet, ac timet uti;
Vel quòd res omnes timidè gelidéque ministrat,
Dilator, spe lentus [29], iners, pavidusque futuri,
Difficilis, querulus, laudator temporis acti
Se puero, censor, castigatorque minorum.
175 Multa ferunt anni venientes commoda secum:
Multa recedentes adimunt. Ne fortè seniles
Mandentur juveni partes, pueróque viriles:
Semper in adjunctis ævóque morabimur aptis.

Aut agitur res in scenis, aut acta refertur.
180 Segnius irritant animos demissa per aurem,
Quàm quæ sunt oculis subjecta fidelibus, & quæ
Ipse sibi tradit spectator. Non tamen intus
Digna geri, promes in scenam; multáque tolles
Ex oculis, quæ mox narret facundia præsens.
185 Nec pueros coram populo Medea trucidet;
Aut humana palam coquat exta nefarius Atreus;

---

[29] *Spe lentus* c'est la traduction de δυσέλπις, employé par Aristote dans le portrait du Vieillard.

lui-même, se defiant de l'avenir, quinteux, plaintif, vantant sans cesse le temps passé lorsqu'il étoit jeune; prêchant, grondant tout ce qui est moins âgé que lui. Les années croissant jusqu'à un certain point, apportent à l'homme plusieurs avantages, qu'il perd ensuite à mesure qu'il s'éloigne de ce même point. Gardez-vous de donner à un jeune homme les mœurs d'un vieillard; ni à un enfant celles d'un homme fait; attachez-vous aux traits qui caractérisent chaque saison.

La chose qui se fait est en action ou en récit. Ce qu'on entend raconter frappe moins, que ce qu'on voit de ses yeux. Les yeux sont plus fideles; par eux le spectateur s'instruit lui-même. Gardez-vous cependant de mettre sur la scene ce qui ne doit se passer qu'au dedans. Il y a beaucoup de choses qui ne doivent point paroître aux yeux, & dont un acteur vient rendre compte un moment après. Medée n'egorgera pas ses enfans sur le théâtre; l'horrible Atrée n'y fera pas cuire des entrailles humaines; Progné ne s'y changera point en oiseau, ni Cadmus en serpent:

POÉTIQUE

Aut in avem Progne vertatur, Cadmus in anguem.
Quodcumque ostendis mihi sic, incredulus odi.

    Ne ve minor, neu sit quinto productior actu
190 Fabula quæ posci vult, & spectata reponi.
Nec deus intersit, nisi dignus vindice nodus
Inciderit : nec quarta loqui persona laboret

    Actoris 3° partes Chorus, officiúmque virile
Defendat : neu quid medios intercinat actus,
195 Quod non proposito conducat, & hæreat aptè.
Ille bonis faveatque, & consilietur amicis,
Et regat iratos, & amet pacare tumentes.
Ille dapes laudet mensæ brevis : ille salubrem
Justitiam, legesque, & apertis otia portis.
200 Ille tegat commissa ; deosque precetur & oret,
Ut redeat miseris, abeat fortuna superbis.

    Tibia non ut nunc orichalco vincta, tubæque

3° Voyez la Poét. d'Arist. Chap. XVII. n° 6.

cette maniere de les présenter seroit odieuse, & détruiroit l'illusion.

Une Fable dramatique aura cinq actes, ni plus ni moins, si on veut qu'elle soit redemandée plusieurs fois. On n'y fera point intervenir de divinité, à moins que le denouement ne soit digne d'un pouvoir surnaturel. Un quatrieme acteur y parlera peu & rarement.

Le Chœur y fera l'office d'un acteur; & jamais il ne chantera rien dans les entre-actes qui n'aide à l'action, & qui ne soit lié avec elle. Il donnera sa faveur & ses conseils aux personnages vertueux : il appaisera la colere, adoucira la fierté; il louera les mets d'une table frugale, les effets heureux de la justice, des lois, de la paix, qui laisse ouvertes les portes des villes. Il gardera scrupuleusement le dépôt confié; il sera religieux, & priera les Dieux de protéger l'innocent qui souffre, & de punir le coupable orgueilleux.

La Flute n'étoit pas autrefois allongée

Æmula : sed tenuis, simplexque foramine pauco,
Aspirare & adesse choris erat utilis, atque
205 Nondum spissa nimis complere sedilia flatu ;
Quò sanè populus numerabilis, ut pote parvus
Et frugi, castusque, verecundusque coibat.
Postquam cœpit agros extendere victor, & urbem
Latior amplecti murus, vinóque diurno
210 Placari Genius festis impunè diebus ;
Accessit numerisque, modisque licentia major.
Indoctus quid enim saperet, liberque laborum,
Rusticus, urbano confusus, turpis honesto * ?
Sic priscæ motumque, & luxuriam addidit arti
215 Tibicen : traxitque vagus per pulpita vestem.
Sic etiam fidibus voces crevere severis :
Et tulit eloquium insolitum facundia præceps :
Utiliumque sagax rerum, & divina futuri
Sortilegis non discrepuit sententia Delphis.

* Les Spectateurs grossiers veulent, dit Aristote, des chants forcés. Il appelle *chants forcés*, ceux qui sont *trop forts*, & *trop chargés en couleur*. Polit. VIII. 7.

comme aujourd'hui, par des anneaux de léton, & ne ressembloit point à la trompette guerriere. Douce, simple, elle n'avoit que peu de trous, autant qu'il en falloit pour accompagner le Chœur, & se faire entendre dans un espace peu étendu ; où se rassembloit un peuple peu nombreux, sage d'ailleurs & modeste. Mais lorsque ce même peuple eut étendu son domaine par ses victoires, que ses murs reculés eurent aggrandi la ville, & qu'il eut appris à faire pendant la journée, des libations de vin pur au dieu de la joie ; il fallut alors que les rhythmes & le chant fussent plus marqués & plus forts. Car quelle délicatesse pouvoit avoir le citoyen des champs, qui, laissant un moment ses travaux, venoit se mêler avec l'habitant de la ville ; l'homme grossier & ignorant, avec l'homme poli & instruit ? Il fallut donc que le mouvement fût plus marqué, & que l'art fût plus sensible. L'acteur traîna une longue robe sur les théâtres ; la cithare ajouta à ses cordes des cordes plus aiguës ; l'élocution même prit un nouvel essor, & ne différa plus de celle des oracles, qui instruisent les mortels, & leur annoncent l'avenir.

220 Carmine qui tragico vilem certavit ob hircum[31],
Mox etiam agrestes Satyros nudavit : & asper
Incolumi gravitate jocum tentavit ; eo quòd
Illecebris erat, & gratâ novitate morandus
Spectator, functusque sacris, & potus, & exlex.
225 Verum ita risores, ita commendare [32] dicaces
Conveniet Satyros, ita vertere seria ludo,
Ne, quicumque deus, quicumque adhibebitur heros,
Regali conspectus in auro nuper, & ostro,
Migret in obscuras humili sermone tabernas[33];
230 Aut dum vitat humum, nubes & inania captet.
—Effutire leves indigna tragœdia versus,
Ut festis matrona moveri jussa diebus,
Intererit Satyris paulùm pudibunda protervis.

[31] C'est de là, dit-on, qu'est venu le nom de Tragédie : Τράγος un bouc.

[32] *Commendare*, ne pourroit-il pas signifier, *faire figurer* une chose avec une autre, *mandare cum*: comme *adhibere*: Quicumque satyris adhibebitur heros. Alors *commendare* reviendroit à-peu-près à *committere*.

[33] *Tabernas*. Les Romains avoient des pièces

ON ALLA plus loin. Le Poëte tragique, qui jadis avoit obtenu pour prix un bouc, montra des Satyres nuds, & essaya de faire rire, même en conservant la gravité de son genre; parce qu'il falloit retenir par le charme de quelque nouveauté, un spectateur qui revenoit des sacrifices, plein de vin, & incapable de se tenir dans les bornes. Mais si on veut introduire sur la scène des Satyres rieurs & mordans, & allier le sérieux avec le plaisant, il faudra prendre garde que l'acteur tragique, soit dieu, soit héros, qui figure avec le Satyre, & qui un moment auparavant étaloit l'or & la pourpre des rois, n'aille point tout à coup, par un style bas & ignoble, entrer dans les boutiques du petit peuple, ou que, voulant éviter la bassesse, il ne se perde dans le vide, & n'embrasse les nues. La Tragédie ne doit jamais avilir son style; & quand elle se trouve vis-à-vis d'un Satyre, elle doit au moins laisser paroître l'embarras qu'éprouve une dame de qualité, qui est obligée de danser dans les fêtes publiques.

qu'ils nommoient *Tavernieres* ou *des boutiques*. C'étoit du comique le plus bas.

Non ego inornata, & dominantia [34] nomina solùm,
235 Verbáque, Pisones, satyrorum [35] scriptor amabo.
Nec sic enitar tragico differre colori,
Ut nihil intersit Davusne loquatur, an audax
Pythias, emuncto lucrata Simone talentum,
An custos, famulusque dei Silenus alumni.
240 Ex noto fictum carmen sequar, ut sibi quivis
Speret idem, sudet multum, frustráque laboret
Ausus idem, tantùm series, juncturáque pollet:
Tantùm de medio sumptis accedit honoris.
Sylvis deducti caveant, me judice, Fauni
245 Ne velut innati triviis, ac penè forenses
Aut nimiùm teneris juvenentur versibus umquam;
Aut immunda [36] crepent, ignominiosáque dicta.
Offenduntur enim, quibus est equus, & pater, & res:

34 *Dominantia verba.* C'est sans doute ce que nous appelons *nommer chaque chose par son nom.* Ce mot a le sens de κύρια *propria, dominantia.*

Pour moi, si je faisois des satyres, je ne me bornerois pas à prêter à ces sortes de personnages des discours brusques & grossiers. Je m'éloignerois du ton tragique ; mais de maniere qu'il y eût encore quelque différence entre ce que sait dire Davus, ou l'effrontée Pythias, lorsqu'elle excroque à Simon un talent, & ce que dit un Silène, serviteur & nourricier de Bacchus. Je prendrois pour modele un familier si simple, que chacun se croiroit capable d'en faire autant : & si on osoit l'entreprendre, on sueroit beaucoup, & peut-être sans succès : tant la suite & la liaison donnent de relief aux choses les plus communes. En un mot, selon moi, les Satyres qui sortent des forêts, ne doivent point dire de choses fines & délicates, comme s'ils étoient nés au milieu des villes, ou parmi des hommes polis. Ils ne doivent pas non plus vomir des grossieretés, ni des ordures : & si la canaille qui vit de noix & de pois chiches, les

35 Les Satyres dramatiques, de *satyrus, satyri*. Les *Satires* d'Horace & de Juvénal, de *satura*, bassin rempli de fruits de toutes especes.
36 C'est ce qu'il a appelé plus haut, *dominantia verba*.

Nec, si quid fricti ciceris probat, & nucis emptor,
250 Æquis accipiunt animis, donantve coronâ.

SYLLABA longa brevi subjecta, vocatur ïambus,
Pes citus, unde etiam trimetris accrescere jussit
Nomen ïambeis, cum senos [37] redderet ictus:
Primus ad extremum similis sibi. Non ita pridem,
255 Tardior ut paulò, graviorque veniret ad aures,
Spondeos stabiles in jura paterna recepit
Commodus, & patiens: non ut de sede secunda
Cederet, aut quarta socialiter. Hic & in Accî
Nobilibus trimetris apparet rarus, & Ennî.
260 In scenam missus magno cum pondere versus,
Aut operæ celeris nimiùm, curáque carentis,
Aut ignoratæ premit artis crimine turpi.
Non quivis videt immodulata poëmata judex:
Et data romanis venia est indigna poëtis.
265 Idcircone vager, scribamque licenter? an omnes
Visuros peccata putem mea? tutus, & intra

[37] Voy. les Rem. sur le Chap. IV. de la Poét. d'Arist.

aime, le Sénateur, le Chevalier, le Citoyen honnête s'en offensent, & leur refusent le prix.

Une syllabe longue suivie d'une breve, est ce qu'on appelle *iambe* ; pied leger & rapide, qui a fait surnommer *trimetres*, les vers ïambiques, quoiqu'ils aient six mesures. Ce vers etoit autrefois tout composé d'ïambes ; mais depuis quelque temps, pour lui donner plus de consistance & de poids, l'ïambe a bien voulu partager ses droits avec le grave spondée ; à condition toutefois qu'il ne lui céderoit jamais ni la seconde, ni la quatriéme place. Cet ïambique moderne ne se trouve même que rarement dans les trimettres si connus d'Ennius & d'Accius. Un vers trop chargé de spondées prouve que l'ouvrage a été fait trop vîte, & avec peu de soin ; ou que l'auteur ne savoit point son art, reproche honteux. Il n'est pas donné à tout le monde de sentir le défaut de modulation dans les vers ; & on a sur ce point trop d'indulgence pour nos Poëtes. Sera-ce pour moi une raison de me négliger & d'enfreindre les regles ? Ne dois-je point plutôt croire que tout le

Spem veniæ cautus. Vitavi denique culpam,
Non laudem merui. Vos exemplaria Græca
Nocturna versate manu, versate diurna.

270 At nostri proavi Plautinos & numeros, &
Laudavere sales : nimiùm patienter utrumque,
Ne dicam stultè, mirati; si modò ego, & vos
Scimus inurbanum lepido seponere dicto,
Legitimumque sonum digitis [38] callemus

275 Ignotum Tragicæ genus invenisse camœnæ
Dicitur, & plaustris vexisse poëmata Thespis,
Quæ canerent, agerentque peruncti fæcibus ora.
Post hunc personæ [39], pallæque repertor honestæ
Æschylus, & modicis instravit pulpita tignis :

[38] *Par le doigt*, qui juge du rhythme ou de la mesure, par le levé & le frappé. *Par l'oreille*, qui juge des sons & de la modulation des vers.

[39] *Persona*, masque de théâtre. C'étoient des espèces de casques, où les visages étoient peints, selon l'âge, le caractère, le rôle du *personnage*.

monde verra mes fautes; & me tenir sur mes gardes, comme si je n'avois nulle grace à espérer ? & encore avec ce soin, je n'ai pas droit aux éloges, je n'ai fait qu'éviter le reproche. Lisez les modeles que nous ont laissés les Grecs, & lisez les jour & nuit.

Mais nos aïeux ont vanté les traits & les vers de Plaute. Nos aïeux étoient trop bons, pour ne rien dire de plus : du moins, si vous & moi nous savons distinguer un bon mot d'une mauvaise plaisanterie, & juger par le doigt & par l'oreille de la régularité d'un vers.

On dit que ce fut Thespis qui inventa le genre tragique, & qu'il fut le premier qui promena dans des chars, des acteurs barbouillés de lie, qui chantoient & jouoient ses piéces. Après lui Eschyle inventa les masques plus honnêtes, & les robes traînantes ; il exhaussa un théâtre sur des tréteaux ; il releva le style du dialogue, & donna aux acteurs des chaussures hautes. La vieille Comédie parut ensuite, & fit beaucoup d'éclat. Mais sa liberté

280 Et docuit magnumque loqui, nitique cothurno.
Successit vetus his Comœdia, non sine multa
Laude : sed in vitium libertas excidit, & vim
Dignam lege regi. Lex est accepta; chorusque
Turpiter obticuit, sublato jure nocendi.

285 Nil intentatum nostri liquere Poëtæ :
Nec minimum meruere decus, vestigia Græca
Ausi deserere, & celebrare domestica facta,
Vel qui Prætextas, vel qui docuere [40] Togatas.
Nec virtute foret, clarisve potentius armis,
290 Quàm linguâ, Latium, si non offenderet unum-
Quemque poëtarum limæ labor, & mora. Vos, ô
Pompilius sanguis, carmen reprehendite, quod non
Multa dies, & multa litura coercuit; atque
Perfectum decies non castigavit ad unguem [41].

295 Ingenium miserâ quia fortunatius arte [42]

[40] *Traiter des sujets.* Docuere a le sens du Grec διδάσκειν qui signifie *donner une pièce aux Comédiens.*

dégénérant en licence, elle mérita d'être réprimée par une loi. Le Chœur comique fut donc forcé de se taire, n'ayant plus le droit de mordre.

Nos Poëtes se sont exercés dans tous les genres. Ils ont même osé abandonner les traces des Grecs, & traiter des sujets tout Romains, qui ne leur ont pas fait un médiocre honneur, tant dans le Tragique que dans le Comique. On peut dire même que le Latium n'auroit pas acquis moins de gloire par les ouvrages d'esprit que par sa valeur & par ses armes, s'il étoit aucun de nos Poëtes qui pût se donner la peine & le temps de limer. Illustres rejetons de Numa, défiez-vous de tout poëme qui n'aura pas été corrigé pendant long-temps, & poli & repoli dix fois avec scrupule.

DÉMOCRITE a dit que le génie réussissoit

41 *Perfectum ad unguem.* Figure empruntée de ceux qui faisoient des marqueteries en marbre, & qui y passoient l'ongle pour sentir s'il y restoit des inégalités. *Castigare,* corriger.

42 *Ars misera.* L'art laborieux, qui fait des efforts pénibles.

Credit, & excludit sanos Helicone poëtas
Democritus [43]; bona pars non ungues ponere curat,
Non barbam, secreta petit loca, balnea vitat.
Nanciscetur enim pretium, nomenque poëtæ,
300 Si tribus Anticyris caput insanabile [44], numquam
Tonsori Licino commiserit. O ego lævus,
Qui purgor bilem sub verni temporis horam!
Non alius faceret meliora poëmata. Verùm
Nil tanti est. Ergo fungar vice cotis; acutum
305 Reddere quæ ferrum valet, exsors ipsa secandi.
Munus, & officium, nil scribens ipse, docebo:
Unde parentur opes: quid alat, formetque poëtam:
Quid deceat, quid non: quò virtus, quò ferat error.

SCRIBENDI rectè, sapere [45] est & principium & fons
310 Rem tibi Socraticæ poterunt ostendere chartæ:

43 *Negat enim sine furore Democritus quemquam poëtam magnum esse posse.*

44 Ce n'est pas Horace qui dit les Poétes *incurables*. Ce sont les Poétes qui veulent passer pour l'être; parce que Démocrite *excludit sanos Helicone poëtas.*

mieux que l'art, & que l'Helicon n'admettoit point les écrivains qui n'ont pas le cerveau blessé. D'après cet oracle, la plûpart des Poëtes ont l'attention de conserver leur barbe, leurs ongles, de fuir les bains, de chercher les lieux solitaires. Vraiment c'est le moyen de mériter le nom de poëte & d'en avoir les honneurs. Il faut bien se garder de jamais confier au barbier Licinus une tête que trois Anticyres ne gueriroient pas. J'ai donc grand tort de me purger tous les printems ; personne ne feroit de meilleurs vers que moi. Mais il n'est rien qui me tente à ce prix. Je ferai l'office de la pierre à aiguiser, qui fait couper le fer, & qui elle-même ne coupe point. J'enseignerai à bien écrire, sans écrire moi-même. J'indiquerai les sources, je dirai ce qui nourrit un Poëte, ce qui le forme, ce qui convient, ce qui ne convient pas, où tend le bon goût, où mene l'erreur.

Pour bien écrire, il faut avant tout, avoir un sens droit. Les écrits des Philosophes vous

45 *Sapere* comprend le bon sens & le bon goût.

Verbaque provisam rem non invita sequentur,
Qui didicit patriæ quid debeat, & quid amicis;
Quo sit amore parens, quo frater amandus & hospes;
Quod sit Conscripti⁴⁶, quod judicis officium; quæ
315 Partes in bellum missi ducis: ille profectò
Reddere personæ scit convenientia cuique.
Respicere exemplar vitæ, morumque jubebo
Doctum imitatorem, & veras hinc ducere voces.
Interdum speciosa locis, moratáque rectè
320 Fabula nullius veneris, sine pondere & arte,
Valdiùs oblectat populum, meliúsque moratur,
Quàm versus inopes rerum, nugæque canoræ.

Graiis ingenium, Graiis dedit ore rotundo
Musa loqui, præter laudem nullius avaris.
325 Romani pueri longis rationibus assem ⁴⁷
Discunt in partes centum diducere. Dicat

---

46 *Conscripti*, subaud. *patris* : d'un Pere conscrit.

fourniront

fourniront les choses : & lorsque vous serez bien rempli de votre idée, les mots pour l'exprimer, se présenteront d'eux-mêmes. Quiconque saura ce qu'il doit à sa patrie, à ses amis ; comme il doit aimer un pere, un frere, un hôte ; quel est le devoir d'un Sénateur, d'un Juge, d'un Général qu'on envoie commander, saura aussi rendre à chaque personnage ce qui lui convient. L'habile imitateur doit toujours avoir devant les yeux les modeles vivans, & peindre d'après nature. Une piéce qui aura des tableaux frappans, & des mœurs exactes, quoiqu'écrite sans grace, sans force, sans art, fait quelquefois plus de plaisir au public, & retient davantage les spectateurs, que de beaux vers vides de choses, & des riens bien écrits.

Les Grecs avoient l'un & l'autre, le fonds du génie, & les graces de l'élocution. Aussi n'étoient-ils avares que de louanges. Nos jeunes Romains savent partager l'as en cent parties. Fils d'Albinus, qui de cinq onces en

---

47 L'As Romain étoit de 12 onces.

Partie II.

Filius Albini, si de quincunce remota est
Uncia, quid superat? poteras dixisse. Triens. Heus
Rem poteris servare tuam. Redit uncia, quid fit?
330 Semis. An, hæc animos ærugo, & cura peculî,
Cum semel imbuerit, speramus carmina fingi
Posse linenda cedro, & levi servanda cupresso?

Aut prodesse volunt, aut delectare poëtæ;
Aut simul & jucunda, & idonea dicere vitæ.
335 Quidquid præcipies, esto brevis; ut citò dicta
Percipiant animi dociles, teneantque fideles.
Omne supervacuum pleno de pectore manat.
Ficta voluptatis causâ, sint proxima veris;/
Nec, quodcumque volet, poscat sibi fabula credi:
340 Neu pransæ Lamiæ vivum puerum extrahat alvo.
Centuriæ [48] seniorum agitant expertia frugis.
Celsi prætereunt austera poëmata Rhamnes [49].

[48] *Centuriæ seniorum* peut signifier en général *les vieillards.*

[49] Rhamnès, nom d'une des trois anciennes tribus qui partageoient le

ôte une, que reste-t-il ? Parlez donc. Un tiers.
A merveille ! vous saurez conserver votre bien.
Ajoutez une once : combien cela fait-il ? La
demi-livre. Quand une fois cette rouille, ce
vil amour du gain a infecté les esprits, peut-
on espérer des vers dignes d'être trempés
d'huile de cédre, ou serrés dans des tablettes
de cyprès.

Les Poëtes ecrivent ou pour plaire ou pour
instruire, ou pour faire l'un & l'autre ensemble. Si vous donnez des preceptes, qu'ils
soient courts ; afin que l'esprit les saisisse vîte,
les apprenne, & les retienne fidelement.
Tout ce qui est de trop se repand hors du
vase. Si vous inventez quelque fiction, uni-
quement pour plaire, qu'elle soit très-appro-
chante du vrai. La fiction n'a pas droit de
nous offrir tous ses caprices, ni de retirer
vivant de l'estomac d'une magicienne, un
enfant qu'elle vient de manger. Nos graves
Senateurs rejettent ce qui n'est pas instructif;
nos jeunes Chevaliers ne s'arrêtent pas aux

peuple Romain. Les deux tiens, & les Luceres.
autres étoient les Ta- *V. Tit. Liv. I. Dec. liv.* 1.

D ij

Omne tulit punctum, qui miscuit utile dulci,
Lectorem delectando, pariterque monendo.
345 Hic meret æra liber Sosiis [50] : hic & mare transit;
Et longum noto scriptori prorogat ævum.

Sunt delicta tamen, quibus ignovisse velimus.
Nam neque chorda sonum reddit, quem vult manus & mens;
Poscentique gravem persæpe remittit acutum :
350 Nec semper feriet quodcumque minabitur arcus.
Verùm ubi plura nitent in carmine, non ego paucis
Offendar maculis, quas aut incuria fudit,
Aut humana parum cavit natura. Quid ergo ?
Ut scriptor si peccat idem librarius usque,
355 Quamvis est monitus, veniâ caret; & citharœdus
Ridetur, chordâ qui semper oberrat eâdem;
Sic mihi, qui multùm cessat, fit Chœrilus ille,
Quem bis, tervè bonum, cum risu miror; & idem

---

[50] Fameux Libraires de ce temps là.

piéces trop sérieuses. Le point de la perfection est de savoir mêler l'utile à l'agréable, de savoir plaire & instruire : voilà le livre qui enrichit les Sosies, qui franchit les mers, & immortalise son auteur.

Ce n'est pas qu'il n'y ait des fautes dignes de pardon. La corde de l'instrument ne rend pas toujours le son que le doigt & la pensée lui demandent ; quelquefois elle donne un son grave pour un son aigu : la fleche qui part ne frappe pas toujours le but. Que dans un poëme le grand nombre soit celui des beautés, je ne m'offenserai pas de quelques taches échappées à l'attention, ou que la foiblesse humaine n'aura pu éviter. Mais comme un copiste ne mérite point de grace, quand il fait toujours la même faute, quoiqu'on l'ait averti; & qu'on se rit d'un joueur d'instrument qui se trompe toujours sur la même corde; de même un auteur trop plein de négligences devient pour moi un autre Chérile, que j'admire en riant, dans deux ou trois endroits, où il a réussi : au lieu que je souffre, quand il arrive au bon Homere de sommeiller. Mais

Indignor quandoque * bonus dormitat Homerus.
360 Verùm opere in longo fas est obrepere somnum.

Ut pictura ⁵¹, poësis erit quæ , si propiùs stes,
Te capiet magis ; & quædam , si longiùs abstes.
Hæc amat obscurum : volet hæc sub luce videri,
Judicis argutum quæ non formidat acumen.
365 Hæc placuit semel , hæc decies repetita placebit.

O major juvenum , quamvis & voce paternâ
Fingeris ad rectum, & per te sapis, hoc tibi dictum
Tolle memor : Certis medium & tolerabile rebus
Rectè concedi. Consultus juris , & actor
370 Causarum mediocris abest virtute diserti
Messalæ, nec scit quantùm Cassellius Aulus ;
Sed tamen in pretio est. Mediocribus esse poëtis

---

* *Quandocumque*, si quando.

⁵¹ Il ne s'agit pas ici des Arts comparés entre eux, mais des ouvrages :

Il est des morceaux de Poësie comme il en est de peinture : *Ut pictura sic quædam erit poësis quæ…*

il est permis dans un long ouvrage de s'oublier un moment.

En Poësie comme en Peinture, il est des morceaux qu'il faut voir de près, & d'autres qui plairont davantage de loin. Ceux-ci craignent la lumiere : ceux-là aiment le plus grand jour, & ne redoutent point l'œil perçant de la Critique : on les a vus une fois, on les verra dix, & toujours avec un nouveau plaisir.

Aîné des Pisons, quoique vous soyez né avec un sens droit, & conduit par les sages leçons d'un Pere eclairé, écoutez ce que je vais vous dire, & tâchez de ne pas l'oublier. Il y a des genres où il est permis d'être mediocre. Un Jurisconsulte, un Avocat, n'ont pas le talent de Messala, ni la science de Cassellius ; cependant ils ont leur prix. Mais un Poëte qui n'est que mediocre, ni les Dieux, ni les hommes ne lui pardonnent, ni même les colonnes du lieu où il recite ses vers. Comme dans un repas de plaisir, une mauvaise symphonie, des parfums mediocres, des pavots

D iv

Non homines, non Dî, non concessere columnæ [52].
Ut gratas inter mensas symphonia discors,
375 Et crassum unguentum, & Sardo [53] cum melle papaver,
Offendunt ; poterat duci quia cœna sine istis :
Sic animis natum, inventumque poëma juvandis,
Si paulùm a summo discessit, vergit ad imum.
Ludere qui nescit, campestribus abstinet armis :
380 Indoctusque pilæ, discive, trochive quiescit,
Ne spissæ risum tollant impunè coronæ.
Qui nescit, versus tamen audet fingere. Quid ni ?
Liber & ingenuus, præsertim census equestrem [54]
Summam nummorum, vitioque remotus ab omni.
385 Tu nihil invitâ dices faciesque Minervâ :
Id tibi judicium est, ea mens. Si quid tamen olim
Scripseris, in Metî [55] descendat judicis aures,

[52] Horace peut entendre les colonnes des salles où les Poétes récitoient leurs vers. M. Dacier entend les colonnes qui portoient les affiches.

[53] Le miel de Sardai-

mêlés avec le miel de Sardaigne, blessent des convives délicats, parce qu'on pouvoit prolonger sans cela le plaisir d'être à table : de même un Poëme, dont l'objet est de plaire à l'esprit, s'il n'est pas excellent, est dès lors détestable. Quand on ne sait point faire des armes, on ne s'avise point de manier le fleuret : quand on n'a point appris à lancer la balle, le disque, le cercle, on se tient en repos, pour n'être point la risée des spectateurs; & cependant sans être poëte, on veut faire des vers. Pourquoi non ? Ne suis-je pas libre & citoyen ? N'ai-je pas les rentes de Chevalier ? A-t-on quelque chose à me reprocher ? Pour vous, Pison, vous n'écrirez rien, vous ne ferez rien, sans en être avoué de Minerve. Vous avez trop de sens, trop d'esprit, pour agir autrement. Si toutefois vous composiez jamais quelque ouvrage, ne manquez pas de consulter l'oreille de Metius, celle de votre Pere, la mienne même ; &

gne étoit mauvais : *Sardoïs videar tibi amarior herbis.* Virg. Eglog. 8.

54 Il falloit avoir

30000 liv. de rente pour être Chevalier Romain.

55 Spurius Metius Tarpa critique excellent.

Et patris, & nostras ; nonumque prematur in
annum.
Membranis intus positis, delere licebit
390 Quod non edideris. Nescit vox missa reverti.

SYLVESTRES homines sacer, interpresque deorum
Cædibus & victu fœdo [56] deterruit Orpheus ;
Dictus ob hoc lenire tigres, rabidosque leones.
Dictus & Amphion Thebanæ [57] conditor arcis,
395 Saxa movere sono testudinis, & prece blandâ
Ducere quò vellet. Fuit hæc sapientia quondam,
Publica privatis secernere, sacra profanis ;
Concubitu prohibere vago ; dare jura maritis ;
Oppida moliri ; leges incidere ligno.
400 Sic honor, & nomen divinis Vatibus atque
Carminibus venit. Post hos insignis Homerus,

---

[56] *Victu fœdo ;* les hommes sauvages se nourrissoient de viandes crues & buvoient le sang.

[57] Cadmus bâtit Thèbes 1400 ans avant J. C. selon les marbres d'Arondel. Amphion l'environna de murs, & y bâtit une citadelle.

gardez-le neuf ans dans vos tablettes. Tant que votre ouvrage sera dans le porte-feuille, vous pourrez y faire des changemens. S'il a pris une fois son essor, il ne revient plus.

Les hommes vivoient dans les forêts. Orphée prêtre & interprete des Dieux, leur apprit à respecter le sang humain, & à s'abstenir d'une nourriture indigne de l'homme : ce qui fit dire qu'il avoit apprivoisé les tigres & les lions cruels. On a dit de même d'Amphion, fondateur de la ville de Thèbes, qu'il attiroit les pierres par les sons touchans de sa lyre, & qu'il les menoit où il vouloit. Dans le commencement la Poësie etoit le seul organe de la sagesse. Ce fut elle qui distingua le bien public de l'intérêt particulier, le sacré du profane ; qui arrêta le brigandage des mœurs, qui fixa les liens du mariage, qui bâtit les villes, qui grava les lois sur le bois ; & ce fut ce qui mit en honneur les Poëtes & les vers. Homere parut : ensuite Tyrtée, dont les vers mâles animerent au combat les courages guerriers. Les oracles firent leurs reponses en vers. La morale prit le même langage. La douce voix

Tyrtæusque [58] mares animos in Martia bella
Versibus exacuit. Dictæ per carmina sortes :
Et vitæ monstrata via est ; & gratia regum
405 Pieriis tentata modis, ludusque repertus,
Et longorum operum finis : ne fortè pudori
Sit tibi musa lyræ solers, & cantor Apollo.

Natura fieret laudabile carmen, an arte,
Quæsitum est. Ego nec studium sine divite vena,
410 Nec rude quid prosit video ingenium : alterius sic
Altera poscit opem res, & conjurat amicè.
Qui studet optatam cursu contingere metam,
Multa tulit, fecitque puer : sudavit, & alsit ;
Abstinuit venere, & vino. Qui Pythia cantat
415 Tibicen, didicit priùs, extimuitque magistrum.
Nunc satis est dixisse, ego mira poëmata pango
Occupet extremum scabies ! mihi turpe relinqui est
Et quod non didici, sanè nescire fateri.

[58] Tyrtée Athénien, composa des chants guer-riers, qui animerent tel-lement les Lacédémo-

des Muses fut employée pour fléchir les Rois; enfin on inventa les spectacles & les jeux, à la fin des longs travaux. Après de si glorieux emplois de la Poësie, qui pourroit rougir de toucher la lyre, & de prendre les leçons d'Apollon?

On a demandé si un bon Poëme étoit l'ouvrage du génie, ou celui de l'art. Pour moi je ne vois pas ce que peut faire l'art sans le génie, ni le génie sans l'étude. Ils ont besoin l'un de l'autre, & doivent se réunir pour arriver au but. L'athlete qui desire de remporter le prix de la course, s'y est préparé dès sa jeunesse, par des exercices pénibles; il a supporté le chaud, le froid; il s'est abstenu du vin & de l'amour. Le flûteur qui joue aux fêtes d'Apollon Pythien, a long-temps appris son art, & craint un maître sévère. Aujourd'hui c'est assez qu'on dise : Les vers que je fais sont admirables : malheur à qui sera le dernier ! je serois honteux de l'être, & d'avouer que j'ignore ce que je n'ai jamais appris.

niens au combat, qu'ils remporterent la victoire sur les Messeniens.

Ut præco ad merces turbam qui cogit emendas,
420 Assentatores jubet ad lucrum ire poëta
Dives agris, dives positis in fœnore nummis.
Si vero est unctum qui rectè ponere possit;
Et spondere levi pro paupere, & eripere atris
Litibus implicitum, mirabor, si sciet inter-
425 Noscere mendacem, verumque beatus amicum.
Tu seu donaris, seu quid donare voles cui,
Nolito ad versus tibi factos ducere plenum
Lætitiæ. Clamabit enim, pulchrè, bene, rectè!
Pallescet super his; etiam stillabit amicis
430 Ex oculis rorem, saliet, tundet pede terram.
Ut qui conducti plorant in funere, dicunt
Et faciunt prope plura dolentibus ex animo : sic
Derisor vero plus laudatore movetur.
Reges dicuntur multis urgere culullis,
435 Et torquere mero, quem perspexisse laborent
An sit amicitiâ dignus. Si carmina condes,
Numquam te fallant animi sub vulpe latentes.

Un Poëte riche, qui rassemble chez lui des admirateurs intéressés, est semblable à un huissier crieur, qui amasse autour de lui le peuple pour vendre des marchandises. S'il a de plus une bonne table, & qu'il soit homme à cautionner le debiteur pauvre, à le tirer d'un mauvais procès ; je serai bien étonné s'il a le bonheur de distinguer l'ami vrai du flatteur. Si vous venez de faire, ou si vous êtes au moment de faire à quelqu'un un présent, gardez-vous de lui réciter vos vers, tandis qu'il est encore plein de sa joie, il s'écriera : Que cela est beau ! que cela est admirable ! il pâlira, il bondira, il pleurera de tendresse, il frappera du pied. Comme ceux qui sont payés pour pleurer aux funérailles, en disent & en font presque plus que ceux qui sont vraiment affligés; de même un flatteur, qui se moque de nous, fait plus de démonstrations qu'un approbateur sincere. Les Rois sont plus sages : ils enivrent celui dont ils veulent faire leur ami; & le vin, comme une douce torture, fait sortir la verité. Si vous faites des vers, défiez vous de ces trompeurs enveloppés de la peau du renard.

Quinctilio si quid recitares: Corrige sodes
Hoc, aiebat, & hoc. Melius te posse negares,
440 Bis, terque expertum frustrà ; delere jubebat,
Et malè ter natos incudi reddere versus.
Si defendere delictum, quàm vertere, malles;
Nullum ultra verbum, aut operam sumebat inanem,
Quin sine rivali teque & tua solus amares.
445 Vir bonus & prudens versus reprehendet inertes:
Culpabit duros : incomptis allinet atrum
Transverso calamo signum : ambitiosa recîdet
Ornamenta : parum claris lucem dare coget :
Arguet ambiguè dictum : mutanda notabit :
450 Fiet Aristarchus [59] ; nec dicet, cur ego amicum
Offendam in nugis ? Hæ nugæ seria ducent
In mala derisum semel, exceptumque sinistrè.

Ut mala quem scabies, aut morbus regius [60] urget,

---

[59] Aristarque vivoit du tems de Ptolémée Philadelphe. Il fit une révision & une édition d'Homère si correcte, que son nom est resté à

Si vous lisiez quelque chose à Quintilius, il vous disoit : Corrigez ceci, & encore ceci. Vous lui disiez que vous ne pouviez faire mieux, que vous aviez essayé deux fois, trois fois : Effacez donc le morceau, & remettez la matiere sur l'enclume. Si au lieu de vous rendre, vous preniez la défense de l'endroit attaqué ; il n'ajoutoit plus un mot, & ne se fatiguoit pas en vain, pour vous empêcher de vous aimer vous & vos productions, seul & sans rival. Un Critique éclairé & vrai blâmera un vers lâche ou dur ; il crayonnera un endroit peu soigné ; il retranchera les ornemens fastueux ; fera éclaircir ce qui est obscur ; vous arrêtera sur une expression équivoque ; marquera ce qui doit être changé ; en un mot, il fera le devoir d'un Aristarque. Il ne dira point, pourquoi faire de la peine à un ami pour des riens ? Ces riens peuvent avoir des suites, & rendre votre ami ridicule une fois pour toujours.

De même qu'on fuit un homme qui a la

la saine critique.
6° On croit commu-
nément que c'est la jaunisse.

Aut fanaticus error, & iracunda Diana,
Vesanum tetigisse timent, fugiuntque poëtam [61],
Qui sapiunt : agitant pueri incautique sequuntur.
455 Hic, dum sublimes versus ructatur [62], & errat,
Si, veluti merulis intentus decidit auceps
In puteum, foveamve; licet, succurrite, longùm
Clamet, io cives : non sit qui tollere curet.
Si quis curet opem ferre, & demittere funem;
460 Quî scis, an prudens huc se dejecerit, atque
Servari nolit ? dicam, Siculique poëtæ
Narrabo interitum : Deus immortalis haberi
Dum cupit Empedocles, ardentem frigidus
    Ætnam
Insiluit. Sit jus, liceatque perire poëtis.
465 Invitum qui servat, idem facit occidenti.
Nec semel hoc fecit : nec si retractus erit, jam

[61] Tout ce morceau est allégorique, & peint la folle & opiniâtre indocilité des mauvais Poétes.

[62] *Ructatur*, lorsqu'il rote ses vers, expression satirique, que le François ne peut admettre. Il a fallu reprendre l'expression littérale.

lépre, le mal de roi, à qui le fanatisme, ou la colere de Diane a troublé le cerveau; on fuit de même, quand on est sage, & on craint de toucher un Poëte fou de lui-même & de ses productions. Il n'y a que les enfans, & ceux qui ne savent pas le danger, qui le suivent & l'approchent. Si donc, lors qu'il enfante sans douleur ses vers sublimes, & qu'il marche, comme les guetteurs de merles, sans voir à ses pieds, il tombe dans un puits, ou dans une fosse profonde, & que, d'une voix plaintive, il s'écrie : *Au secours, chers citoyens, au secours !* que personne ne s'avise de l'en tirer. Si, par pitié, quelqu'un vouloit lui jeter une corde pour l'aider à sortir de là, Que savez-vous, lui dirois-je, s'il ne s'y est point jeté exprès, & s'il veut qu'on le sauve ? Et je lui raconterois l'aventure du Poëte Empedocle, qui, voulant se faire passer pour un dieu, sauta, de sang froid, dans l'Etna enflammé. Qu'il soit permis à un Poëte de se détruire. Le sauver malgré lui, c'est autant que de le tuer. Ce n'est point la premiere fois qu'il l'a fait : & si on le retire, il ne s'en résoudra pas plus à n'être qu'un homme, & à mourir

Fiet homo [63], & ponet famosæ mortis amorem.
Nec satis apparet cur versus factitet : utrum
Minxerit in patrios cineres, an triste bidental
470 Moverit incestus. Certè furit : ac velut ursus,
Objectos caveæ valuit si frangere clathros,
Indoctum doctumque fugat recitator acerbus.
Quem verò arripuit, tenet, occiditque legendo,
Non missura cutem nisi plena cruoris hirudo [64].

[63] *Fiet homo ;* cette phrase répond à la premiere, *Deus immortalis haberi dum cupit.*

FINIS.

d'une mort dont il ne soit point parlé. On ne sait pas trop pourquoi il fait des vers; si c'est qu'il a souillé les cendres de son pere, ou profané quelque lieu saint. Au moins est-il sûr qu'il a une Furie qui le possède. Et comme un ours qui a brisé les barreaux de sa loge, lecteur impitoyable, il met en fuite le savant & l'ignorant. Malheur à celui qu'il a saisi ! il le tient, & le fera expirer sous ses vers: c'est une sang-sue qui ne quittera pas prise qu'elle ne soit gonflée de sang.

64 C'est-à-dire, qu'on ne l'ait *soûlé* de louanges.

F I N.

REMARQUES
SUR LA POÉTIQUE
D'HORACE.

Vers 23. *Que votre sujet soit simple & un*]. La premiere & la plus essentielle des regles de la Poëtique, & dont Horace fait un principe fondamental, est que le sujet d'un Poëme soit *simple & un* ; c'est le résultat des vingt-deux vers qui précédent celui-ci. Mais le Poëte donne au principe de l'unité une étendue qu'il semble que les Commentateurs n'ont point fait assez sentir.

Qu'est-ce que l'unité, dans un composé naturel ou artificiel ? Un corps est un dans la nature, quand toutes ses parties sont liées naturellement entre elles, & séparées de celles de tout autre corps : & les parties sont liées naturellement entre elles, quand elles sont faites pour aller ensemble & de concert, à la perfection & à la conservation du tout.

Il est aisé d'après cela de se faire une idée de l'unité que doit avoir une imitation poëtique. Elle consiste à composer un tout artificiel, de parties qui soient d'accord entre elles, & qui aillent directement & sensiblement à une fin commune. C'est pour leur donner cette direction, que le Poëte en commençant son poëme, propose son but, & dit : *Je chante la colere d'Achille.* Ce but attire à lui toutes les parties du poëme, les réunit, en fait un seul sujet : c'est l'unité du Tout. Mais il y a encore l'unité des parties, qui doivent avoir
1°. *Unité de nature :* Une tête humaine entée sur un cou de cheval, romproit cette unité ; parce que l'homme & le cheval, quoique du même genre, ne sont point de la même espece.

2°. *Unité d'objet :* Vous devez peindre un naufrage ; & vous peignez principalement des bois, des autels de Diane ; c'est quitter votre objet pour vous occuper de vains accessoires.

3°. *Unité de proportion :* Vous aviez commencé un grand vase, vous ne produisez qu'un petit pot-à-l'eau.

4°. *Unité de finiment* : Une partie est finie, l'autre n'est que dégrossie.

V. 25. *L'apparence du bon nous trompe*]. De l'unité le Poëte passe à la variété ; sur laquelle la plupart des Poëtes se trompent, comme sur d'autres points : *On tâche d'être court ; on devient obscur. On veut qu'un ouvrage soit poli & limé ; la lime l'use & l'affoiblit. De même quand on veut varier un sujet, on y jette quelquefois un merveilleux bisarre & hors de nature.*

V. 31. *Si on ignore l'art*]. Cet art, dont parle ici Horace, n'est point l'art de la chose, c'est l'art de l'homme. C'est un certain tact des limites précises du bon, qui sent jusqu'à quel point on peut être court, sans être obscur ; élevé, sans être enflé ; varié, sans être bisarre. Consultez les regles, consultez des amis éclairés, mais si vous n'avez pas en vous-même un conseil habituel, en voulant éviter un défaut vous tomberez dans un autre.

V. 42. *L'ordre demande, &c.*] Ce passage

est difficile, *difficilis locus*, dit Bentlei. Le P. Sanadon croit que *jam nunc*, quand il est répété, veut dire *quelquefois*, *de temps-en-temps*, comme quand Horace a dit : *Jam nunc astringas, jam nunc granaria laxes*. Mais dans cet exemple *jam* a un sens disjonctif, qu'il n'a point dans le vers de l'Art Poëtique, *Jam nunc dicat jam nunc debentia dici*. Pour que les deux exemples fussent pareils, il faudroit qu'il y eut ici, *jam nunc dicat, jam nunc non dicat*, qu'il y eut opposition entre les deux temps & les deux actions, ce qui n'est point.

Ce passage s'expliquera naturellement par le principe de l'imitation, qui est toujours la source & l'explication de toutes les regles des arts imitateurs.

Que dans une ville il arrive quelque émeute suivie de quelque acte de violence ; tout le monde accourt pour être spectateur. En arrivant, on voit par soi-même, ce qui se fait, on s'instruit par ses yeux. S'il se trouve un instant d'intervalle, on demande à ceux qui ont pu en être témoins, quelles ont été les causes de l'événement, & toutes les circonstances qui ont précédé. Voilà le modele de l'ordre poëtique.

On va jouer le Malade imaginaire : le théâtre s'ouvre : que le malade continue à faire ce qu'il faisoit : *jam nunc dicat, jam nunc debentia dici.* Il calculoit : qu'il continue : *Trois & deux font cinq, &c.* Mais qui est cet homme ? A-t-il des enfans ? Comment se conduit-il avec eux, & eux avec lui ? Quel est son caractere ? De quoi s'agit-il ? On vous le dira quand l'occasion s'en présentera : *præsens in tempus omittat.* Enée part de Sicile : il touchoit à l'Italie. Qui est Enée ? Qu'a-t-il fait ? D'où vient-il ? Que veut-il ? Une tempête va le jeter à Carthage : là vous serez instruit de tout. Nous le prenons au moment où il essuie une tempête, peignons la tempête, *jam nunc dicat, jam nunc debentia dici.*

V. 45. *L'auteur d'un Poëme considérable*]. C'est le sens que nous donnons à *promissum*, un *long* poëme, un poëme *d'une certaine étendue.* D'autres ont cru que c'étoit un poëme *promis, annoncé, attendu du public.*

V. 46. *L'assortiment des mots*]. *Serendis* vient du verbe *sero, serui, sertum*, qui signifie *joindre ensemble, lier, mettre de suite*; d'où vient *sertum* un bouquet, *series* une suite, *sermo* une conversation liée, *Multa inter sese vario sermone serebant*. Virg. *Tantùm series juncturaque pollet*. Hor. Poët. v. 242. Les Interprètes l'ont fait venir de *sero, sevi, satum*, qui signifie *semer, greffer, faire naître, créer*. Ce qui les a jetés dans un contresens.

V. 72. *L'Usage juge, maître, regle du langage*]. Ces trois mots ne sont rien moins que synonymes. Quand il y a contestation en matiere de langage, l'usage en décide, *arbitrium*. Quand il faut trancher avec autorité, sans raison, & même contre la raison; l'usage en a le droit, *jus*. Enfin quand il faut faire des lois ou les abroger; c'est l'usage qui les fait ou les abroge, il est loi lui-même, *norma loquendi*. Cet usage juge, souverain, & loi, n'est que chez les honnêtes gens, c'està-dire, chez ceux qui ayant été élevés avec soin, ont toujours vécu dans les lieux où est la source la plus pure du langage. Vaugelas y ajoute avec raison les bons Ecrivains.

V. 74. *En quels vers on doit chanter les Rois*]. *Quo numero.* Les Latins entendoient par *Nombre*, tantôt ce qu'on appelle *Pied*; tantôt ce qu'on appelle *Mesure* ou *Rhythme*, enfin ce qu'on appelle *Cadence* ou *Chûte de phrase*. *Numerus* peut avoir ici ces trois sens. Il signifie *Pied* : les pieds du vers hexametre ou héroïque, sont le spondée & le dactyle. Il signifie *mesure* : la mesure ou étendue du vers hexametre est de 24 tems (en mettant deux breves dans un temps) coupés par une *cesure*, ordinairement après le dixieme temps. Il signifie *Chûte* : la chûte du vers hexametre est sur le dactyle & le spondée : le dactyle l'anime par ses deux breves, le spondée l'appuie, la soutient par ses deux longues.

V. 79. *Iambe adopté au théâtre*]. L'Iambe est vif, la breve chasse la longue ; il se fait entendre par le contraste éclatant du bref & du long ; il est né pour l'action, parce qu'il est aisé, que ses nombres sont peu sensibles, & qu'il se trouve à tout moment dans les conversations familieres.

V. 85. *Si je ne connois les couleurs marquées.*] Le Poëte vient de les marquer. Mais il y a non-seulement la couleur de chaque genre, de l'héroïque, du tragique, du comique, du lyrique, &c. Il y a encore la couleur de chaque sujet dans son genre ; le sujet peut être comique ou tragique plus ou moins. Il y a la couleur de chaque partie dans un même sujet ; celle de chaque pensée, dans chaque partie ; en un mot il n'est point de partie, si petite qu'elle soit, qui ne doive avoir sa nuance propre, sans quoi le Poëte n'est point poëte : *cur ego poëta salutor.* Ces nuances se sentent dans Virgile sur-tout, & dans Racine. On applaudit souvent à un vers tragique dans une Comédie, ou à un vers épique dans une Tragédie : c'est un beau vers, mais il est déplacé : *Non quivis videt.*

V. 92. *Quelquefois la Comédie éleve le ton*]. Cependant la Comédie ne montera jamais jusqu'au ton héroïque, il n'y en a point d'exemple dans Moliere. De même quand la Tragédie s'abaisse, elle ne descend pas jusqu'au comique. Le style de Phedre désolée est rompu, abattu, si j'ose m'exprimer ainsi, mais c'est toujours une Reine qui gémit.

V. 98. *Il faut que les Poëmes soient touchans*]. Horace parle en style de législateur, *dulcia sunto*. Il y a deux moyens de rendre un poëme touchant : le premier est que l'acteur exprime en lui-même les sentimens qu'il veut imprimer dans les autres, ou qui doivent leur en causer de différens des siens : ainsi la tristesse exprimée s'imprime dans les spectateurs, la colere exprimée imprime la crainte. Le second est que le style soit conforme à la situation de celui qui parle & que l'acteur annonce par son extérieur ; en deux mots, Que le style & l'action soient conformes à la situation.

V. 118. *Peignez d'après la Renommée, où si vous créez, que toutes les parties soient d'ac-*

cord entre elles]. Tout ce morceau, jusqu'au vers 134, est plein de difficultés. Nous les discuterons l'une après l'autre dans cette Remarque, parce qu'elles tiennent les unes aux autres, & qu'elles aideront à s'éclaircir mutuellement.

Peindre *d'après la Renommée*, c'est peindre d'après ce que le plus grand nombre des hommes croit, ou sait, ou dit. Horace ne dit point *d'après le Vrai*, parce que la Poësie ne s'occupe que du vraisemblable.

Pour développer cette matiere, on peut distinguer quatre sortes de mondes : le réel, qui existe, & dont nous mêmes faisons partie ; l'historique, rempli de noms & de faits vrais, mais qui ne subsistent plus ; le fabuleux ou poétique, créé par les Poëtes Anciens ou Modernes, qui ont donné une sorte d'existence à ce qu'ils ont imaginé ; enfin le possible, qui est dans les idées de chacun, selon l'étendue de son esprit. Socrate dans les Nuées d'Aristophane étoit pris du monde réel ; les Horaces de Corneille sont du monde historique ; Médée, Œdipe, Oreste sont du monde poétique ; Zaïre étoit du monde possible, avant que la Tragédie qui porte son nom l'eût fait passer dans le monde poëtique. Les trois premiers mondes sont compris dans ce qu'Horace appelle la Renommée, ou l'opinion commune, vraie ou fausse, pourvu qu'elle soit prise pour vraie ; le quatrieme appartient à la fiction pure, à une création toute nouvelle.

Ou si vous créez, que toutes les parties soient d'accord entre elles]. Lorsque le Poëte peint d'après la Renommée, il suit les idées des autres ; quand il crée, il ne suit que les siennes. Et alors, selon le précepte d'Horace, il doit établir une bonne fois, clairement & avec précision, le caractere du personnage qu'il invente, & le remontrer toujours semblable à lui-même : *sibi convenientia*. Voilà donc deux manieres : Peindre d'après la Renommée, ou Peindre de tête.

Horace donne son avis sur l'une & sur l'autre. Il est bien difficile, dit-il, de traiter heureusement les sujets de pure fiction : & je crois qu'il est plus sûr de prendre des sujets déja connus, & dont les caracteres soient
décidés

décidés dans l'opinion publique, que d'aller imaginer des sujets en l'air, & dont personne, jusqu'alors, n'ait entendu parler:

> *Difficile est propriè communia dicere ; tuque*
> *Rectiùs Iliacum carmen deducis in actus*
> *Quàm si proferres ignota indictaque primus.*

Voila à coup sûr la pensée d'Horace.

Il s'agit maintenant de déterminer le sens précis de ces deux mots *propriè* & *communia*, de maniere qu'ils s'accordent avec cette explication.

Ces deux mots etant en opposition relative, la définition de l'un déterminera la définition de l'autre.

Commune peut signifier un droit, une puissance d'user, appartenant également à tous les hommes, comme le droit de respirer l'air; & alors *Jus* est sous-entendu, *le droit commun*. Il peut signifier aussi la chose même appartenante à tous les hommes; alors on sous-entend *res* ou *negotium*, *le bien*, *la chose commune*. Voila des définitions de droit. Il a une troisieme signification qui tient un peu de la seconde, c'est lorsqu'il est employé pour signifier une qualité ou un attribut, qui convient à plusieurs : ainsi on dit que la faculté de sentir est une *qualité commune* à l'homme & à la bête, quoique dans deux especes différentes; que *la raison* est *commune* à Pierre & à Paul, quoique deux individus différens dans la même espece : *Ferè*, dit Quintilien, *communia generalia sunt*. Ainsi *communia* pris en ce sens signifiera toutes choses génériques, c'est-à-dire, communes à différentes especes dans le même genre, ou à différens individus dans la même espece.

Proprium signifiera donc, par la raison des correlatifs, le *droit* de propriété, ou la *chose* appartenante en propre, ou enfin une *qualité propre*. Et comme il y a des qualités qui sont communes, ou à deux especes, dans le même genre, ou à deux individus dans la même espece, il y a aussi des qualités qui sont propres, ou à une espece, pour la distinguer d'une autre espece dans le même genre ; ou à un individu, pour le distinguer d'un autre individu dans la même espece. Nous touchons au sens d'Horace. Mais auparavant il faut dire encore que les qualités qui sont propres à une espece, ne lui sont propres que relativement au genre, & qu'elles sont communes relativement aux individus : par exemple la raison qui est propre à l'espece humaine considérée sous son genre, est une qualité commune à tous les individus humains. Par conséquent le *proprium* pris dans le sens le plus rigoureux & le plus restraint ne peut convenir qu'aux *qualités individuelles* qui constituent l'existence propre & singuliere d'un individu, quel qu'il soit.

Or ces qualités distinctives des individus sont des attributs & des modifications qui ne touchent point à l'essence de l'espece. Ce sera, en considérant l'individu du côté du corps, la figure, la couleur, l'air, la taille, le geste, le maintien, le son de voix, en un mot tout ce qui fait que Pierre aux yeux de ceux qui le voient, n'est pas le même que Paul. En le considérant d'un autre côté, ce sera la naissance, la fortune, l'éducation, les habitudes, la conduite, les actions, le caractere, les mœurs, en un mot toutes les qualités civiles & morales qui le distinguent dans la société, de tout autre homme que lui. Voila les traits dont la réunion forme ce qu'on appelle un caractere propre & individuel : & c'est par de pareils traits qu'on reconnoîtra Achille, Alexandre, Henri le Grand, presque sans les nommer.

Mais si, au lieu de ces noms connus & caractérisés, soit par une existence réelle, ou reçue comme telle, soit par l'histoire, soit par la fable, un jeune Poëte, qui ne veut rien devoir qu'à lui-même, entreprend de peindre l'homme A, qui n'a que les qualités communes & génériques de l'humanité ; il lui donnera d'abord pour antagoniste l'homme B ; on y consent. Pour s'approcher du réel, il donnera à ces deux personnages des passions qui se choqueront reciproquement pour la couronne C, ou pour la Princesse D. Il peindra des visages humains, des passions humaines. Il montrera des figures qui agiront & qui parleront comme on le fait parmi les hommes. Mais il sera bien difficile de donner à cette action & à ces acteurs, ce caractere de vérité & d'individualité, qui ne sort bien, que d'une existence réelle, *difficile est*. Si

on y réussit ce sera un grand bonheur : &
plutôt que de risquer l'entreprise, je con-
seillerois au jeune auteur d'aller tout uni-
ment prendre son sujet dans la fable, ou
dans l'histoire :

Rectiùs Iliacum carmen deducis in actus,
Quàm si proferres ignota indictaque primus.

Mais, dira-t-on, je ne donnerai donc rien
qui ne soit à tout le monde, rien dont tout
autre n'eût pu s'emparer ainsi que moi ? quel
mérite aurai-je dans un ouvrage où il n'y
aura rien qui soit à moi ?

Il est un moyen de faire de ce bien commun votre bien propre, *publica materies*
privati juris erit : c'est de ne point suivre la
fable ou le récit d'Homere, *pas-à-pas* ; & de
ne pas rendre les discours de ses personnages *mot-à-mot*, comme le fait un interprete
fidele.... *Si*

Nec circa vilem patulumve moraberis orbem,
Nec verbum verbo curabis reddere, fidus
Interpres....

Horace parle à un auteur dramatique qui

tire son sujet d'Homere. Dans votre poëme, lui dit-il, il y a deux choses : la fable, qui est comme la charpente de l'édifice, & les discours qui revêtent cette charpente, & qui l'embellissent.

Quant aux choses, vous ne suivrez pas pied-à-pied le récit d'Homere. Vous pourrez y ajouter des incidens nouveaux, en supprimer d'anciens, transposer, déplacer, augmenter, diminuer, dans les causes, dans les effets, dans les circonstances, sans vous astreindre à cette imitation, ou plutôt à cette répétition servile, qui étouffe le génie, & qui est à la portée des esprits les plus ordinaires, *Nec circa vilem patulumve moraberis orbem.*

Quant aux discours, vous ne ferez point répéter par votre Agamemnon, ou par votre Achille, tout ce qu'auront dit l'Agamemnon, ou l'Achille d'Homere, paroles pour paroles, comme feroit un messager, ou un truchement. Mais vous qui êtes Poëte, & qui avez toute liberté, vous emploierez des pensées, des idées, des raisons nouvelles qui ne seront qu'à vous, & qui naîtront des nouvelles situations que vous aurez mises dans la fable de votre poëme. *Nec verbum verbo curabis reddere fidus Interpres.*

Je dois dire en passant que ce mot *fidus interpres* dont quelques traducteurs se font un titre pour justifier leurs libertés, ne prouve rien ici pour eux, & que s'il prouvoit, ce seroit contre eux. Il ne prouve rien pour eux ; parce qu'il ne s'agit point dans cet endroit d'Horace, de traduction, ni de traducteur, mais d'un Poëte qui tire d'un autre Poëte un sujet de Poëme, & qui doit en prendre seulement ce qui lui convient sans s'attacher à la lettre ni des choses, ni des mots.

Il prouveroit contre eux, parce que la traduction littérale de ce texte seroit que le Poëte qui prend les pensées d'un autre Poëte ne doit point les rendre mot-à-mot comme doit le faire l'interprete fidele, *Nec verbum verbo curabis reddere fidus interpres.* Il ne faut donc point citer ce vers en faveur des traductions libres, contre les traductions littérales.

Continuons....... *Nec desilies imitator in arctum*
 Unde pedem proferre pudor vetet au toperis lex.

Si par un excès de timidité vous n'osiez vous écarter en rien de l'auteur dont vous tirez votre fable, il pourroit arriver que, comme vous faites, non une fable épique comme Homere, mais une fable dramatique, qui a d'autres regles que l'épique, vous vous jettassiez dans l'embarras, au point de ne pouvoir ni reculer, sans vous couvrir de honte, ni avancer sans blesser les regles du genre dans lequel vous travaillez : *Unde pedem proferre pudor vetet aut operis lex.*

La plupart des Editeurs & des Commentateurs, & en particulier le P. Sanadon, qui a presque toujours embrassé les nouveautés, ont lu *referre* au lieu de *proferre* : mais ils n'ont point fait attention aux deux nominatifs *pudor & operis lex*, dont l'un, qui est *pudor*, permet bien *referre*, mais dont l'autre, *operis lex*, demande *proferre*. Horace, qui est avare de mots, & qui par-tout serre ses pensées, a employé ce verbe préférablement à tout autre, parce qu'il signifie également les deux impressions que ressent l'auteur, arrêté dans un mauvais pas, *in arcto* : il ne peut pas tirer son pied *proferre*, ni pour reculer, *vetat pudor*, ni pour avancer, *vetat operis lex.*

M. Gesner dans l'édition qu'il a donnée des Œuvres d'Horace à Leipsik, en 1752, explique comme nous le *propriè* & le *communia*, il retient l'ancienne leçon *proferre*; aussi-bien que celle du 157 vers où il lit *naturis* & non *maturis*; il donne le même sens au mot fameux, *Ut pictura poësis*, vers 361 il adopte même la paraphrase dont j'ai usé, *ut pictura sic poësis quædam*. Je dis *il adopte*, parce que ma traduction étoit imprimée dès l'an 1748, quatre ans avant l'édition de M. Gesner, qui est de 1752.

V. 145. *Il emporte le lecteur au milieu des choses*]. Horace a dit au Vers 42 de quelle maniere on doit commencer un poëme: *Dites en commençant ce qui est de l'instant où la scene s'ouvre*. Ici il marque le point où il faut commencer. On pourroit remonter en traitant la guerre de Troie, jusqu'au premier germe de l'événement, jusqu'aux deux œufs que Leda eut de Jupiter métamorphosé en cygne, & de l'un desquels sortit la belle Helene, dont l'enlevement causa la guerre de Troie: c'est la marche de l'histoire. Mais Homere en a une autre. Il y avoit neuf ans que duroit le siege de Troie : dans la dixieme année, Achille eut un démêlé vif avec Agamemnon : c'est par ce démêlé qu'Homere commence, comme si le lecteur savoit tout ce qui a précédé.

V. 149. *Il abandonne ce qu'il ne peut traiter avec succès.*] Souvent le talent de l'artiste a moins d'étendue que l'art. Quand le talent ne peut rendre l'objet, après différens efforts, il faut l'abandonner.

V. 161. *Il est de cire pour le vice*]. Le vice prend chez les jeunes gens plutôt que la vertu, parce qu'ils croient y voir une apparence de liberté.

V. 173. *Les années croissant*]. L'intelligence de ces deux vers dépend de la maniere dont les Anciens partageoient les différens âges de l'homme. Le plus haut période de la vie humaine étoit l'âge de cinquante ans ; jusques-là, c'étoit l'accroissement, & après, c'étoit l'âge décroissant : en trois mots, selon Aristote, *juventus, vigor, senectus*. Il y a en France un proverbe populaire qui répond à cette façon de parler : *Jusqu'à cinquante ans on compte, après cinquante on décompte.*

V. 176. *La chose est en action ou en récit*]. Tout ce qui se présente au théâtre ne peut y être présenté que sous deux formes, ou en faisant voir la chose elle-même, c'est *le dramatique* ; ou en disant ce qu'elle est, sans la montrer, c'est le *narratif* ou le *récit*. De ces deux formes la plus vive & la plus frappante est la dramatique ; 1°. parce qu'on se fie plus à ses yeux qu'à ceux des autres, *oculis fidelibus*, c'est-à-dire, *quibus major fides habetur*; 2°. parce que les yeux entrent dans un plus grand détail ; enfin, parce que l'imagination a d'un seul coup tout son objet, & sans aucun effort.

Mais d'un autre côté il y a des choses que l'art ne peut présenter assez heureusement pour faire illusion au spectateur. Alors on a recours au récit : on vient dire que les Horaces se sont battus dans la plaine, qu'Hippolyte a été emporté par ses chevaux & déchiré par les rochers. L'oreille exige moins, est moins difficile que les yeux : *Segniùs irritant animos demissa per aurem.*

V. 186. *La piece aura cinq actes.*] C'est-à-dire, sera partagée en quatre actions dépendantes les unes des autres, & formant ensemble une seule action complette, dont l'objet ou le but aura été annoncé dans le premier acte. Aristote ne distingue point les actes ; il ne parle que de la durée entiere de la piece, qui naturellement n'a que trois parties, *entreprendre, faire effort contre les obstacles, les vaincre ou succomber.*

V. 189. *On n'y fera point intervenir de divinité.* L'intervention des Dieux appartient au Poëme épique, parce que c'est une Muse qui raconte les causes, *Musa mihi causas memora* ; dans un drame, qui est une entreprise purement humaine, on ne doit employer que des forces humaines.

V. 191. *Le Chœur y fera l'office d'un Acteur*]. Aristote en a fait une loi, aussi-bien qu'Horace. *Voyez* sa Poëtiq. Chap. 17 n°. 6.

V. 194. *Le Chœur donnera sa faveur aux gens de bien*]. Le Chœur dans les drames anciens représentoit les témoins naturels de l'action représentée : c'est-à-dire, une partie du public. Or le public en général approuve le juste, & blâme l'injuste.

V. 200. *La flûte autrefois n'étoit pas alongée*]. Chez les Anciens les paroles des Tragédies & des Comédies étoient chantées, & ordinairement accompagnées tantôt de la flûte, tantôt de la cithare. Les flûtes étoient faites d'os, *Tibia*, de buis, de sureau, d'un simple roseau. Dans le commencement elles étoient menues & avoient peu de trous, *tenuis, foramine pauco*; il n'y en avoit qu'une, *simplex*; elles avoient le son bas & peu éclatant, *aspirare utilis*. Du temps d'Horace, on les avoit alongées, en joignant ensemble leurs différens morceaux avec des anneaux de léton; on avoit augmenté le nombre des trous, pour en tirer des sons plus aigus; au-lieu d'une il y en avoit deux, l'une à droite l'autre à gauche, *tibiis dextris & sinistris*. Voy. Pitiscus au mot *Tibia*. Pourquoi ces changemens ?

Quand le théâtre étoit petit, & le peuple peu nombreux, sage & sobre, le son doux & grave de la flûte antique & simple suffisoit pour accompagner les Chœurs. Mais quand la ville se fut agrandie, que le peuple fut devenu plus nombreux, & les spectateurs moins sobres, il fallut que les rhythmes fussent plus marqués, & les intonations plus fortes & plus hautes : sans quoi un spectateur inattentif, demi-ivre, peu instruit de l'art, n'eût point senti le mérite de la mélopée.

Bientôt le luxe, *luxuria*, ajouté à la musique, se communiqua aux décorations & aux habits des acteurs. Le style même des Chœurs s'en ressentit. Les Poëtes se livrerent à tout leur enthousiasme, & parlerent le langage des oracles, qu'on n'entend qu'avec peine, & que souvent on n'entend point.

V. 219. *Le Poëte montra des Satyres nuds*]. Nous avons une image de ces drames satyriques dans les pieces Italiennes, où Arlequin a une partie du caractere des Satyres. Son masque, son habit collant, sa façon, son style, ses pointes, son ton de voix, tout cela réuni fait bien une maniere de Satyre. Le Satyre des Anciens approchoit du bouc, Arlequin approche du chat : c'est le même fonds d'idée, l'homme déguisé en bête.

Dans le Cyclope d'Euripide, la seule piece de ce genre qui nous reste, les personnages sont Polypheme, Ulysse, un Silene, & un chœur de Satyres. L'action est le danger d'Ulysse dans l'antre du Cyclope, & la maniere dont il s'en tire. Le caractere du Cyclope est l'insolence & une cruauté féroce ; le Silene est badin à sa maniere, mauvais plaisant, quelquefois ordurier. Ulysse est grave & sérieux, paroissant se prêter quelquefois à l'humeur de Silene. Le chœur des Satyres a une gravité burlesque, & devient quelquefois plaisant à la maniere du Silene. Peu importe après cela de remonter à l'origine de ce spectacle. Il est certain que du temps d'Euripide c'étoit un mêlange du sérieux & du bouffon. Les Romains ayant connu le théâtre Grec, imiterent ce genre, non-seulement pour amuser le peuple, mais pour égayer quelquefois le sérieux des honnêtes gens, à qui le contraste outré peut paroître plaisant. C'est dans ce système qu'on va expliquer Horace, & on espere que tout sera clair.

V. 219. *Le Poëte tragique montra des Satyres nuds, & essaya de faire rire sans quitter la gravité de son genre.*] C'est-à-dire, qu'un héros tragique, Ulysse, par exemple, conserva sa gravité sur le théâtre, *incolumi gravitate*, & que vis-à-vis de lui on mit, en pendant, un Satyre nud, avec son masque & ses pieds fourchus : ce qui devoit paroître fort plaisant à un spectateur demi-ivre, qui ne demandoit que du licentieux. *Illecebris morandus spectator potus & exlex.*

V. 223. *Satyres, rieurs & mordans*]. C'étoit leur caractère. *Allier la gravité avec la plaisanterie* : Ulysse parle gravement & décemment, le Satyre répond par une boufonnerie, ou une grossiereté.

V. 225. *L'Auteur tragique ne s'avilira point par un style bas*]. La raison de ce précepte est que le contraste étant le fond du spectacle satyrique, si le style de l'acteur tragique fût
devenu

devenu aussi bas que celui du Satyre, il n'y auroit plus eu de contraste. D'un autre côté un style trop élevé auroit été inintelligible pour les satyres. Quel sera donc le style de la partie tragique? Il ressemblera à l'extérieur d'une dame de qualité qui danse dans une cérémonie publique : elle est un peu embarrassée, mais toujours décente & grave.

V. 242. *Pour moi si je faisois des Satyres.*] Horace trace en peu de mots les regles de la partie satyrique. Les Satyres sortent des bois, *sylvis deducti*; ainsi ils n'ont point la finesse de ceux qui sont nés dans les villes, *ne velut innati triviis*; d'un autre côté ils sont rieurs & mordans, *risores & dicaces*; diront-ils des grossieretés, des ordures, *immunda crepent ignominiosaque verba*? non sans doute; les honnêtes gens s'en offenseroient. Auront-ils le style d'un valet de Comédie? Il est trop rafiné pour un Silene qui sort des bois. Quel sera donc le style de ce Silence? Il sera simple, naïf, sans art, & n'aura de mérite que le naturel & la liaison des idées.

Partie II. G

V. 257. *Les trimetres si connus d'Ennius*] Horace blâme Ennius & Attius d'avoir mis trop de spondées dans leurs vers ; ce qui les a rendus lourds & lents, & qui a fait soupçonner leurs auteurs d'avoir travaillé trop vîte, ou ce qui est encore pis, de n'avoir pas su leur art, *crimine turpi*. On a parlé des trimetres dans les Rem. sur la Poët. d'Aristote.

V. 268. *Nos aïeux ont vanté les traits & les vers de Plaute : ils étoient trop bons*] Horace ne blâme ni l'élocution de Plaute, ni son comique. Il ne censure que ses plaisanteries, qui souvent ne sont que des turlupinades ; & sa versification, où le nombre des spondées & des dactyles, a gâté le mouvement & l'harmonie du vers : le mouvement, qu'on mesure en élevant & abaissant successivement le pouce, *digito* : l'harmonie, dont on juge par l'oreille, *aure*.

V. 279. *La vieille Comédie parut avec beaucoup d'éclat.*] Elle étoit née du genre satyrique, ou ïambique ; genre dont l'objet étoit d'attaquer les personnes, de les déchirer par des traits mordans. Il n'est pas étonnant qu'avec une telle origine, elle fut elle-même mordante & satirique. Elle attaquoit les personnes, & les désignoit par leurs noms. On sait que Socrate fut joué ainsi nommément, dans les Nuées d'Aristophane. Les Magistrats, qui eux-mêmes n'y étoient pas épargnés, defendirent par une loi severe, que qui que se soit fût nommé. Les noms alors furent feints : mais on continua de prendre des actions vraies : & ce fut la *Moyenne* Comédie : moins méchante, plus maligne, que la vieille. Une nouvelle loi defendit encore de prendre des actions vraies : tout alors fut feint, noms & actions : ce fut la Comédie *nouvelle*, celle de Menandre, de Plaute, de Terence ; c'est la nôtre.

V. 357. *Je souffre quand il arrive à Homere de sommeiller*] Quandoque pour Quandocunque ; s'il arrive quelquefois. C'est un doute, & non une assertion positive : & ce doute même est suivi d'une justification : mais dans un Poëme aussi long que l'Iliade ou l'Odyssée, il est bien permis de sommeiller un moment.

V. 371. *Il n'est pas permis aux Poëtes d'être médiocres*] Tout auteur qui donne des vers au public est dans le cas du conteur qui dit *Oyez une merveille*. S'il s'agit de nous instruire, vous pouvez nous parler en prose, la chose sera plus claire, & l'intérêt suffira pour nous rendre attentifs. Vous nous parlez en vers : c'est donc que vous voulez nous réjouir. Nous le voulons bien ; mais tenez-nous parole : & souvenez-vous que nous voulons du beau. *Itaque ut in iis artibus in quibus non utilitas quæritur necessaria, sed animi quædam libera oblectatio, quàm diligenter & quàm propè fastidiosè judicamus ! Neque enim lites, neque controversiæ sunt quæ cogant homines, sicut in foro non bonos Oratores, item in theatro actores malos perpeti.* Cic. de Or. 1. 26.

V. 439. *Remettez la matière sur l'enclume.*] Les uns lisent *tornatos*, les autres *ter natos*. J'ai suivi cette dernière leçon, pour deux raisons, 1°. parce qu'Horace a dit ailleurs (*):

(*) Epist. II. 1. v. 233.

Versus male nati, des vers qui ne sont pas nés heureusement, 2°. parce qu'ici il emploie dans le vers auquel celui-ci sert de réponse, les mots *bis terque*. Or il est naturel que dans cette réponse, le mot *ter* soit employé : *Vous avez essayé trois fois ; hé bien il faut remettre sur l'enclume cette matiere qui a trois fois résisté*, & donner à la chose une autre forme, la reforger d'une autre maniere. Il y a deux opérations dans la Poësie, celle de l'invention & celle de l'expression. La premiere est figurée par l'enclume & le marteau, qui donnent une forme grossiere au fer ; la seconde par la lime, qui lui donne le poli.

V. 457. *Si le Poëte tombe dans un puits ou dans une fosse*] Tout ce morceau est allégorique, & peint un mauvais Poëte qui fait des vers, qui les montre, & qui ne veut point être critiqué. Horace devoit cette leçon aux Poëtes indociles. Un censeur sage, *qui sapiunt*, se garde bien de toucher à leurs vers, *tetigisse timent* : il n'y a que les sots & ceux qui ne les connoissent pas, qui les écoutent & qui les critiquent : *agitant pueri, incautique sequuntur*. Si donc un Poëte de cette espece, tombe dans une absurdité, *in puteum*; il aura beau dire, *mes bons amis, aidez-moi de vos conseils*, SUC- CURRITE : gardez-vous bien de lui donner aucun avis, *non sit qui tollere curet*. Il s'admire, même dans sa sotise: il l'a faite exprès, *prudens, se dejecit*. Croyez-moi, ne lui dites rien: *Liceat perire poëtis*. Il ne vous lit ses vers que pour être loué ; il vous a saisi, il vous tient, il ne vous lâchera que quand il sera gonflé de louanges. On a insisté sur cette explication, dont aucun interprete n'avoit assez développé le sens.

FIN.

De l'Imprimerie de MICHEL LAMBERT, rue de la Harpe, près S. Côme.

Fautes à corriger dans la Traduction d'Aristote.

Pag. 95, lig. 11, qui a pu ou du, *lisez* qui a du.
Pag. 97. lig. 10, dans l'œdipe, *effacez* dans.
Ibid. lig. 11, l'ignorance, *lisez* le fait.
Ibid. lig. 13, elle est dans l'action, *lisez* il est dans le drame.
Pag. 111, lig. 12, ne sort point, *lisez* n'est point tiré.
Pag. 125, lig. 21, Denouement mal, *lisez* denouent mal.
Pag. 179, lig. 5, qui figure, *lisez* qui trace des figures.
Pag. 271, lig. 6, reconnoissance, *lisez* connoissance.

www.ingramcontent.com/pod-product-compliance
Lightning Source LLC
Chambersburg PA
CBHW051837230426
43671CB00008B/991